Tattwische und Astrale Einflüsse

Ein Schlüssel zur praktischen Verwendung der mit dem menschlichen Leben engverbundenen kosmischen Schwingungen, wodurch jedermann sein Geschick günstig beeinflussen kann.

Karl Brandler-Pracht

Verlag Heliakon

Velag Heliakon

Umschlaggestaltung: Verlag Heliakon

Druck und Vertrieb: BoD - Books on Demand, Norderstedt

www.verlag-heliakon.de
info@verlag-heliakon.de

ISBN 978-3-943208-96-2

Titelbild: Pixabay (geralt)

Die Deutsche Nationalbibliothek verzeichnet diese Publikation in der Deutschen Nationalbibliografie; detaillierte bibliografische Daten sind im Internet über dnb.de abrufbar.

Inhaltsverzeichnis

Einleitung

Das menschliche Leid ist so allgemein wie das Sonnenlicht, lässt Anzengruber den Helden seines Volksstückes „Der Pfarrer von Kirchfeld" sagen. Gewiss, wohin das suchende Auge dringt, sei es in Hütten oder Paläste, bei den Armen und Ärmsten oder bei den gut Situierten und Hochgestellten des Lebens, überall trifft es auf unaufhörlichen Kampf, auf Hasten und Jagen nach dem Glück – und auf enttäuschtes Hoffen, auf körperliche und seelische Qualen, Disharmonie, Jammer und Verzweiflung.

Trotz aller unserer sozialen, kulturellen und wissenschaftlichen Errungenschaften scheint der Menschheit letzter Weisheitsschluss doch nur darin zu liegen, dass wir immer mehr und mehr unserer grenzenlosen Ohnmacht gewahr werden gegenüber einem starren unabänderlichen Geschick oder aber der Laune und Willkür eines tückischen Zufalls. Denn was vermögen wir? Wir denken, klügeln, rechnen, hoffen und bauen auf, und der nächste Windstoß zeigt uns, dass es Kartenhäuser waren!

Sind wir nicht schwache Geschöpfe? Wenn der Lebensabend gekommen ist, haben wir das erreicht, was wir uns in der hoffnungsfreudigen Jugend vorgenommen? Nein! In den allermeisten Fällen verfehlten wir Weg und Ziel und landeten dort, wo wir gar nicht hinwollten. Es ist, als ob irgendeine geheimnisvolle finstere Macht uns wie einen Spielball hin und her wirft, als ob wir nur Puppen wären auf dem Welttheater, die an Drähten tanzen müssen, bedingungslos und gehorsam, nach dem – wie es uns scheint – oft ganz bizarren Willen eines unsichtbaren, unbegreiflichen Puppenspielers.

Sehen wir doch genauer hin. Wir rühmen uns der *Freiheit des menschlichen Willens*, und betrachten unser Denken und Handeln als ein *selbst gewolltes*. Den Kinderschuhen entwachsen, glauben wir, uns nun unser Leben selbst zurechtzimmern zu können. Wir fühlen Kräfte in uns, die Brust weitet sich zu riesenhaftem Können, der Geist schwingt die mächtigen Flügel und die Welt wird ihm zu klein. So stürmen wir in reckenhaftem Mute die Lebensbahn dahin. Bald aber mäßigen wir den Lauf, die Kräfte werden schwächer, das Himmelsstürmen lässt nach, denn man blutet bereits aus tausend und aber tausend Wunden, die die Steine des Weges uns beibrachten, die, vielen Dornen, Felsen und Hindernisse aller Art.

Und den Blick erhebend, müssen wir schmerzlich entdecken, dass wir bereits vom Wege abgekommen sind, dass starre Wildnis uns umfängt, ohne Fernsicht, ohne Orientierung, denn ein schwarzer, dicker Nebel brennt in den Augen. Trostlose Leere fühlt das gequälte Herz. – Da tönt irgendwo her ein mächtiges, gigantisch höllisches Lachen – ein eisig erstarrender Hohn! Von wem rührt es her? Etwa von dem unsichtbaren Puppenspieler, der geheimnisvollen finsteren Macht? Und soll es unsere Selbstherrlichkeit treffen, unseren Freiheitswahn oder unsere hilflose Armseligkeit?

Das Leben ist hart und unerbittlich. Der denkende Leser muss sich, wenn er eine ehrliche Rückschau über sein eigenes Leben hält, sagen, dass wir im Vorstehenden durchaus nicht zu schwarz gemalt haben. Ein reiner Optimismus ist doch mehr oder weniger nur narkotischer Rausch, Selbsttäuschung, um die Schmerzen der Wunden weniger fühlbar zu machen.

Der reifere Mensch vermag sich nicht von der traurigen Erkenntnis loszuringen, dass er im Grunde nicht das ist, für was er sich gerne halten möchte: er glaubt zu schieben, wird aber geschoben. Sein Schicksal ruht nicht in seiner Hand, denn seinem Willen streben geheimnisvolle, Kräfte entgegen, die stärker sind als er, die ihn zwingen. Und ergebungsvoll erkennt er seine Ohnmacht und beugt sich vor einem unheimlichen Etwas, das er *Fatum* oder sein *Geschick* nennt. Was soll ihm das Auflehnen gegen den mächtigen fremden Willen? Die Peitsche sitzt ihm im Nacken und er muss gehorchen, willenlos, denn sein Wille hat nicht Geltung vor dem Willen seines Geschicks. Wer von den Lesern hat nicht schon Stunden durchlebt, die ihn zu so traurigen Reflexionen führten?

Ich denke, es wird keiner unter ihnen sein, der nicht schon einmal, niedergedrückt durch harte Lebenserfahrungen, den Widerstreit zwischen dem freien Willen und dem starren Fatum in seinem Innern durchkämpfen musste. Er wird dann gewiss einem Gedankengang Raum gegeben haben, der mehr oder weniger unseren bisherigen Ausführungen entsprach. Und da ihm der freie Wille und eine unabänderliche Schicksalsbestimmung als unvereinbare Gegensätze erscheinen mussten, so wird er sich wohl oder übel – wenn auch nur mit halbem Zugeständnis – resigniert der Annahme eines unabänderlichen Geschickes zuwenden, da ihn der freie Wille so sichtlich im Stich ließ.

Diese Resignation war wohl menschlich verzeihlich, dennoch aber ein großes Unrecht! Die pessimistische Färbung der vorstehenden Zeilen soll nur den Zustand jener Menschen widerspiegeln, die die Wahrheit noch nicht erkannt haben, die noch nicht wissen, dass *freier Wille* und Menschengeschick im innersten Wesen keinen Widerspruch enthalten.

Frei ist jeder Mensch, der die *Gesetze des Lebens* erkannt hat, unfrei aber jeder, der ihnen aus Lässigkeit oder Unkenntnis widerstrebt.

Die wissenschaftliche Astrologie, die heute ob der von ihr verkündeten Lehre, dass schon im Augenblick der Geburt das menschliche Geschick feststeht, wieder mehr an Boden gewinnt, ist eine Wahrheit. Der Weg ist uns vorgezeichnet. Die Astrologie hat heute bereits ein erdrückendes Beweismaterial gesammelt, und aufgrund der neuen populären Lehrbücher kann sich jeder Mensch ohne viel Mühe und Vorkenntnisse durch Aufstellung eines Horoskops selbst den Beweis erbringen.

Und die Geschicke, die aus einem solchen Horoskop ersichtlich sind, treffen mit absoluter Sicherheit ein!

Doch jetzt kommt die Kehrseite. Sie treffen nur für den Menschen mit absoluter Sicherheit ein, der noch nicht sehen gelernt hat.

Der Blinde wird über den Stein fallen, der seinen Weg versperrt; das Kind, wenn es mit dem Feuer spielt, wird sich unbedingt die Hand verbrennen, solange es nicht die Erfahrung gemacht hat, dass das Feuer Schmerzen verursacht und zerstört. Der Mensch wird nur dann ein leidvolles Geschick zu erdulden haben, wenn er es nicht versteht oder unterlässt, seine Handlungen in Einklang zu bringen mit den ewigen kosmischen Gesetzen.

Der Mensch ist frei, wenn er frei sein will, wenn er sich harmonisch in die „Harmonie des Alls“ einfügt. Er ist unfrei, und dem vorbestimmten Geschick unterworfen, wenn er durch seine Handlungen beständig die Gesetze des Kosmos stört.

Und weil beinahe alle Menschen noch zu den Blinden gehören – wohl nur darum, weil sie noch nicht sehen wollen – so besteht für sie das

Geschick das nur deshalb soviel Leid in seinem Gefolge hat, weil nur das Leid und die mit ihm verbundenen Erfahrungen imstande sind, die Augen des Menschen von der selbst gewollten Binde zu befreien, ihn sehend zu machen.

Eines der größten Gesetze im Universum ist das Kausalitätsgesetz, welches Zufall und Willkür ausschließt. Dieses Gesetz lehrt, dass keine Wirkung ohne Ursache sei. Mit Recht schwört unsere materialistisch-monistische Wissenschaft auf dieses Gesetz, und wie lächerlich ist es. Wenn man von Vertretern dieser Wissenschaft so oft in Rede und Schrift vom unsinnigsten Wort der menschlichen Sprache, vom Zufall vernimmt.

Gewiss, vieles im Menschengeschick ist unabwendbar.

Zur Erklärung dieser Tatsachen ziehen wir die Lehren der uralten indischen Philosophie, die Mutter aller Weisheit, heran. Diese Predigt durchaus kein Fatum in dem Sinne, dass der Mensch alle seine Geschicke absolut feststehend hat, sondern sie lehrt nur, dass ein gewisser Teil des menschlichen Erlebens vorbestimmt ist, und dass es dienlich ist, diesen Teil mutvoll zu ertragen, denn er ist, entsprechend dem vorerwähnten Kausalitätsgesetz eine Schuld, die gegenwärtig zur Zahlung gelangen muss, also die Wirkung von Ursachen, die in einem vergangenen Leben gegeben wurden.

Wie ohne Ursache kein Stein vom Dache fallen kann, so müssen auch unsere Erlebnisse einer von uns gegebenen Ursache zugrunde liegen. Wer in einen Spiegel sieht, wird sich selbst sehen. Unsere Erlebnisse sind immer die Widerspiegelungen der von uns gegebenen Ursachen. Unsere einseitigen religiösen oder wissenschaftlichen Weltanschauungen, unser Egoismus, unsere Leidenschaften aber verschleiern uns den Blick, und so sehen wir die Ursachen immer anderswo, selten in uns selbst. Würden wir bei irgendeinem schmerzvollen Erlebnis z. B. imstande sein, einem objektiven, vollständig einwandfreien Nachforschen Raum zu gewähren, so würden wir in den meisten Fällen die direkte oder indirekte Ursache in uns selbst finden! Und wenn dieses ehrliche Nachforschen zu keinem Ergebnis führt, dann muss die Ursache außer, also vor unserem Leben zu suchen sein. Das aber führt zu der Annahme, dass wir schon früher einmal lebten, also die Ursache zu dem betreffenden Ereignis in einem, unserem jetzigen Leben vorangegangenen Leben gegeben haben müssen.

Die indische Philosophie lehrt Unvergänglichkeit der Seele, aber auch die öftere Wiederkehr in ein stoffliches Dasein, also eine öftere Menschwerdung. Die unausgeglichenen Ursachen, bzw. Störungen der Allharmonie des einen Lebens bilden das Geschick, resp. die Auswirkung dieser Ursachen in dem anderen Leben. Das gilt aber selbstverständlich auch für Ursachen, die günstige Wirkungen zur Folge haben, die also mit den ewigen Gesetzen in Harmonie stehen.

Das ist des Lebens Sinn, dass wir in fortschreitender Entwicklung immer wieder eine Menschwerdung auf der Erde durchzumachen haben, bis die erreichte Reife unsere unvergänglichen Seelen zu höheren Daseinsmöglichkeiten führt.

Die Auswirkung gegebener Ursachen nennt die indische Philosophie *Karma*. Nach der Auffassung von Prä- und Postexistenzen, also von früheren und zukünftigen Menschenleben, bringt also jeder Mensch schon ein gewisses Karma als Folge eines vergangen neu Lebens in das neue, und schafft folgerichtig in dem neuen Leben wieder Ursachen, deren Wirkung sich zum Teil auf ein zukünftiges Leben überträgt.

Eine doppelte Aufgabe erwächst demnach dem gegenwärtigen Leben. Man muss sich auf die beste, würdigste Art abfinden mit den Wirkungen des vergangenen Lebens, und verhüten, störende Ursachen zu schaffen, dass das künftige Sein frei bleibe von Wirkungen schlimmer Natur.

Ist eine Philosophie, die solche Lehre gibt, nicht großartig, nicht ethisch einwandfrei, nicht versöhnend und ausgleichend, nicht dazu angetan, die Menschen höher zu führen? Wie leicht lässt sich bei solcher Anschauung die Ungleichheit in der Welt erklären. Der Arme und Mühselige, der Krüppel, der unheilbar Kranke findet solchen Trost bei keiner Religion und die moderne Wissenschaft in ihrer Engherzigkeit und Seelenverneinung hat erst recht keinen Trost, denn der Hinweis auf eventuelle mechanische Ursachen oder auf den Zufall ist für diese Enterbten der Menschheit niederschmetternder, als die schwache Hoffnung einer Belohnung im Jenseits, die ja auch nicht ausreicht, das *Übel* zu erklären, auch nicht erträglicher zu machen.

Wenn man bei hartem Missgeschick sich sagen kann, man hat es selbst verschuldet, man war töricht, lässig in seiner ethischen Entwicklung, dann wird man das Übel leichter ertragen, ja man wird sogar einen Vorteil daraus ziehen: man wird es vermeiden, weitere Ursachen für ein schlimmes Karma zu bilden. Und wenn man sehend geworden ist, wenn man den Schleier gelüftet hat, der gewisse Geheimnisse der Natur bisher verbarg, dann wird man auch dem karmischen, sich unbedingt auswirkenden Übel den Stachel nehmen, man wird es sich, indem man seine verborgenen Kräfte erweckt und sich in Einklang zu bringen sucht mit den großen, geheimen Gesetzen der Natur, erleichtern und erträglicher machen. Ist der Mensch nicht frei auf solche Art, durch sein freiwilliges Binden und Einfügen in die Allharmonie nicht unbeschränkt?

Haben wir somit – die wenigen karmischen Erfüllungen ausgenommen – unser Geschick nicht in unserer Hand? Hatte da der große Ethiker und Menschenfreund, Christus, nicht recht, wenn er sagte, wir ernten das, was wir säen?

Die Astrologie hat in alter Zeit schon den Satz geprägt: „Die Sterne machen wohl geneigt, aber sie zwingen nicht, der Weise jedoch kann selbst die Sterne regieren! Damit ist gesagt, dass wir allerdings den astralen Einflüssen ausgesetzt sind, dass wir von ihnen getrieben werden, wenn wir willfährig uns treiben lassen, dass sie aber keinen Zwang auf uns auszuüben vermögen, wenn wir gelernt haben, energisch Widerstand zu leisten. Ja, dass wir schließlich so gar diese Gestirneinflüsse weise zu unserm Nutzen und Frommen verwenden können.

Doch die Gestirneinflüsse sind es nicht allein, die zu allen Zeiten auf uns einwirken. Es gibt im Universum feine, aber desto wirksamere Kräfte, die unser leibliches und geistiges Wesen fortwährend beeinflussen. Bei ihnen gilt dasselbe, wie bei den astralen Einflüssen, auch sie können nicht zwingen, wenn wir ihnen Widerstand leisten, aber sie vermögen uns zu dienen, wenn wir sie zu meistern verstehen! Diese Kräfte waren vergangenen Kulturepochen bekannt, unsere moderne Wissenschaft ist auf dem Wege, sie wieder zu entdecken.

Dieser Wissenschaft sind auch noch gewisse geheime überraschende Erkenntnis, dass sie doch nicht so seltsam, so lächerlich und veraltet sind, wie sie auf den ersten Blick erscheinen mögen, sondern dass sie in ihrer Gesamtheit auf die einfachste Weise das Rätsel des Lebens zu erklären vermögen. All die modernen Streitfragen, ob das Leben und der Intellekt bloße Funktionen des Körpers oder unabhängige Prinzipien sind, ob Geist und Materie getrennt sind und wo die Grenzen zu suchen sind, und viele andere Fragen, so auch das Woher und Wohin des Menschen, haben bis jetzt noch keine befriedigende Lösung gefunden. In dieser Philosophie aber sind sie restlos entschieden. Und wenn man sich ernster in das Studium der östlichen Weltanschauung vertieft, wird man mit Verwunderung wahrnehmen, dass unsere modernen Anschauungen über die physikalische Seite der Welt essenziell bereits in der alten Philosophie der Veden enthalten sind, dass die meisten unserer modernen wissenschaftlichen Errungenschaften nur Nachentdeckungen sind mit anderen Bezeichnungen!

Diese Philosophie nun lehrt uns, dass das materielle Universum der sichtbare Ausdruck einer gestalteten und verkörpernden Universalkraft, einer absoluten Energie ist, die *Prana* genannt wird. Die Umsetzung dieser Energie zur materiellen Äußerung nennt der Inder *Akasha*. Diese feinste Substanz erleidet eine Spaltung in fünf Modifikationen, die *Tattwa* genannt werden, und welche in ihrer Wechselwirkung Form und Leben erzeugen. Alles ist nur durch die tattwischen Wechselwirkungen vorhanden. Der indische Yogi – der nicht verwechselt werden darf mit den indischen Gauklern, Fakire genannt, da er ein Meister über alle äußere und innere Natur, ein mit Gott vereinter, also ein Heiliger ist kann als *Meister seines Lebens* nur deshalb angesehen werden, weil er die tattwischen Strömungen zu beherrschen weiß, weil er ihre Natur erkannt hat.

Wir werden in einem anderen Kapitel zeigen, das, die Lehre von Prana, Akasha und den Tattwas keineswegs absurd ist, sondern dass diese Auffassung der physikalischen Seite der Welt gewissen neuesten wissenschaftlichen Auffassungen und Forschungen entspricht.

Wie viel Kummer, Leid und bittere Erfahrungen muss aber der Mensch sammeln, durch Ursachen, die er sich in seinem Leben schafft aus Unkenntnis der höheren Gesetze des Universums!

Wenn das materielle Universum nur durch die tattwischen Wechselwirkungen in Erscheinung treten kann, wenn also unser ganzes Leben von ihnen abhängt, dann ist es auch verständlich, dass unser Denken, Fühlen, Wollen und Handeln mit diesen tattwischen Prinzipien im Einklang stehen muss. Und nun wird der Leser auch schon verstehen, was wir meinen, wenn wir die Behauptung aufstellen, dass man sich vor Leid und Kummer schützen kann, wenn man sich und sein Innenleben, sowie seine

Handlungen, das ganze Schaffen jederzeit auf die Gesetze dieser tattwischen Wechselwirkungen einstellt.

Eine weitere Modifikation der tattwischen Prinzipien ist die radioaktive Fernwirkung der Gestirne. Auch diesen – wiederum ganz gesetzmäßigen – Einflüssen sind wir zu jeder zeit unseres Lebens ausgesetzt.

Den astralen Wechselwirkungen unterliegen aber nicht nur wir, sondern alles, was besteht!

Der Einfluss der Gestirne auf das Naturleben ist offensichtlich. Schon der Wechsel von Tag und Nacht, der Jahreszeiten, der klimatischen Verhältnisse, der Mondphasen beweisen es. Alles organische Leben auf unserer Erde hängt von den wohltätigen Strahlen der Sonne ab. Aber auch der Mond übt einen starken Einfluss aus, z. B. auf das Wasser, auf das Wachstum der Pflanzen, auf stark sensitiv veranlagte Menschen. Gewisse Pflanzen, bei zunehmendem Mond eingesät, schießen ins Kraut, während sie, wenn sie bei abnehmendem Mond eingesät werden, vollsaftig gedeihen und kräftige Wurzeln treiben. Nervöse Personen sind während des abnehmenden Mondes weit reizbarer als sonst, und Trunksüchtige haben während solcher Zeit überhaupt keine moralische Widerstandskraft. Welchen Einfluss der Mond auf die Funktionen des menschlichen Körpers ausübt, zeigt sich auch bei der Menstruation.

Ein sonniger Tag wirkt nicht nur günstig und belebend auf den Körper, sondern auch auf das Gemüt. Ja sogar die intellektuellen Fähigkeiten steigern sich am sonnenhellen Tagen. So ist es eine allen Pädagogen bekannte Tatsache, dass Kinder an Sonnentagen viel aufnahmefähiger und geistig frischer und regsamer sind, als an regnerischen Tagen oder bei wolkenbedecktem Himmel.

Dass aber nicht nur Sonne und Mond, sondern auch alle übrigen Gestirne infolge ihrer Strahlungsenergie auf alle Dinge der Erde einen in gewisser Beziehung bestimmenden Einfluss haben, war schon den ältesten Völkern, besonders der alten indischen Kultur bekannt.

Alles Irdische, alles, was stattlich ist, wird von den astralen Wechselwirkungen beeinflusst und ist der radioaktiven Energie der Gestirne ausgesetzt. Glück und Unglück sind gesetzmäßige Notwendigkeiten, denn die Gestirneinflüsse zeigen sich als exakte, mathematisch dynamische Beziehungen zum Menschendasein.

Es ist nicht Sache dieses Buches, eine naturwissenschaftliche Begründung der Astrologie zu geben, das würde zu weit führen und den Rahmen des Buches überschreiten. Der Leser wolle sich die Überzeugung von dieser großen Wahrheit aus den modernen astrologischen Lehrbüchern holen. Außerdem sei nur noch erwähnt, dass bereits in einigen wissenschaftlichen Kreisen eine Begründung der Astrologie durch

Hypothesen versucht wird, welche den Voraussetzungen der modernen Naturwissenschaft entsprechen, und zwar hauptsächlich eine Hypothese der siderisch-energetischen Transformation.

Die indische Philosophie lehrt die Einheit des Kosmos. – Wie oben, so unten, ist ein Satz uralter Weisheitslehre. Von einem inneren Wesenskern strömt alles aus, ist infolgedessen untereinander verknüpft und in steter Wechselbeziehung, daher ist jedes auch das kleinste Geschehen mit geheimnisvollen Fäden an das Große, Ganze gebunden! Daher steht auch das menschliche Fühlen, Denken und Handeln, diese kleine Kraftquelle, in Wechselbeziehung zu den großen Kraftquellen, den Gestirnen.

Diese Erkenntnis, gestützt auf fortwährende Erfahrung, hatten schon die Weisen und Forscher der alten Kulturepochen. Sie erhielt sich bis heute und wird auch sicherlich den Tag der Anerkennung bzw. Nachentdeckung durch die gegenwärtige moderne Wissenschaft erleben. Es ist nicht das erste Mal, dass ein sogenannter Aberglaube durch die Wissenschaft seine Auferstehung feiern konnte. Finden sich doch schon in wissenschaftlichen Zeitschriften („Unsere Welt“, Dezemberheft 1917) Aufsätze über *Untersuchungen über die außerirdischen Einflüsse auf die Atmosphäre und die Wetterlage*, in welchen über die Tatsache der Gleichzeitigkeit gewisser atmosphärischer Störungen und besonderer, planetarischer Konstellationen berichtet wird. Wie weit haben wir da noch, um einen Einfluss der planetarischen Konstellationen bzw. die Gleichzeitigkeit derselben mit bestimmten Äußerungen der sensitiven menschlichen Gefühlsatmosphäre, nachzuweisen?

Es ist eine Erfahrungstatsache, dass sowohl die Wochentage als auch jede einzelne Tag- und Nachtstunde – beginnend mit dem Sonnenaufgang – gewissen planetarischen Einflüssen untersteht. Die Beachtung dieser Einflüsse ist insofern wichtig, da die Energien von jedem der in

Frage kommenden Himmelskörper nur auf bestimmte irdische Äußerungen zu wirken vermögen.

So werden z. B. die Marsenergien hauptsächlich nur auf alle irdischen Äußerungen, Handlungen und Dinge beeinflussend sein, die mit Eisen oder Feuer, mit Leidenschaften, Gewalt usw. in Zusammenhang stehen. An einem Marstage oder zu einer Marsstunde wird man z. B. mit Vorteil Waffen oder schneidende oder stechende eiserne Instrumente einkaufen. Ein solcher Handel, zur Venusstunde abgeschlossen, würde den Käufer niemals zufriedenstellen, denn Venustage und -stunden eignen sich für Putz, Blumen, Luxus und Freude.

Man setzt sich also mit allen Handlungen, die man zu Zeiten entgegengesetzt er planetarisch er Strömungen unternimmt, in Disharmonie mit den schwingenden Kräften des Kosmos und erntet dafür Enttäuschungen und Misserfolge.

Sucht man dagegen alle Handlungen mit diesen Strömungen in Einklang zu bringen d. h. sie erst dann zu unternehmen –, wenn deren Natur im Einklang steht mit der Natur der, herrschenden planetarischen Strömung sowie, der erwähnten tattwischen Einflüsse, so ist der Erfolg ein sicherer!

Man mache sich also die in diesem Buche gegebenen Lehren zu eigen, achte auf die tattwischen und astralen Einflüsse zu Beginn eines Unternehmens oder irgendeiner Handlung, und man wird sich bewahren vor psychischen und physischen Schädigungen, man wird sein Leben erfolgreicher, schöner und harmonischer gestalten.

Die astralen Einflüsse

a) Tagesbeeinflussung und Gestirnstunden

Wie schon in der Einleitung erwähnt wurde, kann man Tag und Stunde wählen, welche für den Vollzug einer Handlung oder irgendeines Unternehmens die günstigsten Gestirneinflüsse zeigen.

Der Ursprung der Kenntnis dieser Tatsache reicht weit zurück. Wahrscheinlich von den Indern übernommen, kam sie an die Chaldäer, Ägypter, Assyrer usw., deren Lehrer und Priester darin sehr bewandert waren. Auch bei den Israeliten stand sie im Gebrauch, die sie von den Ägyptern übernommen hatten. Moses legte ein Verbot gegen das Tagewählen ein, da die Israeliten wahrscheinlich großen Missbrauch damit getrieben haben. Wie in unserer Kulturepoche alles Gute, Nützliche, jede neue wertvolle Erfindung sofort auch in den Dienst der Vernichtung gebracht wird, was ja durch unsere moderne Kriegstechnik bewiesen wurde, so kann man auch die so segensreiche Wissenschaft von der Beeinflussung der astralen Fernwirkung missbrauchen und zur Schädigung seines Mitmenschen verwenden. Für solche Absichten können wir dem Leser nur mitteilen, dass der unlautere Gebrauch dieses Wissens auf seinen Urheber strafend zurückfällt. Es würde ihm so ergehen, wie dem Schützen, dessen Pfeil zurückschwirrt und ihn selber trifft.

Die Araber, Griechen und Römer haben die Wirkung der Gestirneinflüsse gekannt. Im Mittelalter erhielt diese Wissenschaft einen größeren Ausbau, geriet dann später etwas in Vergessenheit, um in neuerer Zeit – in Würdigung des praktischen Wertes – wieder mehr zur Anerkennung zu gelangen.

Die sieben Himmelskörper, Sonne, Mond Saturn, Jupiter. Mars, Venus und Merkur sind für uns von größtem radioaktivem Einfluss. Uranus und Neptun wirken zu schwach, als dass sie besondere Berücksichtigung finden könnten. Man verteilte unter die 24 Stunden des Tages und der Nacht die Sonne, den Mond und die 5 Planeten so, dass die erste Stunde am Sonntag nach Sonnenaufgang der Sonne zufällt, die zweite Stunde der Venus, die dritte Stunde dem Merkur, die vierte Stunde dem Mond, die fünfte dem Saturn, die sechste dem Jupiter, die siebente dem

Mars, die achte Stunde beginnt nun wieder mit der Sonne, die neunte mit der Venus, die zehnte mit dem Merkur usw.

Schon im grauen Altertum war der Sonntag der erste Tag der Woche. Aus diesem Grunde, und weil der Sonnenaufgang die Sonne bringt, hat man die erste Sonntagstunde der Sonne zugesprochen, d. h., die Reihe der Gestirnstunden musste mit der aufgehenden Sonne beginnen.

Nach dieser Reihenfolge fällt die 24. Stunde auf den Merkur. Mit der 25. Stunde beginnt der nächste Tag, der Montag. Dieser fängt mit dem Mond als erste Gestirnstunde an und endet mit der Jupiterstunde. Der Dienstag beginnt mit der Marsstunde und hat die Venus als letzte Gestirnstunde, der Mittwoch beginnt mit dem Merkur und endet mit dem Saturn, der Donnerstag beginnt mit dem Jupiter und endet mit der Sonne, der Freitag beginnt mit der Venus und endet mit dem Mond und der Sonnabend fängt mit dem Saturn an und endet mit dem Mars als Gestirnstunde.

Die Zuteilung der Wochentage unter die Himmelskörper ist dadurch begründet. Nachstehende Tabelle veranschaulicht die Reihenfolge.

Tageseinfluss:

der Sonntag hat die Sonne,
der Montag hat den Mond,
der Dienstag hat den Mars,
der Mittwoch hat den Merkur,
der Donnerstag hat den Jupiter,
der Freitag hat die Venus,
der Sonnabend hat den Saturn.

Demnach übt jedes Gestirn, das die erste Stunde nach Sonnenaufgang beeinflusst, seine Hauptwirkung auch auf den ganzen Tag und die darauf folgende Nacht aus.

Die Reihenfolge der Gestirne ist keine willkürliche, sondern entspricht ihrem Geschwindigkeitsverhältnis. Die Sonne als Mittelpunkt des Systems teilt die sie umkreisenden Himmelskörper in innere und äußere, d. h. in solche die innerhalb der Erdbahn und solche, die außer derselben laufen. Außerhalb befinden sich Mars, Jupiter, Saturn, innerhalb Mond (der von den Alten, seiner größeren Geschwindigkeit als die Erde halber, zu den inneren gerechnet wurde, Venus und Merkur. Von der Sonne als

Zentralgestirn ausgehend gelangt man zur schneller im Tierkreis vorrückenden Venus, von dieser zum noch schnelleren Merkur und zu dem an Bewegung am schnellsten Mond. Dann sprang man zum langsamsten Saturn über, dem der schnellere Jupiter folgte und diesem der an Bewegung noch schnellere Mars.

Übersichtlicher ist die ganze Einteilung, wenn man beim langsamsten Planeten beginnt, dem Saturn, und beim schnellsten Himmelskörper, dem Mond, endet. So folgen einander Saturn, Jupiter, Mars, Sonne, Venus, Merkur, Mond. Da im weiteren Verlauf dieser Darstellungen teilweise die astronomischen Symbole an Stelle der wörtlichen Bezeichnung der Himmelskörper gebraucht werden müssen, hauptsächlich in den Tabellen, so wird der astronomisch weniger bewanderte Leser gebeten, sich diese Symbole gut einzuprägen.

Die Sonne hat das Symbol ☉
Der Mond hat das Symbol ☽
Der Mars hat das Symbol ♂
Der Merkur hat das Symbol ☿
Der Jupiter hat das Symbol ♃
Die Venus hat das Symbol ♀
Der Saturn hat das Symbol ♄

Die nachstehende Tabelle soll dem Leser die Reihenfolge des Tageseinflusses und der Gestirnstunden geläufig machen. (Siehe S. 22)

b) Zu welchen Jahreszeiten wirken die astralen Einflüsse am stärksten?

Sonnentage und Sonnenstunden haben in den Monaten März und Juli ihre kräftigste Wirkung, da zu dieser Zeit die Sonne im Tierkreis in den Zeichen Widder und Löwe steht. Für den Sonneneinfluss ist die genaue Zeit vom 21 . bzw. 23. März bis 21. bzw. 23. April und vom 21. bzw. 23. Juli bis 21. bzw. 23. August.

Selbstverständlich besteht die Wirkung des Sonneneinflusses auch zu anderen Zeiten des Jahres (nach der schon erklärten Ordnung). Die

Gestirnstundentabelle

Nach Sonnen-aufgang	Sonntag ☉	Montag ☽	Dienstag ♂	Mitt-woch ☿	Donners-tag ♃	Freitag ♀	Samstag ♄
1. Stunde	Sonne	Mond	Mars	Merkur	Jupiter	Venus	Saturn
2. Stunde	Venus	Saturn	Sonne	Mond	Mars	Merkur	Jupiter
3. Stunde	Merkur	Jupiter	Venus	Saturn	Sonne	Mond	Mars
4. Stunde	Mond	Mars	Merkur	Jupiter	Venus	Saturn	Sonne
5. Stunde	Saturn	Sonne	Mond	Mars	Merkur	Jupiter	Venus
6. Stunde	Jupiter	Venus	Saturn	Sonne	Mond	Mars	Merkur
7. Stunde	Mars	Merkur	Jupiter	Venus	Saturn	Sonne	Mond
8. Stunde	Sonne	Mond	Mars	Merkur	Jupiter	Venus	Saturn
9. Stunde	Venus	Saturn	Sonne	Mond	Mars	Merkur	Jupiter
10. Stunde	Merkur	Jupiter	Venus	Saturn	Sonne	Mond	Mars
11. Stunde	Mond	Mars	Merkur	Jupiter	Venus	Saturn	Sonne
12. Stunde	Saturn	Sonne	Mond	Mars	Merkur	Jupiter	Venus
13. Stunde	Jupiter	Venus	Saturn	Sonne	Mond	Mars	Merkur
14. Stunde	Mars	Merkur	Jupiter	Venus	Saturn	Sonne	Mond
15. Stunde	Sonne	Mond	Mars	Merkur	Jupiter	Venus	Saturn
16. Stunde	Venus	Saturn	Sonne	Mond	Mars	Merkur	Jupiter
17. Stunde	Merkur	Jupiter	Venus	Saturn	Sonne	Mond	Mars
18. Stunde	Mond	Mars	Merkur	Jupiter	Venus	Saturn	Sonne
19. Stunde	Saturn	Sonne	Mond	Mars	Merkur	Jupiter	Venus
20. Stunde	Jupiter	Venus	Saturn	Sonne	Mond	Mars	Merkur
21. Stunde	Mars	Merkur	Jupiter	Venus	Saturn	Sonne	Mond
22. Stunde	Sonne	Mond	Mars	Merkur	Jupiter	Venus	Saturn
23. Stunde	Venus	Saturn	Sonne	Mond	Mars	Merkur	Jupiter
24. Stunde	Merkur	Jupiter	Venus	Saturn	Sonne	Mond	Mars

oben erwähnte Stellung der Sonne in den beiden Tierkreiszeichen verleiht ihr aber einen besonderen Einfluss.

Die Sonnenwirkung ist aber schwächer als gewöhnlich vom 21. bzw. 23.Januar bis zu den gleichen Tagen im März und vom 21. bzw. 23. September bis zu den gleichen Tagen im Oktober. Aufgehoben ist zu dieser Zeit ihre Wirkung aber keinesfalls.

Die Mondstunden und -tage haben in den Monaten Juli und Mai die kräftigste, im November eine etwas schwächere und im Dezember bis 20. Januar eine verminderte Wirkung.

Im Allgemeinen sind die Mondtage und Mondstunden am günstigsten bei dem zunehmenden Mondviertel, weniger günstig und für gewisse Angelegenheiten (man achte auf die späteren Erklärungen) sogar ungünstig bei abnehmendem Mondviertel; bei Neumond soll man nichts beginnen.

Saturnstunden und -tage haben ihre stärkste Wirkung Ende Dezember, den ganzen Januar bis zum 20. Februar und im Oktober. Die schwächere Wirkung ist im April, Juli und August.

Jupitertage und -stunden äußern ihre stärkste Wirkung von Ende November bis ungefähr 20. Dezember und in den ersten Wochen des Juli. Ihre schwächere Wirkung haben sie im Januar und Juni.

Marstage und -Stunden wirken am kräftigsten Ende März bis ungefähr 20. April, 20. bzw. 23. November bis ungefähr 20. Oktober und 20. bzw. 23. Dezember bis zu den gleichen Tagen im Januar. Die schwächere Wirkung ist Ende April bis Ende Mai. Ende September bis 20. bzw. 23. Oktober und im Juli.

Venustage und -Stunden äußern den größten Einfluss vom 20. bzw. 23. April bis zu den gleichen Tagen im Mai, sowie vom 20. bzw. 23. September bis zu den gleichen Tagen im Oktober. Mitte März und im Monat August sind ihre Einflüsse schwächer.

Merkurtage und -stunden haben ihre stärkste Wirkung in der Zeit vom 20. bzw. 23. Mai bis zum 20. bzw. 23. Juni, und vom 20. bzw. 23. August bis zu den gleichen Tagen im September. Schwächer ist ihre Wirkung im November und Februar.

Schließlich sei noch betont, dass die Gestirnstunden im Allgemeinen an Tagen, an welchen der gleiche Trageseinsfluss dominiert, sich immer kräftiger äußern werden, als an anderen Wochentagen.

So wirkt die Sonnenstunde an Sonntagen, die Mondstunde an Montagen, die Marsstunde an Dienstagen, die Merkurstunde am Mittwoch, die Jupiterstunde am Donnerstag, die Venusstunde am Freitag und die Saturnstunde am Sonnabend verhältnismäßig kräftiger, als wie an allen anderen Wochentagen.

c) Erklärung des Einflusses der Gestirnstunden

Nachstehend soll nun die Art und Weise des Einflusses der Gestirnstunden auf das menschliche Leben erörtert werden.

Wenn in der Folge von dem Tageseinfluss nicht mehr die Rede ist, so muss das so verstanden werden, dass hauptsächlich entscheidend der Gestirnstundeneinfluss ist. Man wird aber tunlichst bei der Wahl einer Gestirnstunde auf jenen Tag Rücksicht nehmen, der durch das gleiche Gestirn beherrscht ist, schon aus diesem Grunde, weil an jenem Tage die betreffende Gestirnstunde am kräftigsten ist, dann aber auch, weil die Art des Einflusses einer Gestirnstunde auch die des Tages ist, der im Zeichen des gleichen Gestirnes steht.

Wo man es also durchfuhren kann, wird man immer den, der betreffenden Gestirnstunde entsprechenden Tag wählen, so z. B. ist für eine Angelegenheit, die der Merkurstunde unterliegt, der Mittwoch vorzuziehen. Im praktischen Leben lässt sich das ja allerdings nicht immer einhalten. Doch wird man nie den Erfolg einschränken, wenn man stets darauf bedacht ist, die Gesetze der Harmonie einzuhalten.

In Rücksicht auf die irdischen Angelegenheiten können durch eine falsche Wahl des Tages und der Gestirnstunde Einflüsse aufeinandertreffen, die auf die betreffende Angelegenheit disharmonisch wirken.

So vermeide man es für alle Angelegenheiten der Sonnenstunden den Sonnabend, für alle Mondstunden den Dienstag und den Sonnabend, für alle Saturnstunden den Sonntag und den Dienstag, für die Jupiterstunden den Sonnabend, für alle Marsstunden den Freitag und den Sonnabend, für alle Venusstunden den Dienstag und Sonnabend und für alle Merkur stunden den Dienstag und den Sonnabend zu wählen.

Das gilt natürlich nur, wenn man leicht und ohne Hindernisse einen uneingeschränkten vollen Erfolg erzielen will. In vielen Fällen zwingt aber das praktische Leben, die Rücksicht auf die entsprechende harmonische Tagesbeeinflussung fallen zu lassen, namentlich dann, wenn man zu schnellem Handeln gezwungen ist.

Dann halte man sich nur an die entsprechende Gestirnstunde. Auch diese allein wird den Erfolg bringen, wenn auch verzögert oder nach Überwindung von Hindernissen.

Eine Angelegenheit der Sonnenstunde z. B. an einem Sonnabend durchgeführt, verzögert sich, eine Angelegenheit der Mondstunde, eingeleitet an einem Dienstag, bringt Hindernisse usw. ganz entsprechend der Natur des tagesbeeinflussenden Himmelskörpers, worüber im Nachstehenden Aufschluss gegeben wird.

1. Sonnenstunde

Die Sonne als Beherrscherin dieser Stunde vertritt das Prinzip des Glanzes, der Wahrheit, Helligkeit aller Tugenden, der Herrschaft und der Macht, des Stolzes, des Sieges, Ruhmes und Reichtums, der Tapferkeit, Ehrlichkeit und aller hohen und vornehmen Handlungen.

Sie ist das *Leben*.

Sie beeinflusst Fürsten, Regierungspersonen, den Adel, die Ämter, Armen- oder Städteverwaltungen, Priester, Propheten, Seher, Bildhauer, Kunstgewerbeleute, Goldschmiede, Juweliere, Kupferschmiede, Zinngießer, Münzenpräger, auch Musiker und Schauspieler.

An Körperteilen stehen unter ihrem besonderen Einfluss das Herz, der Rücken, die Lebenskraft, die Augen, und zwar beim männlichen Geschlecht das rechte, beim weiblichen das linke Auge.

In der sonstigen Natur beeinflusst sie unter den Pflanzen die Weiden, Palmen, Oliven, Kirschbäume, die rote Rose, Rosmarin und das Getreide; unter den Tieren alle reißenden Tiere des Waldes, den Löwen, ferner Falken, Adler und

Haushuhn, unter den Mineralien das Gold und unter den Edelsteinen den Diamant, Ruhm, Hyazinth und Chrysolith. Die ihrer Schwingung entsprechenden Farben sind orangegelb, goldgelb und goldbraun.

Günstige Beeinflussung

In den Tagessonnenstunden ist jeder Verkehr mit Höhergestellten erfolgreich. In solcher Stunde bewerbe man sich um ein Amt, Protektion oder Beförderung. Freundschaften, die in der Sonnenstunde geschlossen werden, sind sehr günstig und dauerhaft. Zu dieser Stunde soll man öffentliche Angelegenheiten politischer Natur erledigen.

Diese Stunde ist günstig für die private Korrespondenz, für Schriftstücke, Testamente, man unterzeichne Verträge, Kontrakte usw., die man mit Höhergestellten abgeschlossen hat. Goldwaren, Schmuckgegenstände in Gold, Juwelen (Diamanten, Rubine, Hyazinth und Chrysolith) sind vorteilhaft zu kaufen, ebenso Stoffe in orangegelber, goldgelber oder goldbrauner Farbe.

Alle Handlungen, die zu Macht, Herrschaft und Ansehen führen sollen – aber ohne Anwendung von Gewalt - alle hohen und edlen Handlungen unternehme man zur Sonnenstunde. Auch öffentliche und künstlerische Darstellungen, zu dieser Stunde begonnen, bringen Ehren und Vorteile.

Da die Sonne das Leben beeinflusst, so werden alle körperlich Schwachen diese Stunde wählen, um eine Kräftigungskur zu beginnen. Es ist günstig, zur Sonnenstunde Weiden, Palmen, Olivenbäume, Kirschbäume, rote Rosenstöcke oder Rosmarin anzupflanzen und Getreide zu säen.

Ungünstige Beeinflussung

Zur Sonnenstunde vermeide man den Ankauf von Tieren aller Art, das Verleihen von Geld, den Bau eines Hauses, jede Übersiedelung, jede Verlobung und Heirat.

Man schließe ferner keine wichtigen Handelsgeschäfte ab, und unterlasse das Anlegen neuer Kleider, resp. lege kein neues Kleidungsstück zum ersten Male an. Man hüte sich in der Sonnenstunde vor allen hartherzigen, ungerechten und hoch fahrenden Handlungen.

Der Verkehr mit Geisteskranken ist zu dieser Stunde zu vermeiden. Zur Sonnenstunde soll man die Heilung von Herzleiden, Rückenschmerzen und Augenleiden unterlassen, resp. keinen Arzt konsultieren in diesen Erkrankungen.

Erkrankungen, beginnend zur Sonnenstunde, verlaufen meist gefährlich und haben hohes Fieber im Gefolge.

2. Mondstunde

Der Mond, als Beherrscher dieser Stunde, gilt als Prinzip der Nacht, der Schnelligkeit, der Veränderung, des Meeres und des Wassers überhaupt, der geistigen Eigenschaften des Menschen, der Traurigkeit, Unbeständigkeit, des Kleinmutes, des Wachstums, der Reife, aber tauch der Fäulnis und der Verwesung. Er repräsentiert ferner die Keuschheit, Weiblichkeit, Laune und die Furchtsamkeit sowie den Hang zum Übersinnlichen, ferner die Feigheit, die Lüge und die Verleumdung.

Er ist die *Bewegung*.

Es werden von ihm beeinflusst: Fürstinnen, adelige, weibliche Personen, das weibliche Geschlecht überhaupt, hauptsächlich ältere Frauen. Ferner Schiffer, Fischer, sowie alle Berufsarten, die mit dem Wasser zu tun haben, Gärtner, Diener, Köche und Köchinnen, Jäger, Gesandte (mit irgend einer Mission Beauftragte), Reisende, Ärzte (Mediziner), Brauer, Seiler, Höcker, Hausierer, Winzer, Wirtsleute, Schauspieler, Landleute.

Unter dem Mondeinfluss stehen folgende Körperteile: das linke Auge des männlichen und das rechte des weiblichen Geschlechts, das Gehirn, der Bauch, Magen, die Eingeweide und die Blase, die Drüsengewebe und Lymphgefäße, das sympathische Nervensystem, Fett, Samen, die Geschlechtsteile, die Brüste des weiblichen Geschlechts.

Von den Pflanzen unterstehen dem Mondeinfluss: die Narzisse, Gurken, Melonen, Kürbisse, Endivien, Mohn, der Weinstock, alle Beerenpflanzen, Lattich, Bohnen, Linsen, Kartoffeln, Seerose.

Unter den Tieren: das Schwein, das Rind, die Katze, Kaninchen, Hasen, Frösche, Krebse, alle Schaltiere, Fische sowie alle Wassertiere, dann Papageien, Nachtigallen, Eulen und andere Nachtvögel. Unter den Mineralien das Silber, unter den Edelsteinen Opal, Beryll, Aquamarin, Mondstein, Kristalle, Perlen.

Auf Glas, Spiegel, Porzellan u. ä. übt der Mond ebenfalls einen großen Einfluss aus.

Die den Mondschwingungen entsprechenden Farben sind alle gelblich-blassen weißen, weißlichen, mondschillernden oder silbergrauen Farben.

Günstige Beeinflussung

Zu den, Mondstunden bewerkstellige man den Einkauf von Lebensmitteln, größeren Haustieren, wie Hindern und Schweinen, aber auch von Kaninchen, Hasen, Fröschen, Krebsen und Fischen.

In der Mondstunde kaufe oder handle man mit silbernen Gegenständen mit Glas, Kristallen, Porzellan, Spiegeln, auch mit Schmucksachen die Perlen, Opal, Beryll, Aquamarin Mondsteine enthalten. Man soll die Kinder zu dieser Stunde zum ersten Mal zur Schule senden.

Zur Mondstunde beginne man Reisen zu Wasser, oder kürzere Reisen zu Land, nehme Übersiedelungen vor, freie um das weibliche Geschlecht (schließe aber keine Ehe), erledige überhaupt Angelegenheiten mit Frauen und Mädchen, knüpfe Bekanntschaften an mit Leuten, deren Beruf dem Mond unterstellt ist, beginne Forschungen, die mit Reisen und Veränderung in Verbindung stehen, und statte Besuche ab.

In dieser Stunde wird man Gunst, Erfolg oder Protektion erreichen bei Fürstinnen, höhergestellten Damen, älteren Frauen. Zur Mondstunde stelle man Gärtner und Hausgesinde, Laufburschen Reisende, Jäger und Fischer an.

Für Eheleute ist die Mondstunde zum ehelichen Verkehr geeignet. Man nehme eine Amme nur zur Mondstunde an und lasse nur zu einer solchen Stunde den Säugling zum ersten Mal an ihre Brust legen. Zur Mondstunde pflanze man Narzissen, Nachtschattengewächse, Kartoffeln, Gurken, Melonen, Kürbisse, Bohnen und Linsen, den Weinstock und Beerenpflanzen.

Ferner kaufe man Stoffe, die eine gelbliche, weiße, weißliche, mondschillernde und silbergraue Farbe haben. Alle vom Mond beeinflussten Berufsarten sollen ihren Beruf zur Mondstunde beginnen. Eine Jagd, die man zur Mondstunde anfängt, wird sehr ergebnisreich sein, ebenso die Fischerei. Das Keltern des Weines, der Beeren, das Brauen des Bieres ist am günstigsten zur Mondstunde.

Zur Mondstunde lege man sein Geld zur Sparkasse.

Ungünstige Beeinflussung

Man hüte sich zur Mondstunde mit dem Beginn eines Hausbaues.

Ferner vermeide man es, Geld zu leihen, neue Kleider anzulegen, zu heiraten, Gelöbnisse zu empfangen oder zu geben.

Da die Mondstunde den Wechsel und die Veränderung repräsentiert, soll man sich hüten, alles, was Stetigkeit und längere Dauer haben soll zu unternehmen.

Man unterlasse zur Mondstunde jede Falschheit, Lüge und Verleumdung, sonst würde man sich sehr schädigen. Auch vermeide man zu dieser Zeit jeden Verkehr mit Menschen, deren Charakter unwahr ist. Man hüte sich besonders zu diesen Stunden vor Diebstahl und Betrug.

Prozesse, zur Mondstunde begonnen, enden nur dann günstig, wenn sie an einem Donnerstag anhängig gemacht werden.

Man unterlasse zu dieser Stunde die Heilung von Lähmungen, Augenleiden, Geschlechtsleiden, geistigen Störungen, Bauchkrankheiten, Magenleiden, Blasenleiden, Erkrankungen der Drüsengewebe und Lymphgefäße, des sympathischen Nervensystems und der weiblichen Brüste. Alle zur Mondstunde eintretenden Erkrankungen sind sehr wechselvoll und nehmen meist einen unregelmäßigen Verlauf.

3. Saturnstunde

Der Saturn gilt als das Prinzip der Langsamkeit und Schwerfälligkeit, in gewisser Beziehung auch der Stetigkeit. Er ist hauptsächlich der Planet der Einsamkeit, Entsagung, Erniedrigung, Armut und Traurigkeit.

Er repräsentiert nach astrologischer Lehre ein arbeitsames, mühevolles, an Enttäuschungen reiches Leben. Im Übrigen ist der Saturn bedeutsam für das Gedächtnis, das Greisenalter, Wissenschaften; Erfahrungen, Gebäude, Erbschaften, Bergbau, Ackerbau, Landleben, Handarbeiten und Geschäfte unreiner Art.

Es unterstehen ihm alle ärmlichen Wohnungen, alle dürftigen, niedrig gelegenen Länder, die Gewässer, Gefängnisse und andere abgeschlossene Baulichkeiten.

Er bewirkt gewaltsames Sterben, schlechte Ernten, Hungersnot, Viehsterben, Überschwemmungen, Schiffbrüche, langwierige Krankheiten, Scheidungen, Verlassenheit, Verurteilung und Gefängnis. Die Astrologie nennt ihn das *große Unglück*.

Es werden von ihm beeinflusst: Bauern, Bergleute, Gerber, Töpfer, Erdarbeiter, Bettler, Juden, Söldlinge, sklavische, niedrig stehende Menschen, Ziegler, Krämer, Färber, Küster, Totengräber, Beerdigungsleute, Schäfer, Schuhmacher, Popen, Mönche, Seher und mediale Menschen, Asketen, Einsiedler, Gefangenenaufseher; aber auch Diebe, Betrüger, Räuber und niedrig denkende, habsüchtige und geizige Menschen unterstehen seiner Wirkung.

Folgende Körperteile unterstehen dem Saturneinfluss: die Milz, die Blase, das rechte Ohr, die Knochen und Zähne, die Knie, das Schienbein und der Vorderarm.

Von den Pflanzen gehören ihm der Holunder, die Eiche, Bäume mit rauer Rinde, die Raute, Palme, Zwiebel, Knoblauch, Aloe, Stechpalme und Mistel sowie die Hyazinthe zu.

An Tieren sind ihm zugeeignet alle unreinen Tiere, das Schwein, das Kamel, der Bär, das Nilpferd, der Esel, die Katze, Strauss, Kranich, Eule sowie alle langsam sich bewegenden Schal- und Wassertiere, alle Käfer, der Skorpion und ferner der Igel und der Maulwurf; an Mineralien eignen ihm alle dunklen, schwarzen und brüchigen Steine, das Blei, und an Edelsteinen der Onix und die schwarzen Perlen.

Den Saturnschwingungen entspricht die schwarze, dunkelbraune, dunkelgraue und dunkelgrüne Farbe.

Günstige Beeinflussung

Während der Saturnstunde handle man mit schweren Metallen, Steinen oder Dingen, die sich in der Erde befinden, Land- und Grundbesitz.

Diese Stunden sind hauptsächlich günstig für die Landwirtschaft, sofern sie Erde, Steine und Baulichkeiten betrifft, für Bergwerke, Grabungen, Brunnenbau, für Töpfer, Schuhmacher, Lederarbeiter, Gerber sowie alle Beschäftigungen, die dem Saturn unterstehen. Zu diesen Stunden soll man auch dunkle oder schwere Kleider kaufen.

Zu Saturnstunden ist es auch günstig, ernste, schwer wissenschaftliche Arbeiten zu beginnen. Auch Ackerbau und Einsaat ist zur Saturnstunde günstig, desgleichen die Arbeiten im Bergbau. Im Allgemeinen sollen zur Saturnstunde nur Angelegenheiten unternommen werden, die dem geschilderten Einfluss entsprechen.

Ungünstige Beeinflussung

Man hüte sich, in der Saturnstunde Arzneien einzunehmen, ziehe keine neuen Kleider an, lasse sich nicht die Haare schneiden, besteige kein Schiff, trete keine Reise an und schließe keinen Liebes-, Ehe- oder Freundschaftsbund.

Man vermeide es ferner zur Saturnstunde mit hochgestellten Personen zu verkehren, ebenso mit Geistlichen, Amtspersonen, Fischern, Jägern, Maurern. Es ist ungünstig, zur Saturnstunde die Erlangung einer Protektion oder eines Amtes nachzusuchen.

Zur Saturnstunde stelle man keine Untergebenen an, verleihe kein Geld und borge auch keines, auch nicht andere Dinge.

Ferner hüte man sich zur Saturnstunde vor jedem Verkehr mit rohen oder geizigen Menschen, fange keine Prozesse an und vermeide alle Handlungen unedler, niedriger oder habsüchtiger Art.

Eine Erkrankung, die zur Saturnstunde eintritt, ist immer sehr gefährlich und hat in vielen Fällen einen tödlichen Ausgang, zummindesten aber wird sie sehr lange währen und viel Leid bringen. Zur Saturnstunde soll man kein Bad nehmen und sich sehr vor Erkältungen hüten.

4. Jupiterstunde

Der Jupiter gilt als das Prinzip der Gerechtigkeit und Friedfertigkeit, aller Tugenden schönen Eigenschaften, des Selbstvertrauens, Seelenadels, Stolzes, der Gesetzmäßigkeit, Religion und Gottesverehrung.

Der Einfluss des Jupiters verleitet die Menschen aber auch ein wenig zur Genusssucht, Ehr- und Ruhmsucht. Sonst aber verursacht er Weisheit, Gerechtigkeit, Frömmigkeit, Hochherzigkeit, Majestät, Mitleid, Rednertalent, Gelehrsamkeit und die Gabe der Traumauslegung und Zukunftsenthüllung. Die Astrologie nennt den Jupiter das *große Glück*, denn er vermehrt alles Gute, verbessert ungünstige Lebenslagen und macht tugendhaft.

An Berufsarten unterstehen ihm Justizpersonen, Regierungsbeamte, Priester, Redner, Gelehrte, Richter, Anwälte, Studenten, Theologen, Wollwarenhändler, Gemischtwarenhändler, Tuchmacher Kleidermacher, Musiker, öffentliche Beamte, aber auch Heuchler, Hochstapler und Scharlatane.

An Körperteilen werden von ihm beeinflusst die Lunge, die Rippen, die Schenkel, Lenden, Blut und Arterien, Samen, teilweise auch die Hüften und die Füße. An Tieren sind ihm zugeeignet hauptsächlich alle gelehrigen Tiere, wie Pferde, Hunde, Elefanten, dann Hirsche, Rinder, Krähen, Adler, Tauben, Falken, Elstern, Pfauen und die Schwalbe. Unter den Pflanzen unterstehen dem Jupitereinfluss die Rose, die Lilie, Sandelholz, Lorbeer, die Eiche, das Zuckerrohr, Bohnen, Nüsse und Mandeln, unter den Metallen das Zinn und unter den Edelsteinen der Smaragd, Saphir, Amethyst und Türkis.

Die blaue, rotgelbe und dunkelrote Farbe entspricht seinen Schwingungen.

Günstige Beeinflussung

Zur Jupiterstunde kann man sich mit Erfolg an reiche und sozial hochgestellte Leute zwecks Erlangung einer Gunst wenden, um eine Anstellung sich bewerben, Waren kaufen, Spekulationen zur Erzielung höherer Preise unternehmen. Es ist sehr günstig, zur Jupiterstunde eine Heirat einzugehen, neue Kleider erstmalig anzulegen, zu reiten, zu reisen, zu säen, Bäume anzupflanzen und Bauten zu beginnen. Man kann ferner zu solcher Stunde mit Vorteil mit hochgestellten Personen verhandeln, diplomatische Unternehmungen einleiten, Kapitalien anlegen.

Kaufleute machen gute Geschäfte sowohl in Geld als in Waren, wenn sie die Jupiterstunde benützen. Man beginne zu dieser Zeit eine Schiffreise, schließe Friedensverträge und gerichtliche Ausgleiche, beginne Prozesse oder andere gerichtliche Angelegenheiten. Ein Verkehr mit Justizpersonen oder Rechtsanwälten wird zu dieser Stunde immer sehr erfolgreich sein.

Man kauft zu dieser Stunde mit Vorteil alle Gegenstände, die eine blaue, dunkelrote oder purpurrote Farbe haben, oder aus Zinn bestehen. Auch die oben angeführten Edelsteine sind in dieser Stunde günstig zu kaufen oder zu verkaufen.

Personen, die in Feindschaft lebten und Frieden schließen wollen, mögen dies zur Jupiterstunde vollziehen, sie werden sich damit in dauernder Freundschaft verbinden, wie diese Stunde überhaupt zum Abschluss eines Freundschaftsbündnisses sehr günstig ist. Sein Haus soll man, wenn tunlich, zur Jupiterstunde verlassen, man hat dann eine erfolgreiche Wiederkehr.

Auch kann man zur Jupiterstunde Geld borgen oder verleihen, sein Geld mit Vorteil und Vermehrung anlegen, den Beginn neuer Gründungen und Unternehmungen veranlassen und schließlich Übersiedelungen durchführen, bei welchen man aber zu achten hat, dass der Einzug in das neue Heim ebenfalls zur Jupiterstunde vor sich gehen soll.

Die Jupiterstunde ist günstig für den Beischlaf.

Ungünstige Beeinflussung

Zur Jupiterstunde unterlasse man den Einkauf von Waffen aller Art. Auch der Einkauf von Schafen und wiederkäuenden Tieren soll zu dieser Stunde vermieden werden. Man hüte sich vor Feuer, grabe keine Gruben, keine Brunnen, beginne keine Bergwerksarbeiten und meide vor allem jede Beschäftigung mit der Erde, man soll die Erde während der Jupiterstunde in Ruhe lassen.

Eine Krankheit, welche zur Jupiterstunde beginnt, wird selten gefahrvoll werden und in den meisten Fällen einer schnellen Heilung entgegengehen. Dagegen hüte man sich, ein Leberleiden zur Jupiterstunde heilen zu wollen, bzw. damit zu beginnen.

5. Marsstunde

Die Marsbeeinflussung wird im Allgemeinen als der menschlichen Natur feindlich angenommen. Er ist der Urheber alles Streites, aller Zornes- und Gewalttaten und des Krieges. Die Astrologie nennt ihn das *kleine Unglück*. Er bringt den Menschen meist einen grausamen, schmerzlichen oder gewaltsamen Tod. Sein Einfluss ist besonders dem weiblichen Geschlecht feindlich und ungünstig.

Der Mars ist das Prinzip des Zornes, der Gewalt, der Heftigkeit, Kühnheit, Verwegenheit, Tapferkeit, Hinterlist, Grausamkeit, Verleumdung, Wildheit und Lüge, Raub, Mord, Abenteuer, Tyrannei, Kriegswesen, rücksichtsloses Heldentum und Rohheit.

Ihm entsprechen Waffen, Feuer und Blut. Der Mars verursacht die Kriege, Revolutionen, Menschenmorde, Gliederverluste, Verwundungen durch Eisen oder Feuer, Entführung, Gefangenschaft, Raub, Schändungen und Entbehrungen, tollkühne Handlungen, Schädigungen durch Blitz, Feuer, Wind oder Erdbeben, Einsturz und sonstige gewaltsame Elementarereignisse und Unglücksfälle. Auch ist sein ungünstiger Einfluss die Ursache der Fehlgeburten.

Er wirkt im Allgemeinen auflösend und zerstörend. Ihm unterstehen alle Fabriken, Maschinen, Kasernen, Schlachthäuser, alle industriellen Gegenden, Schmelz- und Hüttenwerke, Gießereien u. ä.

Der Mars beeinflusst von Berufsarten hauptsächlich Leute, welche mit Waffen, Eisen oder Feuer zu tun haben, wie Soldaten, Feldherren, Werkleute, Waffenschmiede, Schmiede überhaupt, Feuerarbeiter, Metallgießer, Chemiker, Wundärzte, Chirurgen, Drogisten, Friseure, Eisenarbeiter, Schlächter, Messerschmiede, Köche, Maschinisten, Eisenhändler, Waffenhändler wie überhaupt Personen, die mit spitzigen, schneidenden Instrumenten zu tun haben. Er beeinflusst aber auch Abenteurer, Räuber, grausame Fürsten, Gottlose, Übeltäter, Mörder, Brandstifter.

Seinen Schwingungen unterstehen von den menschlichen Körperteilen das linke Ohr, die Stirn, Nase, Muskeln, die Galle, Nieren, Leber, die Venen, die männlichen Geschlechtsteile, die Weichen.

Von Tieren unterstehen seinem besonderen Einfluss alle reißenden Tiere, der Löwe, der Wolf, der Tiger, die Katze, der Fuchs, aber auch das Pferd und das Maultier, dann alle giftigen Kriechtiere und Schlangen, der Skorpion, die Maus und die Ratte, die Spinnen, alle stechenden Insekten, der Habicht und der Geier.

Von den Pflanzen sind von ihm beeinflusst alle Gewürzpflanzen, der Rettich, die Kresse sowie alle Pflanzen mit scharfem, ätzendem Saft; von Mineralien das Eisen und der Magnetstein; von Edelsteinen der Ruhm, Jaspis und die Hämatiten.

Seinen Schwingungen entsprechen die rote, rot-gelbe und alle feurigen Farben der roten Farbenskala.

Günstige Beeinflussung

Zu den Marsstunden kaufe oder verkaufe man Waffen, alles, was zum Kriege oder zur Verteidigung gehört" ferner alle spitzigen, schneidenden Instrumente, und alles, was mit Eisen oder Feuer zusammenhängt oder eine hellrote Farbe hat. Man wird Vorteil dabei haben.

In diesen Stunden verkehre man mit Militärpersonen oder solchen, die mit Eisen, Maschinen, Feuer, Eisenbahnen oder Waffen zu tun haben, aber auch mit Schlächtern usw., wenn man Vorteile durch dieselben erlangen will.

Chirurgen haben zur Marsstunde die glücklichste Hand. Zur Marsstunde setze man erstmalig Maschinen in Gang, heize neue Öfen, brenne man Feuerwerke ab, setze Beleuchtungsanlagen instand, bringe Hüttenwerke und Gießereien in Betrieb, usw.

Ungünstige Beeinflussung

Die Stunde des Mars ist für alle anderen, als die oben, erwähnten und angedeuteten Berufsarten sehr ungünstig. Sie bringt Gefahren durch Unglücksfälle, Angriffe, Verleumdungen.

Man beginne nie einen Prozess zur Marsstunde, denn man würde dann einen scharfen, rücksichtslosen und ränkevollen Gegner finden.

Zur Marsstunde soll man keine Arzneien einnehmen, keinen Beischlaf ausüben und keine heirat eingehen, keine Verlobung feiern und überhaupt kein Liebes- oder Freundschaftsverhältnis anknüpfen.

Man darf zur Marsstunde auch keine Reise antreten, keine Übersiedlung vornehmen, da man sonst Unfälle, Streit und Diebstahl erleben würde. Besonders Seereisen müssen zur Marsstunde vermieden werden.

Die Marsstunden gehen selten ohne Zwietracht, Streit oder Zank vorüber. Daher soll man zu solcher Zeit sehr vorsichtig im Verkehr mit anderen Menschen sein und es vermeiden, sie zu reizen. Man suche keine neue Anstellung zur Marsstunde, noch trete man dieselbe zu solcher Zeit an.

Die Marsstunden bergen die größten Gefahren und zeitigen die meisten Unfälle, Explosionen, Brände usw. Man lasse daher die Marsstunden möglichst ruhig und tatenlos vorübergehen und beginne auf keinen Fall neue Unternehmungen. Nur Personen, die infolge ihrer Berufsart dem Mars zugehören, können in den Marsstunden bei allen bereits erwähnten dem Mars unterstehenden Angelegenheiten erfolgreiche Wirkungen erzielen.

Krankheitsfälle, die zur Marsstunde beginnen oder hervorbrechen, sind meist heftiger und hitziger Art, gehen vielfach mit Tod aus oder verlaufen sehr bösartig.

Zur Marsstunde vermeide man besonders, die Heilung von Leberleiden zu beginnen.

6. Venusstunde

Die Venus ist gleich dem Jupiter ein Glück bringender Planet, wenn auch nicht so kräftig. In der Astrologie wird sie das *kleine Glück* genannt. Die Venus ist das Prinzip der Liebe, Geselligkeit und Fröhlichkeit.

Ihre Kräfte beeinflussen die Menschen für die Schönheit, Anmut, für Putz, Schmuck, Wohlgerüche, Scherz, Spiel und Witz, für Zärtlichkeit, Zuneigung, Ehe, Liebe; Liebes- und Freundschaftsverhältnisse, Sinnlichkeit, wie überhaupt für das Geschlechtsleben und damit auch für die Schattenseiten desselben, für unreine, ausschweifende Begierde, unnatürliche Laster, Ehebruch, Schändung und Unzucht.

Ihre Schwingungen sind aber auch die Ursache der Menschenliebe, Kindesliebe, Treue und Keuschheit, Gattenliebe und Kindersegen. Unter ihrem Einfluss stehen alle blühenden Gärten, Bergeshöhen und fruchtbares Ackerland.

Sie ist die Verursacherin der Empfängnis, macht zu Eifersucht geneigt, zu Festgelagen, Tänzen und Spielen aller Art.

Auch das Zustandekommen hoher Verbindungen, ferner die Vermehrung des Vermögens unterliegt ihrer Beeinflussung.

Die der Venus unterstehenden Berufsarten sind: Maler, Dichter, Schauspieler, Sänger, Musiker, Tapezierer und Dekorateure, Artisten, Schneider, Parfumeure, Graveure, Kupferstecher, Holz- und Steinschneider, Spieler, Schmuck- und Spielsachenerzeuger, Leinenhändler, Seidenhändler, Kleiderhändler, Modistinnen, alle Berufe, die in Ornamenten und Verzierungen arbeiten, alle Kunsthandwerke, Vergolder, Köche, weibliche Gewerbe und Beschäftigungen, u. a., aber auch Dirnen, Kuppler und andere unsolide Erwerbsarten.

Von den menschlichen Körperteilen unterstehen ihr die Wangen, die Gebärmutter, die Nieren, Genitalien, Brüste, Lenden, das Blut, die Säfte, der Samen und das Ei und das Gesäß.

Alle sanfteren Haustiere, wie die Ziege, Schafe, ferner die Taube, das Huhn, Fasanen, Rebhühner, Schmetterlinge und Bienen; unter den Pflanzen die Dattel, Feige, Lilie, Rose und alle wohlriechenden Blumen, und unter den Metallen das Kupfer, werden von der Venus beeinflusst. benso unter den Edelsteinen der hellblaue Saphir, Achat, dann Perlen, Korallen, alle glänzenden Gegenstände, Spiegel usw.

Die Venus ist der Bezeichner aller Weltfreuden, der Musik, des Gesanges, des Tanzes, ferner von Luxus und Verschwendung.

Die mit ihren Schwingungen harmonischen Farben sind hellgrün, rosa, weiß, hellblau, sowie alle luftigen Farben.

Günstige Beeinflussung

Die Stunde der Venus ist besonders günstig für alle Angelegenheiten mit dem anderen Geschlecht. Man heirate zu dieser Stunde oder knüpfe Liebesverhältnisse an, feiere Verlobungen, schließe Freundschaften. Die Venusstunde ist sehr günstig für das Üben im Singen, Reden, Musizieren, Tanzen usw., auch soll man solchen Unterricht nur in dieser Stunde beginnen.

Man suche zu dieser Stunde die Freundschaft von Frauen und man wird Gutes von ihnen erhalten. Besonders bei sozial höher stehenden Frauen bewerbe man sich zu dieser Stunde um Förderung, Gunst und Protektion.

Die Venus beherrscht alle Vergnügungen, wie Theater, Tanz, Musik u. ä. Es ist gut. zur Venusstunde solche Vergnügungen aufzusuchen; Künstler sollen ihre Darbietungen zu dieser Stunde beginnen. Für alle Künstler ist es vorteilhaft, ein neues Kunstwerk zur Venusstunde zu beginnen. Zu solcher Stunde soll man auch mit Künstlern verkehren.

In der Venusstunde soll man baden, sich neu kleiden oder schmücken. Neue Kleider, Schmuck und Zierrat kaufe oder verkaufe man nur zur Venusstunde.

Ein Heiratsantrag, zur Venusstunde gemacht, findet Erhörung. Man dinge häusliche Angestellte zur Venusstunde, oder lasse sie ihren Dienst beginnen.

Zur Venusstunde ist es gut, kleine Reisen anzutreten, Besuche zu machen, seine Wohnung zu schmücken, mit Schneidern. Putzmachern u. dergl. zu verkehren, auch mit Blumenhändlern und Dekorateuren.

Der Beischlaf zur Venusstunde führt meist zur Empfängnis.

Zur Venusstunde soll man medizinieren, Dokumente unterzeichnen, die sich auf Liebe, Ehe und Freundschaft beziehen und solche Briefe schreiben.

In der Venusstunde sind überhaupt alle Handlungen angezeigt, die mit Zeitvertreib, Spiel, Luxus, Weltfreude, Vergnügen, Liebe und Freundschaft in Verbindung stehen.

Ungünstige Beeinflussung

Man soll zur Venusstunde kein Schiff besteigen und auch keine Seereise antreten. Zur Venusstunde sei man vorsichtig mit seinem Gelde, denn in dieser Stunde neigt der Mensch zur Verschwendung oder er kommt durch das andere Geschlecht um sein Geld.

In der Landwirtschaft bringt die Beschäftigung mit wohlriechenden Blumen Vorteile.

In der Venusstunde soll man nichts gegen Nierenleiden unternehmen. Krankheiten, die in der Venusstunde beginnen, sind selten bösartig und todbringend, sie werden in den meisten Fällen von nicht allzu langer Dauer sein. Meist sind diese Krankheiten durch das Geschlechtsleben, durch Unmäßigkeit oder

Ausschweifungen verursacht.

7. Merkurstunde

Der Merkur beeinflusst den Intellekt des Menschen. Seine Prinzipien sind Schnelligkeit, Geschicklichkeit, Geistesarbeit, Erfindungen, Wissenschaft Kunst und Handel.

Er macht uns geistreich, begabt, lernbegierig, vorsichtig, sophistisch, schlau, verschmitzt, lässt uns stets auf Neues spekulieren, macht uns sehr beweglich und gönnt uns wenig Ruhe:

Der Merkur ist im menschlichen Leben hochbedeutsam für die Redekunst, alle Wissenschaften, Technik, Industrie, Gedankenarbeit, Künste, Vorträge, Geschäfte, Fleiß, Reisen, Täuschung, Schlauheit, Lüge, List, Trugschlüsse und Sophismen aller Art.

Sein Einfluss verursacht auch Sprachverlust, Wahnsinn und Epilepsie. Er verleiht in günstiger Stellung die Gabe der Überredung und befördert durch Studium und intuitives Erkennen alle Erfindungen und Entdeckungen.

Die von ihm beeinflussten Berufsarten sind: alle genialen Leute, Philosophen, Mathematiker, Naturforscher, Mediziner, Astronomen, Advokaten, Juristen, Finanzbeamte, Künstler aller Art, Schriftsteller und

Dichter, Lehrer, Redner, Hof- und Staatsdiener, Diplomaten, Kaufleute, Techniker, Chemiker, Redakteure, Journalisten, Handelsangestellte, kleinere Beamte, Postbeamte, Apotheker, Mechaniker, Buchdrucker, Uhrmacher, Tänzer, Schausteller, Possenreißer, Artisten, Geschäftsvermittler, Dresseure, aber auch Taschenspieler, Diebe, Schwindler aller Art.

Vom menschlichen Körper wird durch den Merkur beeinflusst in erster Linie das Gehirn (mit ihm das Gedächtnis, Imagination), die Zunge, Hände und Füße, das zerebrale Nervensystem, die Kehle, die Oberarme, Hüften, Beckenknochen und die Galle.

Unter den Tieren sind die Affen, Füchse, Ameisen, die meisten Singvögel; unter den Pflanzen alle Staudengewächse, Petersilie und alle Farbpflanzen; unter den Mineralien das Quecksilber, alle gemischten Erze, und unter den Edelsteinen der Topas, Karneol und die meisten farbigen Halbedelsteine seiner Wirkung untergeordnet.

Seinen Schwingungen entsprechen alle sumpfigen Orte und bewässerten Täler.

Mit diesen Schwingungen stehen alle hellgrauen, silbergrauen und unbestimmten Farben in Harmonie.

Günstige Beeinflussung

Die Merkurstunden eignen sich gut zum geschäftlichen Briefwechsel, zum Unterzeichnen von Verträgen und Kontrakten sowie zum Beginn literarischer Angelegenheiten. Die Landwirte holten zur Merkurstunde die Tiere begatten lassen und Bäume pflanzen.

Die Merkurstunden sind günstig für das Anlegen von Geld, das Überreichen von Gesuchen aller Art, das erstmalige Senden der Kinder zur Schule sowie für den Beginn aller wissenschaftlichen und künstlerischen Arbeiten.

Das Senden von Botschaften, das Graben von Brunnen, der Beginn von Bauten sind zur Merkurstunde mit Erfolg gekrönt.

Zur Merkurstunde ist es gut, mit Buchdruckern, Buchhändlern, Verlegern, Redakteuren und Journalisten zu verkehren oder eine Stellung in einer dieser Berufsarten anzutreten, bzw. nachzusuchen.

Alle Gelehrten, Lehrer, Ärzte, Musiker Redner, Schriftsteller, Chemiker, Apotheker, Kaufleute werden bei Ausübung ihres Beruf es stets Glück haben und Erfolge erringen, wenn sie die Merkurstunde beachten.

Der Beginn eines Unterrichtes, sowie der Abschluss eines wichtigen Handelsgeschäftes sollen nur zu dieser Stunde unternommen werden.

Ungünstige Beeinflussung

Die Merkurstunde ist für alle Ehe- und Liebesangelegenheiten höchst ungünstig und wird immer Enttäuschungen im Gefolge haben. Man vermeide also, zu solcher Stunde eine Ehe einzugehen oder ein Verlöbnis zu schließen; auch soll man kein Liebes- oder Freundschaftsverhältnis anknüpfen.

Zur Merkurstunde vermeide man die Rückkehr von einer Reise, die Anstellung von Untergebenen und den Kauf oder Verkauf von Häusern, Äckern, Wiesen, Grundbesitz u. ä.

Eine Krankheit, die zur Merkurstunde beginnt, ist selten gefährlich, wenn sie nicht das Gehirn oder das Nervensystem betrifft. Bei solchen Erkrankungen wähle man zum Beginn der Heilungskur niemals die Merkurstunde.

Zu dieser Stunde soll man sich hüten, sich in irgendein Menschengedränge zu begeben, die meisten Taschendiebstähle geschehen in der Merkurstunde; überhaupt muss man in der Merkurstunde vor Betrug, Überlistung und Schwindel bedacht sein.

* * *

Der Leser wird diesen Ausführungen wohl nicht gleich Glauben, Vertrauen und Verständnis entgegenbringen können. Deshalb bedarf es noch einiger Erklärungen.

Alles strahlt, und alle Dinge sind Empfangsstationen für die ausstrahlenden Energien.

Infolge gleicher oder verwandter Schwingungsverhältnisse sind gewisse Dinge empfänglicher für eine bestimmte strahlende Energie, sie werden also infolgedessen hervorragend davon beeinflusst.

So ist es erklärlich, das z. B. die Strahlungsenergie des Saturn die Knochen und die Zähne mehr beeinflusst als das Gehirn, weil Knochen und Zähne viel empfänglicher für die saturnischen Emanationen sind als z. B. das Gehirn, das seinerseits wieder eine verwandte Empfangsstation für die Strahlungsenergien des Merkur ist.

So verhält es sich auch mit Tieren, Pflanzen, Mineralien usw. Die Eigenart der Tiere Pflanzen sowie aller bestehenden stofflichen Dinge steht in beständiger Wechselbeziehung zu gleichartigen Strahlungsenergien der Gestirne.

Davon weiß die offizielle Wissenschaft bis heute allerdings noch wenig; aber ihre Forschungen sind bereits am besten Wege – allerdings gegen den Willen verschiedener Gelehrter mit rein materialistischer Auffassung – diese Wahrheit zu erweisen. Vorläufig soll es uns aber genügen, dass mehrtausendjährige unausgesetzte Erfahrungen die Richtigkeit dieser Verhältnisse bestätigen.

Und was noch mehr für sie als eine unumstößliche Tatsache spricht, ist der Umstand, dass jedermann imstande ist, Nachprüfungen anzustellen, die immer das gleiche, bestätigende Resultat ergeben werden.

Am wichtigsten ist für uns die weitere Tatsache, dass diese Beeinflussungen sich nicht nur auf das grobmaterielle Wesen des Menschen allein beziehen, sondern auch auf sein geistiges, moralisches und intellektuelles Leben.

Man kann sich z. B. leicht davon überzeugen, dass man zur Saturnstunde stets ernster gestimmt ist, dagegen zur Venusstunde heiterer und fröhlicher, dass man zur Jupiterstunde empfänglicher ist für hohe Dinge und friedfertiger, während man zur Marsstunde sich erregt und gereizt fühlt, ferner zur Merkurstunde intellektuell angeregt wird, usw.

So werden durch die astralen Energien auch Stimmungen, Wünsche und Gedanken in uns erregt. Diese kristallisieren sich zu Handlungen und Geschehnissen und so ist es verständlich, dass auch unser Berufsleben, bzw. die Neigung zu einem bestimmten Beruf sowie auch die Wahl desselben durch astrale Einflüsse beeindruckt, wird, je nachdem der Mensch eine offene Empfangsstation für eine bestimmte astrale Fernwirkung darstellt.

Es lässt sich nun auch begreifen, dass jede Handlung unseres Lebens in Verbindung steht mit astralen Fernwirkungen, ja dass wir zu jeder Sekunde denselben ausgesetzt sind, also von ihnen ständig beeindruckt werden.

Die Strahlungsenergien sämtlicher Gestirne treffen uns fortwährend, aber eine derselben wird in einem gegebenen Augenblick dominieren, und zwar jene, welche mit uns eine gleiche Schwingungsrate besitzt. Sich diesem Einfluss willenlos zu überlassen, kann für uns ebenso gut sein, als es uns auch schädigen kann, je nach der Natur dieses Einflusses. Den Schlüssel haben wir in der Hand, und zwar in unserer Willenskraft. Wir haben es nur nötig, uns mittelst derselben allen Einflüssen, die für uns günstige Wirkungen auslösen, zu öffnen, und uns allen Einflüssen, die uns schädigen können, hermetisch zu verschließen!

Der Leser wird wohl einsehen, dass es den Rahmen dieses Buches weit überschreiten würde, wollten wir bezüglich der vielen Berufsarten, Lebensmöglichkeiten und tausendfachen Angelegenheiten der Menschen auch nur halbwegs gerecht werden. nsere Ausführungen mussten begrenzt sein, aber es ist für jedermann leicht, für alle Verhältnisse des Lebens die richtige astrale Beeinflussung zu erkennen, wenn er mit Aufmerksamkeit die Prinzipien und die Natur der astralen Fernwirkungen, so wie sie in diesem Kapitel niedergelegt wurden, studiert und sich geistig zu eigen macht.

Oft auch wird unser Innenleben oder irgendeine Handlung durch zwei Gestirne gleichwertig beeinflusst. In diesem Falle handelt es sich um zwei Himmelskörper mit verwandter Strahlungsenergie, so z. B. beim Mond und dem Merkur, die beide die Bewegung repräsentieren und den Intellekt beeinflussen. Bei der Wahl der Stunde ist zu entscheiden, ob die Natur des einen oder des anderen Himmelskörpers besser unseren Zwecken entspricht. Ein Irrtum wird hier nicht gefährlich sein.

Bei der Wahl der Stunde zur Heilung einer Krankheit aber muss man von einem anderen Grundsatz ausgehen. Hier gilt es nicht, dass Gleiches durch Gleiches aufgehoben wird. Man kann z. B. nicht eine Gehirnkrankheit in einer Mond- oder Merkurstunde heilen wollen, resp. die Heilung einleiten, da diese Erkrankung ja durch den Mond oder Merkur verursacht wurde. Wollte man es dennoch versuchen, würde man eine Verschlimmerung des Leidens erzielen. Man halte sich hierbei an folgende Regeln:

Die Erkrankungen, verursacht durch die radioaktivem Einflüsse der Sonne, des Mars und der Venus heile man in der Jupiterstunde; des Mondes, des Saturns, des Merkurs in der Sonnenstunde, und des Jupiters in der Merkurstunde.

d) Die Berechnung der Gestirnstunden

Man darf sich nicht vorstellen, dass eine Gestirnstunde genau eine Stunde lang sein muss. Die Dauer der Gestirnstunden entspricht der natürlichen Länge des Tages und der Nacht. Je nach der Jahreszeit wechselt die Tage- und Nachtlänge und somit werden auch die Gestirnstunden, den Jahreszeiten entsprechend, kürzer oder länger als eine Stunde währen."

Es ist jedermann bekannt, dass ein natürlicher Tag von Sonnenaufgang bis Sonnenuntergang und die natürliche Nacht von Sonnenuntergang bis Sonnenaufgang währt. Zur Bestimmung der Dauer einer Gestirnstunde ist es nötig, den genauen Sonnenaufgang und den Sonnenuntergang zu kennen. Da die Sonne aber nicht an allen Orten der Erde zu gleicher Zeit auf- und untergeht, muss man die geografische Position des betreffenden Ortes kennen.

Darunter versteht man die östliche resp. westliche geografische Länge desselben, von irgendeinem Anfangsmeridian gemessen, und die nördliche bzw. südliche Breite.

Man versteht unter „geografischer Länge“ eines Ortes die Entfernung desselben von einem bestimmten ersten Meridian (Greenwich), gemessen am Erdäquator. Greenwich hat den 0 Meridian. Von hier aus denkt man sich 360 Meridiane nach Osten und nach Westen gezogen, die alle der Äquator kreuzen und den Nordpol und Südpol gemeinsam haben. an nennt die Entfernung von einem Meridian zum anderen einen Grad. Zwischen zwei Meridianen kann man sich nun weitere 60 solcher Kreise denken und hat dann Minuten. Auch zwischen zwei solchen Minutenkreisen können weitere 60 Längenkreise eingeschaltet werden, die dann Sekunden genannt werden.

Unter „nördlicher oder südlicher Breite“ eines Ortes versteht man die Entfernung desselben vom Äquator nach einem der Pole hin, also sowohl nördlich wie südlich. Es sind das 360 Parallelkreise, vom Äquator ausgehend, zu den beiden Polen. – Auch hier finden Zwischenteilungen statt in je 60 Minuten und jede Minute mit 60 Sekunden.

Man bezeichnet

die Grade mit °
die Minuten mit ’
die Sekunden mit ’’
nördlich mit +
südlich mit –

Mit dieser Einteilung ist über die ganze Erde ein Netz von Kreisen gelegt, wodurch sich jeder Ort auf seine Lage genau bestimmen lässt. Es lässt sich die geografische Position auch durch Messung auf der Landkarte erzielen. Auf jeder Landkarte sind oben und unten die Längengrade und rechts und links die Breitengrade nebst den Unterabteilungen durch schwarze und weiße. Felder bezeichnet. Da unsere Berechnungen auf Greenwich als den ersten Meridian bezogen sind (es gibt nämlich noch andere erste Meridiane, wie Paris, Ferro, Berlin), so muss man sich versichern, ob die betreffende Karte auf Greenwich gearbeitet ist.

Die nachstehende Tabelle bringt die geografische Position vieler großer und kleinerer Städte der Erde. Da die Zeitunterschiede des Sonnenaufgangs nur bei beträchtlichen Entfernungen merkbar werden, kann man diese Tabelle auch für kleinere Orte verwenden, indem man auf derselben die nächste größere Stadt aufsucht und deren geografische Position seinen Berechnungen zugrunde legt.

Die Handhabung dieser Tabelle ist sehr leicht. Will man z. B. zum Zwecke der Aufsuchung des Sonnenaufganges für einen bestimmten Tag für Bremen die geografische Situation bestimmen, so finden wir dieselbe mit einer nördlichen (+) Breite von 53°4,8’ und einer östlichen Länge von 8°48,3’. Die Länge wurde nur zur Vollständigkeit beigefügt, hauptsächlich kommt die Breite in Frage.

Will man die geografische Breite von Heringsdorf an der Ostsee bestimmen, so mag man die Breite von Stralsund nehmen, die in der

Tabelle mit + 51° 18,7' angegeben ist. Für Liegnitz kann Breslau mit - 51° 6,9' genommen werden. (Siehe Tabelle ab Seite 47)

Wenn nun die geografische Position eines Ortes festgestellt ist, so kann man mit Hilfe der Tabelle für den Sonnenaufgang oder Sonnenuntergang die Zeit dieser Naturerscheinungen bestimmen.

Aus diesen Tabellen kann man für jeden Tag einer großen Reihe von Jahren, beiläufig von 1850 bis 1950, für jeden Ort die Sonnenauf- und Sonnenuntergänge bestimmen. Sie wurden zunächst für das erste Viertel des 20. Jahrhunderts berechnet; innerhalb dieses Zeitraumes werden die Angaben derselben nur in sehr seltenen Fällen um mehr als eine Minute fehlerhaft sein.

Wenn man indessen einen Fehler von etwa zwei Minuten noch als zulässig betrachten will, werden die Tafeln sogar bis reichlich über die Mitte des Jahrhunderts hinaus benützt werden können. Um die bequeme Brauchbarkeit der Tafeln auch noch für das letzte Jahrzehnt des 19. Jahrhunderts zu sichern, war es, wegen des Ausfalles des Schalttages im Jahre 1900 unvermeidlich, die Tage, auf welche die Angaben der Tafeln sich jedes Mal beziehen, doppelt zu benennen.

Es geschah dies in der Weise, dass zwei nebeneinanderstehende Datumsspalten eingerichtet wurden, so dass man, um einen Sonnenaufgang oder Untergang in einem der Jahre vor 1900 zu finden, wie auch die betreffende Überschrift ergibt, das gegebene Datum in der linken Datumsspalte aufzusuchen hat, in der rechten dagegen, wenn es sich um eins der Jahre nach 1900 (das Jahr 1900 selbst der Einfachheit halber mit eingeschlossen) handelt. Diese Tafeln entstammen den vom Preußischen Statistischen Landesamt herausgegebenen Kalendermaterialien, und zwar aus Heft 1 „Die unveränderlichen Tafeln“ von Professor Dr. W. Förster und Professor P. Lehmann.

Man findet in diesen Tafeln den Sonnenaufgang und Sonnenuntergang für jeden Tag eines jeden Jahres in 16 verschiedenen, nebeneinanderstehenden Spalten für ebenso viele, je einen halben Grad (oder 30 Minuten) voneinander entfernten Breitenkreise, welche zwischen den Breiten 47° 30' und 55° 0' als äußerste Grenze gelegen sind. Die Tafeln umfassen also das ganze Gebiet des Deutschen Reiches.

Tafel der geografischen Positionen verschiedener Städte

Ort	Geographische Position							
	Breite			Länge				
	°	′		°	′	H	M	S
Aachen, Rathaus	+ 50	46.6	ö	6	4,5	0	24	18
Adelaide, Zeitsignal	- 34	51.2	ö	138	29,0	9	13	56
Aden, Telegraphenstation	+ 12	46.7	ö	44	59,1	2	59	56
Adrianopel, Sekims Moschee	+ 41	40.7	ö	26	33,7	1	46	15
Agram, Monumentplatz	+ 45	48.8	ö	15	58,8	1	3	55
Albany, Sternwarte	+ 42	39.8	w	73	44,8	4	54	59
Alexandria, Leuchturm Eunostos	+ 31	11.7	ö	29	51,7	1	59	27
Algier, Sternwarte	+ 36	47.8	ö	3	2,1	0	12	8
Altona, Sternwarte	+ 53	32.8	ö	9	56,6	0	39	46
Amberg, Mariahilfsberg	+ 49	27.2	ö	11	52,4	0	47	29
Amsterdam, -Kirche	+ 52	22.5	ö	4	53,1	0	19	32
Ansbach, Kirchturm	+ 49	18.2	ö	10	34,4	0	42	18
Antwerpen, Observartorium	+ 51	13	ö	4	24,7	0	17	39
Apolda, Sternwarte	+ 51	12.5	ö	11	30,5	0	46	2
Archangelm Dreifaltiskeitskirche	+ 64	32.1	ö	40	31,2	2	42	5
Aschaffenburg	+ 49	59.5	ö	9	8,6	0	36	35
Assumption, Kai	- 25	16.8	w	57	40,1	3	50	40
Astrachan, Kathedrale	+ 46	21.0	ö	48	2,4	3	12	10
Athen, Sternwarte	+ 37	58.3	ö	23	43.3	1	34	53
Auckland, Bahnhof	- 36	50.1	ö	174	49.3	11	39	17
Augsburg, St. Ulrich	0	21.7	ö	10	54.1	0	43	37
Aussig, Bahnhof	0	39.7	ö	14	2.8	0	56	11
Baden bei Wien	+ 48	0.7	ö	16	14.2	1	4	57
Bagdad	+ 33	19.8	ö	44	22.5	2	57	30
Bahis, Leuchtturm S. Antonio	- 13	0.6	w	38	32.1	2	34	8
Baltimore, Mount Washingzon	+ 39	17.8	w	76	37.0	5	6	28
Bamberg, Remeis Sternwarte	+ 49	53.1	ö	10	53.5	0	43	33
Bangkok, Konsulat	+ 13	44.0	ö	100	31.0	6	42	4
Barselona, Mont Juy	+ 41	21.7	ö	2	9.9	0	8	40
Basel, Kathedrale	+ 47	334	ö	7	356	0	30	22
Batavia, Zeitsignal	+ 6	77	ö	106	532	7	7	33

Ort	Geographische Position							
	Breite			Länge				
	°	′		°	′	H	M	S
Bayonne, Kathedrale	+ 43	29.5	w	1	288	0	5	55
Bayreuth, Schlossturm	+ 49	56.7	ö	11	357	0	46	23
Belgraf, Mitte der Festung	+ 44	49.8	ö	20	273	1	21	49
Benares, Observatorium	+ 25	18.4	ö	83	7	5	32	3
Berlin, Neue Sternwarte	+ 52	30.3	ö	13	237	0	53	35
Bern, Sternwarte	+ 46	57.0	ö	7	264	0	29	46
Bernburg	+ 51	48.0	ö	11	450	0	47	0
Bergen, Sternwarte	+ 60	23.9	ö	5	182	0	21	13
Besançon, Sternwarte	47	15.0	ö	5	593	0	23	57
Bethlehem	+ 40	36.4	w	75	230	5	1	32
Bielitz, Kirche	+ 49	49.6	ö	19	34	1	16	14
Birmingham	+ 52	28.0	w	1	538	7	7	35
Bogota, Plaza Mayor	+ 4	35.8	w	74	139	4	56	56
Bokhara	+ 39	33.0	ö	63	102	4	12	41
Bologna, Sternwarte	+ 44	29.8	ö	11	212	0	45	25
Bombay, Sternwarte	+ 18	54.0	ö	72	489	4	51	16
Bonn, Sternwarte	+ 50	43.7	ö	7	58	0	28	23
Bordeaus, Sternwarte	+ 44	50.1	w	0	313	0	2	5
Boston, Staatspalast	42	21.5	w	71	38	4	44	15
Braunschweig, Andreaskirche	+ 52	16.1	ö	10	31.5	0	42	6
Bremen, Ansgariuskirche	+ 53	4.8	ö	8	48.3	0	35	13
Breslau, Sternwarte	+ 51	6.9	ö	17	2.2	1	8	9
Brest, Observatorium	+ 48	23.5	w	4	29.6	0	17	58
Bristol, Kathedrale	+ 51	27.4	w	2	36.0	0	10	24
Brixen, Pfarrkirche	+ 46	42.9	ö	11	39.6	0	46	38
Brünn, Mitte der Stadt	+ 49	11.7	ö	16	36.8	1	6	27
Brüssel, Sternwarte	+ 50	51.2	ö	4	22.2	0	17	29
Brüx, Kirche	+ 50	31.4	ö	13	38.6	0	54	34
Budapest, Geodät Punkt der Technik	+ 47	29.6	ö	19	3.8	1	16	15
Buenos Aires, Zollamt	- 34	36.5	w	58	22.2	3	53	29
Bukarest, Metropolitankirche	+ 44	25.6	ö	26	6.3	1	44	25
Cadix, Observatorium San Fernando	+ 36	27.7	w	6	12.4	0	24	50

Ort	Geographische Position							
	Breite			Länge				
	°	′		°	′	H	M	S
Calais, Kirchturm	+ 47	55.3	ö	0	44.7	0	3	0
Calcutta, Zeitsignalmast	+ 22	33.5	ö	88	20.2	5	53	21
Cambridge (Engl), Sternwarte	+ 52	12.9	ö	0	5.7	0	0	23
Cambridge (Mass.), Harward	+ 42	22.8	w	71	7.8	4	44	31
Canton	+ 23	6.6	ö	113	16.6	7	33	6
Cap d. g. Hoffnung	- 33	56.1	ö	18	28.7	1	13	55
Capo d'Istria, Lazaruskirche	+ 45	32.9	ö	13	43.9	0	54	56
Cannstadt	+ 48	48.0	ö	9	11.0	0	36	44
Caracas	+ 10	30.8	w	66	54.8	4	27	39
Cattaro, Mitte der Stadt	+ 42	25.5	ö	18	45.5	1	15	2
Chemnitz	+ 50	50.0	ö	12	55.0	0	51	40
Chicago, Neue Sternwarte	+ 52	3.0	w	87	40.0	5	50	42
Christiania, Sternwarte	+ 59	54.7	ö	10	43.5	0	42	54
Cincinnati, Mount lookout Obser.	+ 39	8.6	w	84	25.3	5	37	41
Koblenz	+ 50	21.7	ö	7	35.9	0	30	24
Colmar, Kirchturm	+ 48	4.7	ö	7	21.5	0	29	26
Köln, Dom	+ 50	56.5	ö	6	57.8	0	27	15
Constantinopel, Hagia Sophia	+ 41	0.5	ö	28	58.3	1	55	53
Cordoba, Argentinien	- 31	25.3	w	64	12.0	4	16	48
Crefeld, Turm	+ 51	19.9	ö	6	33.9	0	26	16
Czernowitz	+ 48	18.0	ö	25	55.8	1	43	43
Damaskus, Große Moschee	+ 33	30.5	ö	36	18.2	2	25	13
Danzig, Marine-Sternwarte	+ 54	21.4	ö	18	39.9	1	14	40
Darmstadt	+ 49	52.4	ö	8	39.6	0	34	38
Deggendorf, Turm	+48	49.8	ö	12	58.0	0	51	52
Delhi, Station Pirghib	+ 28	40.5	ö	77	12.4	5	8	50
Dessau	+ 51	50.1	ö	12	16.9	0	49	8
Dorpat, Universität	+ 58	22.8	ö	26	43.4	1	46	54
Dortmund	+ 51	31.4	ö	7	28.0	0	29	52
Dresden, Mathrm. Salon	+ 51	3.2	ö	13	44.0	0	54	56
Dublin, Sternwarte	+ 53	23.2	w	6	20.3	0	25	21
Duisburg, Turm	+ 51	26.2	ö	6	45.9	0	27	4

Ort	Geographische Position							
	Breite			Länge				
	°	′		°	′	H	M	S
Dürkheim	+ 49	25.0	ö	8	10.0	0	32	40
Düsseldorf, Sternwarte	+ 51	12.4	ö	6	46.2	0	27	5
Edinburg, Sternwarte	+ 55	57.4	w	3	10.8	0	12	43
Eger, Pfarrkirchenplatz	+ 50	4.8	ö	12	22.5	0	49	30
eichstädt, Kirche	+ 48	53.5	ö	11	11.2	0	44	45
Eisenach	+ 50	58.9	ö	10	20.2	0	41	21
Elberfeld	+ 51	15.4	ö	7	9.9	0	28	40
Elbing, Turm	+ 54	9.7	ö	19	23.9	1	17	36
Elsfleeth, Windmühle	+ 53	14.8	ö	8	28.0	0	33	52
Emden, Hafen	+53	22.1	ö	7	12.4	0	28	50
Erfurt	+ 50	58.8	ö	11	2.5	0	44	10
Erlangen, Prot. Kirche	+ 49	35.8	ö	11	0.3	0	44	1
Eßlingen	+ 48	44.5	ö	9	18.0	0	37	12
feldkirch, Bahnhof	+ 47	14.6	ö	9	36.5	0	38	26
Fez	+ 34	6.3	w	5	1.3	0	20	5
Flensburg, Kirche	+ 54	47.1	ö	9	26.3	0	37	45
Frankenthal, Prot. Kirche	+ 49	32.1	ö	8	21.4	0	33	26
Frankfurt a. M.	+ 50	6.7	ö	8	41.2	0	34	45
Florenz, Museum-Sternwarte	+ 43	46.1	ö	11	15.5	0	45	2
Frankfurt a. d. Oder	+ 52	22.1	ö	14	33.2	0	58	13
Freiburg i. Br., Kirche	+ 47	59.0	ö	7	50.0	0	31	20
Freising	+ 48	24.0	ö	11	44.9	0	47	0
Freystadt (Oberösterreich)	+ 48	30.6	ö	14	30.5	0	58	2
Fünfkirchen	+ 46	4.6	ö	18	14.0	1	12	56
Fürth, Kirche	+ 49	28.8	ö	10	59.4	0	43	58
Galaz, Uspenki-Kirche	+ 45	26.2	ö	28	3.5	1	52	14
Genf, Sternwarte	+ 46	12.0	ö	6	9.2	0	24	37
Gent, Turm von St. Bavon	+ 51	3.2	ö	3	43.7	0	14	55
Genua, Marine-Sternwarte	+ 44	25.2	ö	8	55.3	0	35	41
Gera	+ 50	53.4	ö	12	4.0	0	48	16
Germersheim	+ 49	13.2	ö	8	22.3	0	33	29
Glasgow, Sternwarte	+ 55	527	w	4	17.6	0	17	10

Ort	Geographische Position							
	Breite			Länge				
	°	′		°	′	H	M	S
Görlitz	+ 51	90	ö	15	0.0	1	0	0
Göttingen, Sternwarte	+ 51	318	ö	9	56.6	0	39	46
Gotha, Sternwarte	+ 50	56.6	ö	10	42.6	0	42	51
Graz, Universität-Sternwarte	+ 47	4.6	ö	15	27.0	1	1	48
Greenwich, Royal Observatory	+ 51	28.6	-	0	0.0	0	0	0
Greifswald, Nikolauskirche	+ 58	5.8	ö	13	22.9	0	53	32
Haag, Glockenturm	+ 52	4.7	ö	4	18.5	0	17	14
Halle a. S.	+ 51	29.6	ö	11	57.7	0	47	51
Halberstadt	+ 51	54.1	ö	11	3.2	0	44	13
Hamburg, Sternwarte	+ 53	33.1	ö	9	58.4	0	39	54
Hammerfest, Fuglenes	+ 70	401	ö	23	40.2	1	34	41
Hannover, Marktum	+ 52	223	ö	9	44.4	0	38	58
Harburg	+ 53	27.9	ö	9	59.0	0	39	56
Havre, Kirchtum	+ 49	29.3	ö	0	6.5	0	0	26
Heidelber, Sternwarte Königsstuhl	+ 49	23.9	ö	8	43.5	0	34	54
Heilbronn	+ 49	8.0	ö	9	13.0	0	36	52
St. Helena Sternwarte	- 15	55.4	w	5	43.0	0	22	52
Helsingfors, Sternwarte	+ 60	9.7	ö	24	57.3	1	39	49
Hermannstadt, Platzkirche	+ 45	47.9	ö	24	9.5	1	36	38
Herény, Priv.-St. von Gothard	+ 47	158.8	ö	16	0	1	6	25
Hof, südl. Kirchtum	+ 50	19.4	ö	11	0	0	47	41
Hongkong, Observatorium	+ 22	18.2	ö	114	10.5	7	36	42
Honolulu, Kathedrale	- 21	18.4	w	157	50.4	10	31	22
Horn (Kap), Spitze	- 55	58.5	w	67	17.3	4	29	9
Hradisch, Ung.-, Altstadtkirche	+ 49	4.3	ö	17	27.3	1	9	49
Hyderabad, Char Minar	+ 17	21.6	ö	78	28.5	5	13	54
St. Ingbert	+ 49	17.0	ö	7	7.5	0	28	30
Ingolstadt, Obere Kirche	+ 48	45.9	ö	11	25.2	0	45	41
Innsbruck	+ 47	16.2	ö	11	23.9	0	45	36
Irktusk, Gymnasium	+ 52	17.3	ö	104	16.2	6	57	5
Ispahan, Palast des Schahs	+ 32	39.6	ö	51	40.0	3	26	40
Jägerndorf, Kirche	+ 50	5.5	ö	17	42.4	1	10	50

Ort	Geographische Position							
	Breite			Länge				
	°	′		°	′	H	M	S
Jan Mayer, österr. Polarstation	+ 70	59.8	w	8	28.1	0	33	52
Jassy, Charalampia-Kirche	+ 47	10.4	ö	27	36.0	1	50	24
Jena Sternwarte	+ 50	55.6	ö	11	35.2	0	46	21
Jerusalem, Heliges Grab	+ 31	46.5	ö	35	13.1	2	20	52
Kabul, Sher Darwaza	+ 34	30.2	ö	69	10.0	4	36	40
Kairo, Sternwarte	+ 30	4.6	ö	31	17.2	2	5	9
Kaiserslautern	+ 49	26.7	ö	7	46.5	0	31	6
Kalocsa, erzbischöfl. Sternwarte	+ 46	31.7	ö	18	58.9	1	15	56
Kapstadt, Royal Observatory	- 33	56.1	ö	18	28.7	1	13	55
Karlsruhe, ehemalige Sternwarte	+ 49	0.5	ö	8	24.1	0	33	36
Kasan, Sternwarte	+ 55	47.4	ö	49	7.3	3	16	29
Kaschau, Mitte der Stadt	+ 49	43.3	ö	21	15.8	1	25	3
Kassel, Schloß Wilhelmshöhe	+ 51	19.0	ö	9	23.9	0	37	36
Kempten	+ 47	43.5	ö	10	19.3	0	41	17
Kiel, Sternwarte	+ 54	20.5	ö	10	8.9	0	46	36
Kiew, Sternwarte	+ 50	27.2	ö	30	30.2	2	2	1
Kissingen	+ 50	12.1	ö	10	4.7	0	40	19
Klagenfurt	+ 46	34.5	ö	14	18.6	0	57	15
Klausenburg, Pfarrkirche	+ 46	46.3	ö	23	35.8	1	34	23
Königsberg i. Pr., Sternwarte	+ 54	42.8	ö	20	29.8	1	21	59
Konstantinopel, Hagia Sophia	+ 41	0.5	ö	28	58.3	1	55	53
Kopenhagen, Sternwarte	+ 55	41.2	ö	12	34.7	0	50	19
Krakau, Sternwarte	+ 50	3.8	ö	19	57.6	1	19	50
Krems, Mitte der Stadt	+ 48	24.7	ö	15	36.3	1	2	25
Kremsier, Pfarrkirche	+ 49	18.0	ö	17	23.7	1	9	35
Kremsmünster, Benediktiner-Sternw.	+ 48	3.4	ö	14	7.9	0	56	32
Kronstadt, Hauptplatz	+ 45	38.6	ö	25	35.8	1	42	23
Kuttenberg, Kirche	+ 49	56.9	ö	15	16.2	1	1	5
La Paz (Bolivia)	- 16	30.0	w	68	9.2	4	32	37
Laibach	+ 46	3.0	ö	14	30.7	0	58	3
Landau i. Pflaz	+ 49	11.8	ö	8	6.8	0	32	27
Landshut, St. Martinakirche	+48	32.1	ö	12	9.2	0	48	37

Ort	Geographische Position							
	Breite			Länge				
	°	′		°	′	H	M	S
Landskron, Bahnhof	+ 49	54.7	ö	16	36.3	1	6	25
Leiden, Sternwarte	+ 52	9.3	ö	4	29.1	0	17	56
Leipzig, neue Sternwarte	+ 51	20.1	ö	12	23.5	0	49	34
Leitmeritz, Kirche	+ 50	32.0	ö	14	7.8	0	56	31
Lemberg	+ 49	50.8	ö	24	3.2	1	36	13
Leoben, Bahnhof	+ 47	23.1	ö	15	5.5	1	0	22
Lille, Magdalenenkirche	+50	38.7	ö	3	3.8	0	12	15
Lima, Kathedrale	- 12	3.1	w	77	2.5	5	8	10
Lindau	+ 47	32.8	ö	9	41.3	0	38	45
Linz	+ 48	18.3	ö	14	17.3	0	57	9
Lissabon, neue Sternwarte	+ 38	42.5	w	9	11.2	0	36	45
Liverpool, Sternwarte	+ 53	24.1	w	3	4.3	0	12	17
Livorno, Leuchturm	+43	32.6	ö	10	17.6	0	41	11
London, St. Paulskirche	+ 51	30.8	w	0	5.7	0	0	23
Lübeck, Marine-Observ.	+ 53	31.5	ö	10	41.4	0	42	46
Ludwigshafen a. Rh.	+ 49	28.5	ö	8	27.0	0	33	48
Lüttich, Sternwarte	+ 50	37.1	ö	5	33.0	0	22	12
Luxemburg	+ 49	37.6	ö	6	9.7	0	24	39
Lyon, Sternwarte	+ 45	41.7	ö	4	47.0	0	19	8
Madeira, Funchal Fort San jago	+ 32	38.1	w	16	53.9	1	7	36
Madras, Governement Observ.	+ 13	4.1	ö	80	14.8	5	20	59
Madrid, Sternwarte	+ 40	24.5	w	3	41.3	0	14	45
Magdeburg, Lathedrale	+ 52	8.1	ö	11	38.7	0	46	35
Mailand, Observatore reale di Brera	+ 45	28.0	ö	9	11.5	0	36	46
Mainz, Stephanskirche	+ 49	59.7	ö	8	16.3	0	33	5
Malta, ehem. Palast des Großmeisters	+ 35	53.8	ö	14	31.3	0	58	4
Manchester, Marienkirche	+ 53	29.0	w	2	14.7	0	8	59
Mannheim, alte Sternwarte	+ 49	29.2	ö	8	27.6	0	33	50
Manila, Kathedrale	+ 14	35.5	ö	120	58.1	8	3	53
Marburg in Pr.-Hessen, Sternwarte	+ 50	48.8	ö	8	46.4	0	35	6
Marseille, neue Sternwarte	+ 43	18.3	ö	5	23-7	0	21	35
Mauritius, magn. Observatorium	- 20	5.7	ö	57	33.0	3	50	12

Ort	Geographische Position							
	Breite			Länge				
	°	′		°	′	H	M	S
Mekka	+ 21	21.0	ö	40	11.2	2	40	45
Melbourne	- 37	49.9	ö	144	58.5	9	39	54
Messina, Leuchturm	+ 38	11.6	ö	15	34.3	1	2	17
Metz, Kathedrale	+ 49	7.2	ö	6	10.6	0	24	43
Mexiko, alte Sternwarte	+ 19	26.0	w	99	6.7	6	36	27
Monrovia, Regierungsgeb.	+ 6	19.1	w	10	48.9	0	43	16
Montevideo, Kathedrale	+ 34	54.6	w	56	12.3	3	44	49
Moskau, Sternwarte	+ 55	45.3	ö	37	34.3	2	30	17
Mount Hamilton	+ 37	20.4	w	121	38.6	8	6	34
Mühlhausen i. Th.	+ 51	13.0	ö	10	28.8	0	41	55
Mülhausen i. E.	+ 47	44.9	ö	7	20.4	0	29	22
Mülheim a. Rh.	+ 47	48.7	ö	7	36.6	0	30	31
München, kgl. Sternwarte	+ 48	8.8	ö	11	36.5	0	46	26
Münster	+ 51	58.2	ö	7	37.7	0	30	31
Nagasaki, Zollamt	+ 32	44.6	ö	129	52.1	8	39	28
Nanking	+ 32	4.7	ö	118	47.2	7	55	9
Nantes, Kathedrale	+ 47	13.1	w	1	33.1	0	6	12
Neapel	+ 40	51.8	ö	14	15.5	0	57	2
Neumarkt a. O.	+ 49	16.4	ö	11	29.1	0	45	56
Neustadt a. H.	+ 49	21.3	ö	8	8.2	0	32	33
Neustadt, Mähr.-, Stadtmitte	+ 49	46.4	ö	17	7.4	1	8	30
Neutitschein, Kirche	+ 49	35.5	ö	18	1.0	1	12	4
New Orleans, City Hall	+ 29	57.8	w	90	3.5	6	0	14
New York, Columbia College	+ 40	45.4	w	73	58.4	4	55	54
Nikolsburg, Stadtmitte	+ 48	48.5	ö	16	38.6	1	6	34
Nisch, Festungsmitte	+ 43	18.5	ö	21	51.3	1	27	25
Nischny-Nowgorod	+ 56	19.7	ö	44	0.3	2	56	1
Nizza	+ 43	43.3	ö	7	8.1	0	29	12
Nördlingen, Kirchturm	+ 48	51.1	ö	10	29.3	0	41	58
Nordhausen	+ 51	30.4	ö	10	48.9	0	43	16
Nürnberg, Runder Turm	+ 49	27.5	ö	11	4.7	0	44	19
Obir, Meteorol. Observatorium	+ 46	30.0	ö	14	27.0	0	57	48

Ort	Geographische Position							
	Breite			Länge				
	°	′		°	′	H	M	S
Odessa, Sternwarte	+ 46	28.6	ö	30	45.6	2	3	2
Ödenburg, Kirche	+ 47	41.2	ö	16	35.7	1	6	23
O'Gyalla. Kgl. Sternwarte	+ 47	52.5	ö	18	11.4	1	12	46
Olmütz, ehemalige Sternwarte	+ 49	35.7	ö	17	17.0	1	9	8
Oldenburg	+ 53	8.3	ö	8	13.2	0	32	53
Oporto, Leuchturm da Luz	+ 41	9.2	w	8	38.2	0	34	33
Osnabrück	+ 52	16.6	ö	8	2.5	0	32	10
Ostrau, Mähr-, Bahnhof	+ 49	51.2	ö	18	16.3	1	13	5
Oxford (University Observbat.)	+ 51	45.6	w	1	15.0	0	5	0
Padua, Sternwarte	+ 45	24.0	ö	11	52.3	0	47	29
Palermo, Sternwarte	+ 38	6.7	ö	13	21.2	0	53	25
Panama, Observatorium	+ 8	57.2	w	79	32.1	5	18	8
Paris, Observatoire national	+ 48	50.2	ö	2	20.2	0	9	21
Passau, Domkuppelkreuz	+ 48	34.4	ö	13	28.1	0	53	52
Peking, K. Sternwarte	+ 39	54.4	ö	116	28.2	7	45	53
Petersburg, Universitäts-Sternwarte	+ 59	56.5	ö	30	17.9	2	1	11
Pernambuco	– 8	3.4	w	34	52.0	2	19	28
Philadelphia, Sternwarte	+ 39	57.1	w	75	9.6	5	0	38
Philipoppel, Uhrturm	+ 42	8.9	ö	24	45.0	1	39	0
Pirmasens, Kirchturm	+ 49	12.0	ö	7	35.4	0	30	26
Plauen	+ 50	30.0	ö	12	7.5	0	48	30
Plymouth, Neue Kirche	+ 50	22.3	w	4	8.0	0	16	32
Pole, Marine-Sternwarte	+ 44	51.8	ö	13	50.8	0	55	23
Potsdam, Astroph. Institut	+ 52	22.9	ö	13	4.0	0	52	16
Portsmouth, Sternwarte	+ 50	40.1	w	1	6.2	0	4	25
Prag, Sternwarte	+ 50	5.3	ö	14	25.4	0	57	42
Preßburg, Kirche auf dem Platz	+ 48	8.8	ö	17	6.5	1	8	26
Proßnitz, Stadtmitte	+ 49	28.5	ö	17	6.9	1	8	28
Pulkowa, russ. Hauptsternwarte	+ 59	46.3	ö	30	19.7	2	1	19
Quebeck, Sternwarte	+ 46	48.3	w	71	12.3	4	44	49
Quedlinburg	+ 51	47.5	ö	11	12.4	0	44	50
Quito, Observatorium	– 0	14.0	w	78	50.0	5	15	20

Ort	Geographische Position							
	Breite			Länge				
	°	′		°	′	H	M	S
Raab, Pfarrkirche	+ 47	41.3	ö	17	38.3	1	10	33
Ragusa, Leuchturm	+ 42	38.5	ö	18	7.0	1	12	28
regensburg, St. Emmeran	+ 49	1.0	ö	12	5.7	0	48	23
reichenbach	+ 50	37.5	ö	12	19.0	0	49	16
Reikjavik, Observatorium	+ 64	8.7	w	21	55.0	1	27	40
Ried, Pfarrkirche	+ 48	12.6	ö	13	29.5	0	53	58
Riga, Polytechnikum	+ 56	57.1	ö	24	7.0	1	36	28
Rio de Janeiro, Sternwarte	– 22	54.4	w	43	10.4	2	52	41
Rom, Sternwarte des Coll. Rom	+ 41	53.9	ö	12	28.8	0	49	55
Römerstadt, Stadmitte	+ 49	56.0	ö	17	16.5	1	9	6
Rosenheim	+ 47	51.4	ö	12	5.2	0	48	30
Rostock, St. Jakobskirche	+ 54	5.5	ö	12	8.2	0	48	33
Rotterdam, Zeitsignal	+ 51	54.5	ö	4	29.8	0	17	59
Rovereto, Bahnhof	+ 45	53.5	ö	11	2.3	0	44	9
Saaz, Kirche	+ 50	19.9	ö	13	32.8	0	54	11
Saloniki, südliche Bastion	+ 40	37.5	ö	22	58.0	1	31	52
Salzburg	+ 47	47.8	ö	13	3.0	0	52	12
San Franzisko	+ 37	47.4	w	122	25.6	8	9	42
St. Helena	– 15	55.4	w	5	43.0	0	22	52
St. Petersburg	+ 59	56.5	ö	30	17.8	2	1	11
St. Pölten, Pfarrkirche	+ 48	12.3	ö	15	38.0	1	2	32
Santiago, neue Sternwarte	– 33	26.7	w	70	41.6	4	42	46
San Fernando, Sternwarte	+ 36	27.7	w	6	12.3	0	24	49
Saint Louis	+ 38	38.1	w	90	12.3	6	0	49
Schönberg, Mähr.-, Stadtmitte	+ 49	58.0	ö	16	59.7	1	7	59
Schwerin	+ 54	37.6	ö	11	25.2	0	45	41
Schweidnitz	+ 60	50.6	ö	16	28.2	1	5	53
Schweinfurt, Neuer Kirchturm	+ 50	2.7	ö	10	14.4	0	40	58
Sevilla, Le Giralde	+ 37	22.7	w	6	1.2	0	24	5
Shangai, engl. Konsulat	+ 31	14.1	ö	121	28.9	8	5	56
Singapore, Batterie Fullerton	+ 1	17.2	ö	103	51.1	6	55	24
Smyrna, Min. Daragaz	+ 38	26.5	ö	27	9.7	1	48	39

Ort	Geographische Position							
	Breite			Länge				
	°	′		°	′	H	M	S
Sofia, Uhrturm	+ 42	42.0	ö	23	19.8	1	33	19
Sonnblick, meteorol. Observat.	+ 47	3.0	ö	12	57.0	0	51	48
Spandau, Lehrter Bahnhof	+ 52	31.0	ö	13	14.0	0	52	56
Speier, ehemalige Sternwarte	+ 49	18.9	ö	8	26.4	0	33	46
Spitzbergen, Magdalehnenbucht	+ 79	33.8	ö	11	9.5	0	44	38
Sternberg, Stadmitte	+ 49	43.9	ö	17	18.2	1	9	13
Stettin, Schlossturm	+ 53	25.7	ö	14	33.9	0	58	16
Steyr, Pfarrkirche	+ 48	2.3	ö	14	25.2	0	57	41
Stockerau, Kirche	+ 48	23.2	ö	16	12.8	1	4	51
Stockholm, Sternwarte	+ 59	20.6	ö	18	3.5	1	12	14
Stralund, St. Marie	+ 54	18.7	ö	13	5.5	0	52	22
Straßburg i. E.	+ 48	35.0	ö	7	46.2	0	31	5
Stuhlweißenburg	+ 47	11.9	ö	18	22.3	1	13	29
Stuttgart	+ 48	46.6	ö	9	10.7	0	36	43
Sydney, Sternwarte	– 33	51.7	ö	151	12.4	10	4	50
Szegedin	+ 46	15.5	ö	20	8.5	1	20	34
Taschkent, Sternwarte	+ 41	19.5	ö	69	17.7	4	37	11
Tauton, Mass., Sternwarte	+ 41	54.0	w	71	5.0	4	44	20
Teheran, Telegraphenstation	+ 35	41.1	ö	51	25.5	3	25	42
Temesvar, Kirche auf dem Platz	+ 45	45.6	ö	21	15.3	1	25	1
Teneriffa, Gipfel des Pik	+ 28	16.6	w	16	38.0	1	6	32
Teramo, Sternwarte	+ 42	39.5	ö	13	44.0	0	54	56
Thames, Neu-Seeland, Sternwarte	– 37	8.4	ö	175	32.7	11	42	11
Tiflis, Observatorium	+ 41	41.8	ö	44	49.3	2	59	17
Timbuktu	+ 16	49.0	w	2	51.8	0	11	27
Tokyo (Yeddo), Sternwarte	+ 35	39.3	ö	139	44.5	9	18	58
Toulon, Sternwarte	+ 43	7.4	ö	5	55.4	0	23	42
Toulouse, Sternwarte	+ 43	36.8	ö	1	27.5	0	5	50
trapezunt, Leuchtfeuer	+ 41	1.0	ö	39	46.4	2	39	6
Traunstein	+ 47	52.4	ö	10	34.7	0	42	19
Trautenau, Kirche	+ 50	33.8	ö	15	55.0	1	3	40
Triest, astr.-met. Observat.	+ 45	38.8	ö	13	45.7	0	55	3

Ort	Geographische Position							
	Breite			Länge				
	°	′		°	′	H	M	S
Troppau	+ 49	56.4	ö	17	54.3	1	11	37
Trübau, Mähr.-, Stadtmitte	+ 49	45.5	ö	16	40.2	1	6	41
Tunis, Moschee der Kasbah	+ 36	47.7	ö	10	10.0	0	40	40
Turin, Sternwarte	+ 45	4.1	ö	7	41.8	0	30	47
Ulm, Münster	+ 48	23.8	ö	9	59.4	0	39	58
Utrecht, Sternwarte	+ 52	5.2	ö	5	7.9	0	20	32
Valencia, astronomischer Pfeiler	+ 39	27.2	w	0	19.2	0	1	17
Valparaiso, Spitze des Börsengeb	– 33	2.2	w	71	33.4	4	46	34
Varna, Uhrturm	+43	12.1	ö	27	55.0	1	51	40
Venedig, Sternwarte	+ 45	25.8	ö	12	21.5	0	49	26
Villach, geod. Punkt	+ 46	36.8	ö	13	50.9	0	55	24
Virginia, Univ.-Sternwarte	+ 38	2.0	w	78	31.3	5	14	5
Vöslau, meteorol. Häuschen	+ 47	58.0	ö	16	12.9	1	4	52
Warschau, Sternwarte	+ 52	13.6	ö	21	1.8	1	24	7
Washington, Naval Observat.	+ 38	55.2	w	77	4.0	5	8	16
Waidhofen an der Thaya	+ 48	48.9	ö	15	17.4	1	1	10
Weiden	+ 49	40.6	ö	12	9.8	0	48	39
weidenau, Stadtmitte	+ 50	22.5	ö	17	11.5	1	8	46
Weimar	+50	59.2	ö	11	19.9	0	45	20
Weißenfels	+ 51	11.0	ö	11	59.0	0	47	56
Weißkirchen, Mähr.-, Stadmitte	+ 49	33.2	ö	17	44.4	1	10	58
Wien, Stephansturm	+ 48	12.6	ö	16	22.7	1	5	31
Worms, protestantische Kirche	+ 49	37.8	ö	8	21.9	9	33	38
Würzburg	+ 49	47.7	ö	9	56.0	9	39	44
Yarkand	+ 38	20.0	ö	77	40.2	5	10	41
Yeddo, franz. Gesandtsch.-Palais	+ 35	36.8	ö	139	45.1	9	19	0
Zanzibar, franz. Konsulat	– 6	9.6	ö	39	11.4	2	36	46
Zara	+ 44	7.1	ö	13	14.1	1	0	56
Zürich, Sternwarte	+ 47	22.7	ö	8	33.1	0	34	12
Zweibrücken, Turm	+ 49	14.8	ö	7	22.0	0	29	28
Zwickau	+ 50	43.0	ö	12	28.5	0	49	54
Zwittau, Kirche	+ 49	45.4	ö	16	28.9	1	5	56

Man findet für einen beliebigen Ort innerhalb derselben die gesuchten Zeitangaben dadurch, dass man mit der festgestellten geografischen Breite jene Spalte aufsucht, welche derselben annähernd entspricht. Sucht man z. B. den Sonnenaufgang und den Sonnenuntergang für Augsburg, dessen geografische Breite in der entsprechenden Tafel mit 48° 21.7’ angegeben ist, und zwar für den 20. März des Jahres 1919, so wird man in den Tafeln den Monat März aufsuchen, das Datum in der Spalte nach 1900 bestimmen und auf derselben Zeile unter Spalte 3 die mit 48° 30' bezeichnet ist, 6 Uhr 7 Minuten als Sonnenaufgang finden. Derselbe Vorgang auf der Seite, welche den Sonnenuntergang zeigt, führt zu 6 Uhr 10 Minuten als Zeit für den Sonnenuntergang. Die Spalte 3 wurde in diesem Beispiel deshalb gewählt, weil die Breite von Augsburg mit 48° 21.7' der Breite in Spalte 3 mit 48° 30' näher ist als Spalte 2 mit 48° 0’.

In diesem Sinne wählt man z. B. für eine Breite von 53° 7’ die Spalte 12 mit 53° 0’, dagegen für eine Breite von 53° 20' wird die Spalte 13 mit 53° 30’ genommen.

Hat man es mit einem Schaltjahr zu tun, wie z. B. im Jahre 1920, so muss man beachten, dass im Februar das Schaltjahr einen Tag mehr zählt als im gemeinen Jahr. Der Einrichtung der Tafeln gemäß wird der genannte Umstand in der Weise berücksichtigt, dass man in dem Falle, wo der Sonnenaufgang oder -untergang für den Monat Januar oder Februar gesucht wird, von dem gegebenen Datum zunächst einen Tag abzieht und dann die gesuchten Zeitangaben für den so um 1 verminderten Tag aus der Tafel entnimmt.

Wir suchen z. B. für den 5. Februar des Jahres 1920 (Schaltjahr) den Sonnenaufgang für Wien, welche Stadt eine Breite von 48° 12.6’ hat. 5 - 1 gibt 4. Wir suchen in den Tafeln für Februar (Sonnenaufgang) in der Spalte nach 1900 bis zum Datum 4 und finden auf derselben Zeile unter Spalte 2 (48° 0’ als am nächsten zu 48° 12.6’) 7 Uhr 27 Minuten als Sonnenaufgang.

Wollen wir den Sonnenuntergang für Altona am 25. Januar des Jahres 1892, welches auch ein Schaltjahr war, suchen, so werden wir statt des 25. den 24. Januar nehmen, und in den Tafeln im Monat Januar in der Spalte vor 1900 am 21. auf derselben Zeile unter Spalte 12 (Altona hat 53° 32.8’ Breite) 4 Uhr 28 Minuten als Sonnenuntergang finden.

Sonnenaufgang **Januar**

Datum vor | nach 1900		1 47° 30′		2 48° 0′		3 48° 30′		4 49° 0′		5 49 30′		6 50° 0′		7 50° 30′		8 51° 0′	
*)	*)	h	m	h	m	h	m	h	m	h	m	h	m	h	m	h	m
–	0	7	50	7	52	7	54	7	57	7	59	8	1	8	3	8	6
0	1		50		52		54		57		59		1		3		6
1	2		50		52		54		57		59		1		3		6
2	3		50		52		54		57		59		1		3		6
3	4		50		52		54		56		59		1		3		6
4	5	7	50	7	52	7	54	7	56	7	58	8	1	8	3	8	5
5	6		50		52		54		56		58		0		3		5
6	7		50		52		54		56		58		0		2		5
7	8		49		51		53		55		58	8	0		2		4
8	9		49		51		53		55		57	7	59		2		4
9	10	7	49	7	51	7	53	7	55	7	57	7	59	8	1	8	3
10	11		48		50		52		54		56		58		1		3
11	12		48		50		51		53		56		58	8	0		2
12	13		48		49		51		53		55		57	7	59		1
13	14		47		49		50		52		54		56		59		1
14	15	7	46	7	48	7	50	7	52	7	54	7	56	7	58	8	0
15	16		46		48		49		51		53		55		57	7	59
16	17		45		47		49		50		52		54		56		58
17	18		44		46		48		49		51		53		55		57
18	19		43		45		47		49		50		52		54		56
19	20	7	42	7	44	7	46	7	48	7	49	7	51	7	53	7	55
20	21		42		43		45		47		48		50		52		54
21	22		41		42		44		46		47		49		51		53
22	23		40		41		43		45		46		48		50		52
23	24		39		40		42		43		45		47		49		51
24	25	7	38	7	39	7	41	7	42	7	44	7	46	7	48	7	50
25	26		37		38		39		41		43		45		46		48
26	27		36		37		38		40		42		44		45		47
27	28		34		36		37		39		41		42		44		46
28	29		33		35		36		38		39		41		43		44
29	30	7	32	7	34	7	35	7	37	7	38	7	40	7	41	7	43
30	31		31		32		34		36		37		38		40		42
31	–		29		31		32		34		35		37		39		40

Sonnenaufgang **Januar**

Datum vor | nach 1900		9 51° 30′		10 52° 0′		11 52° 30′		12 53° 0′		13 53 30′		14 54° 0′		15 54° 30′		16 55° 0′	
*)	*)	h	m	h	m	h	m	h	m	h	m	h	m	h	m	h	m
–	0	8	8	8	11	8	14	8	16	8	19	8	22	8	25	8	28
0	1		8		11		14		16		19		22		25		28
1	2		8		11		14		16		19		22		25		28
2	3		8		11		13		16		19		22		25		28
3	4		8		11		13		16		19		22		24		27
4	5	8	8	8	10	8	13	8	15	8	18	8	21	8	24	8	27
5	6		7		10		13		15		18		21		24		26
6	7		7		10		12		15		18		20		24		26
7	8		7		9		12		14		17		20		23		25
8	9		6		8		11		14		16		19		22		25
9	10	8	6	8	8	8	10	8	13	8	16	8	18	8	21	8	24
10	11		5		7		10		12		15		17		20		23
11	12		5		7		9		11		14		17		20		22
12	13		4		6		8		11		13		16		19		21
13	14		3		5		8		10		12		15		18		20
14	15	8	2	8	4	8	7	8	9	8	11	8	14	8	17	8	19
15	16		1		4		6		8		10		13		16		18
16	17	8	0		3		5		7		9		12		14		17
17	18	7	59		2		4		6		8		11		13		16
18	19		58		1		3		5		7		10		12		15
19	20	7	57	8	0	8	2	8	4	8	6	8	8	8	11	8	13
20	21		56	7	59	8	1		3		5		7		10		12
21	22		55		57	7	59		2		4		6		8		11
22	23		54		56		58	8	0		3		5		7		9
23	24		53		55		57	7	59		1		3		6		8
24	25	7	52	7	54	7	56	7	58	8	0	8	2	8	4	8	6
25	26		50		52		54		56	7	58	8	1		3		5
26	27		49		51		53		55		57	7	59	8	1		3
27	28		48		50		51		53		55		57	7	59		2
28	29		46		48		50		52		54		56		58	8	0
29	30	7	45	7	47	7	48	7	50	7	52	7	54	7	56	7	58
30	31		43		45		47		49		51		53		54		56
31	–		42		44		45		47		49		51		53		55

Sonnenuntergang **Januar**

Datum vor | nach 1900		1 47° 30′		2 48° 0′		3 48° 30′		4 49° 0′		5 49 30′		6 50° 0′		7 50° 30′		8 51° 0′	
*)	*)	h	m	h	m	h	m	h	m	h	m	h	m	h	m	h	m
–	0	4	16	4	14	4	12	4	10	4	7	4	5	4	2	4	0
0	1		17		15		13		10		8		6		3		1
1	2		18		16		14		11		9		7		5		2
2	3		19		17		15		13		10		8		6		3
3	4		20		18		16		14		12		9		7		5
4	5	4	21	4	19	4	17	4	15	4	13	4	10	4	8	4	6
5	6		22		20		18		16		14		11		9		7
6	7		23		21		19		17		15		13		10		8
7	8		24		23		20		18		16		14		12		9
8	9		25		24		21		19		17		15		13		11
9	10	4	27	4	25	4	23	4	21	4	19	4	16	4	14	4	12
10	11		28		26		24		22		20		18		16		13
11	12		29		27		25		23		21		19		17		15
12	13		30		28		27		25		23		21		18		16
13	14		32		30		28		26		24		22		20		18
14	15	4	33	4	31	4	29	4	27	4	25	4	23	4	21	4	19
15	16		35		33		31		29		27		25		23		21
16	17		36		34		32		30		28		26		24		22
17	18		37		35		34		32		30		28		26		24
18	19		39		37		35		33		31		29		27		25
19	20	4	40	4	39	4	37	4	35	4	33	4	31	4	29	4	27
20	21		42		40		38		36		34		33		31		29
21	22		43		41		40		38		36		34		33		31
22	23		45		43		41		40		38		36		34		32
23	24		47		45		43		41		39		38		36		34
24	25	4	48	4	46	4	44	4	43	4	41	4	39	4	38	4	36
25	26		49		47		46		44		43		41		39		37
26	27		51		49		48		46		44		43		41		39
27	28		53		51		49		48		46		44		43		41
28	29		54		52		50		49		48		46		44		43
29	30	4	55	4	54	4	52	4	51	4	49	4	48	4	46	4	45
30	31		57		55		54		53		51		49		48		46
31	–		59		57		55		54		52		51		50		48

Sonnenuntergang

Januar

Datum vor | nach 1900		9 51° 30′		10 52° 0′		11 52° 30′		12 53° 0′		13 53° 30′		14 54° 0′		15 54° 30′		16 55° 0′	
*)	*)	h	m	h	m	h	m	h	m	h	m	h	m	h	m	h	m
–	0	3	57	3	55	3	53	3	50	3	47	3	44	3	41	3	38
0	1	3	58		56		54		51		48		45		42		39
1	2	4	0		57		55		52		49		46		43		40
2	3		1		59		56		53		51		48		45		42
3	4		2		0		57		55		52		49		46		43
4	5	4	3	4	1	3	58	3	56	3	53	3	50	3	47	3	44
5	6		5		2		59		57		54		51		49		46
6	7		6		3	4	1	3	58		55		53		50		47
7	8		7		5		3	4	0		57		54		52		49
8	9		8		6		4		1	3	59		56		53		50
9	10	4	10	4	7	4	5	4	2	4	0	3	57	3	55	3	52
10	11		11		9		6		4		1		59		56		53
11	12		13		10		8		6		3	4	0		58		55
12	13		14		12		9		7		5		2	3	59		57
13	14		16		13		11		9		6		3	4	1	3	58
14	15	4	17	4	15	4	13	4	10	4	8	4	5	4	3	4	0
15	16		18		16		14		12		9		7		5		2
16	17		20		18		16		13		11		9		6		4
17	18		22		20		17		15		13		10		8		5
18	19		23		21		19		17		14		12		10		7
19	20	4	25	4	23	4	21	4	19	4	16	4	14	4	12	4	9
20	21		27		25		23		21		18		16		14		11
21	22		29		27		24		22		20		18		16		13
22	23		30		28		26		24		22		20		18		15
23	24		32		30		28		26		24		22		20		17
24	25	4	34	4	32	4	30	4	28	4	26	4	24	4	22	4	19
25	26		35		33		32		30		28		25		23		21
26	27		37		35		34		32		30		27		25		23
27	28		39		37		35		33		31		29		27		25
28	29		41		39		37		35		33		31		29		27
29	30	4	43	4	41	4	39	4	37	4	35	4	33	4	31	4	29
30	31		45		43		41		39		37		35		33		31
31	–		46		45		43		41		39		37		35		34

Sonnenaufgang **Februar**

Datum vor | nach 1900		1 47° 30′		2 48° 0′		3 48° 30′		4 49° 0′		5 49 30′		6 50° 0′		7 50° 30′		8 51° 0′	
*)	*)	h	m	h	m	h	m	h	m	h	m	h	m	h	m	h	m
–	0	7	31	7	32	7	34	7	36	7	37	7	38	7	40	7	42
0	1		29		31		32		34		35		37		39		40
1	2		28		30		31		32		34		35		37		39
2	3		27		28		30		31		33		34		36		37
3	4		26		27		28		30		31		32		34		36
4	5	7	24	7	25	7	27	7	28	7	29	7	31	7	33	7	34
5	6		23		24		25		27		28		29		31		32
6	7		21		23		24		25		27		28		29		31
7	8		20		21		22		24		25		26		27		28
8	9		18		20		21		22		23		25		26		27
9	10	7	17	7	18	7	19	7	20	7	22	7	23	7	24	7	25
10	11		15		16		18		19		20		21		23		24
11	12		14		15		16		17		18		19		21		22
12	13		12		13		14		15		16		18		19		20
13	14		10		12		13		14		15		16		17		18
14	15	7	9	7	10	7	11	7	12	7	13	7	14	7	15	7	16
15	16		7		8		9		10		11		12		13		14
16	17		5		6		7		8		9		10		11		13
17	18		4		5		6		7		8		9		10		11
18	19		2		3		4		5		6		7		8		9
19	20	7	0	7	1	7	2	7	3	7	4	7	5	7	6	7	7
20	21	6	58	6	59	7	0	7	1		2		3		4		5
21	22		57		58	6	59	6	59	7	0	7	1		2		3
22	23		55		56		57		57	6	58	6	59	7	0	7	1
23	24		53		54		55		55		56		57	6	59	6	59
24	25	6	51	6	52	6	53	6	54	6	54	6	55	6	56	6	57
25	26		50		50		51		52		52		53		54		55
26	27		48		48		49		50		50		51		52		52
27	28		46		47		47		48		48		49		50		50
28	–		44		45		45		46		46		47		48		48

**) In den Schaltjahren ist für die Monate Januar und Februar vom gegebenen Datum ein Tag abzuziehen und mit dem so 1 verminderten Datum in die Tafel einzugehen.*

Sonnenaufgang **Februar**

Datum vor | nach 1900		9 51° 30′		10 52° 0′		11 52° 30′		12 53° 0′		13 53° 30′		14 54° 0′		15 54° 30′		16 55° 0′	
*)	*)	h	m	h	m	h	m	h	m	h	m	h	m	h	m	h	m
–	0	7	43	7	45	7	47	7	49	7	51	7	53	7	54	7	56
0	1		42		44		45		47		49		51		53		55
1	2		40		42		44		45		47		49		51		53
2	3		39		40		42		44		45		47		49		51
3	4		37		39		40		42		44		45		48		49
4	5	7	36	7	37	7	38	7	40	7	42	7	44	7	45	7	47
5	6		34		35		37		38		40		42		43		45
6	7		32		34		35		37		38		40		41		43
7	8		30		32		33		35		37		38		39		41
8	9		29		30		31		33		35		36		38		39
9	10	7	27	7	28	7	30	7	31	7	33	7	34	7	35	7	37
10	11		25		26		28		29		31		32		33		35
11	12		23		25		26		27		29		30		31		33
12	13		22		23		24		25		27		28		29		31
13	14		20		21		22		23		25		26		27		29
14	15	7	18	7	19	7	20	7	21	7	23	7	24	7	25	7	27
15	16		16		17		19		19		21		22		23		24
16	17		14		15		16		17		18		20		21		22
17	18		12		13		14		15		16		17		19		20
18	19		10		11		12		13		14		15		17		18
19	20	7	8	7	9	7	10	7	11	7	12	7	13	7	14	7	15
20	21		6		7		8		9		10		11		12		13
21	22		4		5		6		7		8		9		10		11
22	23		2		3		3		4		5		6		7		8
23	24	7	0	7	0	7	1		2		3		4		5		6
24	25	6	58	6	58	6	59	7	0	7	1	7	2	7	3	7	4
25	26		55		56		57	6	58	6	59	6	59	7	0	7	1
26	27		53		54		55		56		57		57	6	58	6	59
27	28		51		52		53		53		54		55		56		57
28	–		49		50		50		51		52		53		54		54

**) In den Schaltjahren ist für die Monate Januar und Februar vom gegebenen Datum ein Tag abzuziehen und mit dem so 1 verminderten Datum in die Tafel einzugehen.*

Sonnenuntergang **Februar**

Datum vor | nach 1900		1 47° 30′		2 48° 0′		3 48° 30′		4 49° 0′		5 49 30′		6 50° 0′		7 50° 30′		8 51° 0′	
*)	*)	h	m	h	m	h	m	h	m	h	m	h	m	h	m	h	m
–	0	4	57	4	55	4	54	4	53	4	51	4	49	4	48	4	46
0	1	4	59		57		55		54		52		51		50		48
1	2	5	0	4	59		57		56		54		53		51		50
2	3		1	5	0	4	58		57		55		54		53		51
3	4		3		2	5	0	4	59		57		56		55		53
4	5	5	5	5	3	5	2	5	0	4	59	4	58	4	57	4	55
5	6		6		5		4		2	5	1	4	59	4	58		57
6	7		8		6		5		4		3	5	1	5	0	4	58
7	8		9		8		7		6		5		3		2	5	0
8	9		11		10		9		7		6		5		4		2
9	10	5	13	5	11	5	10	5	9	5	8	5	6	5	5	5	4
10	11		14		13		12		11		10		8		7		6
11	12		16		15		14		12		11		10		9		8
12	13		18		16		15		14		13		12		11		10
13	14		19		18		17		16		15		14		12		11
14	15	5	21	5	20	5	19	5	18	5	17	5	15	5	14	5	13
15	16		22		21		20		19		18		17		16		15
16	17		24		23		22		21		20		19		18		17
17	18		25		24		23		22		22		21		20		19
18	19		27		26		25		24		23		22		21		20
19	20	5	28	5	27	5	27	5	26	5	25	5	24	5	23	5	22
20	21		30		29		28		28		27		26		25		24
21	22		31		31		30		29		28		27		26		26
22	23		33		32		31		31		30		29		28		27
23	24		34		34		33		32		31		31		30		29
24	25	5	36	5	35	5	35	5	34	5	33	5	32	5	32	5	31
25	26		37		36		36		35		35		34		33		33
26	27		39		38		38		37		36		36		35		34
27	28		40		39		39		39		38		37		37		36
28	–		42		41		41		40		40		39		39		38

Sonnenuntergang

Februar

Datum vor | nach 1900		9 51° 30′		10 52° 0′		11 52° 30′		12 53° 0′		13 53° 30′		14 54° 0′		15 54° 30′		16 55° 0′	
*)	*)	h	m	h	m	h	m	h	m	h	m	h	m	h	m	h	m
–	0	4	45	4	43	4	41	4	39	4	37	4	35	4	33	4	31
0	1		46		45		43		41		39		37		35		34
1	2		48		46		45		43		41		39		37		36
2	3		50		48		46		45		43		41		39		38
3	4		52		50		48		47		45		43		41		40
4	5	4	54	4	52	4	50	4	49	4	47	4	45	4	43	4	42
5	6		56		54		52		50		49		47		45		44
6	7		57		56		54		53		51		49		47		46
7	8	4	59		57		56		55		53		51		49		48
8	9	5	1	4	59	4	58		57		55		53		51		50
9	10	5	3	5	1	5	0	4	58	4	57	4	56	4	54	4	52
10	11		5		3		2	5	0	4	59	4	58		56		55
11	12		7		5		4		2	5	1	5	0	4	58		57
12	13		9		7		6		4		3		2	5	0	4	59
13	14		10		9		8		6		5		4		2	5	1
14	15	5	12	5	11	5	10	5	8	5	7	5	6	5	4	5	3
15	16		14		13		11		10		9		8		6		5
16	17		16		15		13		12		11		10		9		7
17	18		18		16		15		14		13		12		11		9
18	19		19		18		17		16		15		14		13		12
19	20	5	21	5	20	5	19	5	18	5	17	5	16	5	15	5	14
20	21		23		22		21		20		19		18		17		16
21	22		25		24		23		22		21		20		19		18
22	23		26		26		25		14		23		22		21		20
23	24		28		27		26		16		25		24		23		22
24	25	5	30	5	29	5	28	5	18	5	27	5	26	5	25	5	24
25	26		32		31		30		19		29		28		17		26
26	27		34		33		32		31		31		30		19		28
27	28		35		35		34		33		33		32		31		30
28	–		37		37		36		35		35		34		33		32

Sonnenaufgang **März**

Datum vor | nach 1900		1 47° 30′		2 48° 0′		3 48° 30′		4 49° 0′		5 49 30′		6 50° 0′		7 50° 30′		8 51° 0′	
		h	m	h	m	h	m	h	m	h	m	h	m	h	m	h	m
–	1	6	44	6	45	6	45	6	46	6	46	6	47	6	48	6	48
1	2		42		43		43		44		44		45		45		46
2	3		40		41		41		42		42		43		43		44
3	4		38		39		39		40		40		40		41		42
4	5		36		37		37		38		38		39		39		40
5	6	6	34	6	35	6	35	6	36	6	36	6	37	6	37	6	37
6	7		32		33		33		34		34		34		34		35
7	8		30		31		31		31		31		32		32		33
8	9		28		29		29		29		29		30		30		31
9	10		26		27		27		27		27		28		28		29
10	11	6	24	6	25	6	25	6	25	6	26	6	26	6	26	6	27
11	12		23		23		23		23		23		24		24		24
12	13		21		21		21		21		21		22		22		22
13	14		19		19		19		19		19		20		20		20
14	15		17		17		17		17		17		17		17		18
15	16	6	15	6	15	6	15	6	15	6	15	6	15	6	15	6	16
16	17		13		13		13		13		13		13		13		13
17	18		11		11		11		11		11		11		11		11
18	19		9		9		9		9		9		9		9		9
19	20		7		7		7		7		7		7		7		7
20	21	6	4	6	4	6	4	6	4	6	4	6	4	6	4	6	4
21	22		2		2		2		2		2		2		2		2
22	23	6	0	6	0	6	0	6	0	6	0	6	0	6	0	6	0
23	24	5	58	5	58	5	58	5	58	5	58	5	58	5	57	5	57
24	25		56		56		56		56		55		55		55		55
25	26	5	54	5	54	5	54	5	54	5	53	5	53	5	53	5	53
26	27		52		52		52		52		51		51		51		51
27	28		50		50		50		50		49		49		49		48
28	29		48		48		47		47		47		47		47		46
29	30		46		46		45		45		45		45		44		44
30	31	5	44	5	44	5	43	5	43	5	43	5	42	5	42	5	42
31	–		42		41		41		41		40		40		39		39

Sonnenaufgang **März**

Datum vor | nach 1900		9 51° 30′		10 52° 0′		11 52° 30′		12 53° 0′		13 53° 30′		14 54° 0′		15 54° 30′		6 55° 0′	
		h	m	h	m	h	m	h	m	h	m	h	m	h	m	h	m
–	1	6	49	6	50	6	50	6	51	6	52	6	53	6	54	6	54
1	2		47		47		48		49		50		50		51		52
2	3		44		45		46		46		47		48		49		49
3	4		42		43		44		44		45		45		46		47
4	5		40		41		42		42		42		43		44		44
5	6	6	38	6	38	6	39	6	39	6	40	6	41	6	42	6	42
6	7		35		36		37		37		38		38		39		39
7	8		33		34		35		35		36		36		37		37
8	9		31		32		32		32		33		33		34		34
9	10		29		29		30		30		31		31		32		32
10	11	6	27	6	27	6	28	6	28	6	28	6	28	6	29	6	29
11	12		24		25		25		25		26		26		27		27
12	13		22		23		23		23		23		24		24		24
13	14		20		20		21		21		21		21		22		22
14	15		18		18		18		18		19		19		19		19
15	16	6	16	6	16	6	16	6	16	6	16	6	16	6	17	6	17
16	17		13		14		14		14		14		14		14		14
17	18		11		11		11		11		11		11		12		12
18	19		9		9		9		9		9		9		9		9
19	20		7		7		7		7		7		7		7		7
20	21	6	4	6	4	6	4	6	4	6	4	6	4	6	4	6	4
21	22		2		2	6	2	6	2	6	2	6	1	6	1	6	1
22	23	6	0	6	0	5	59	5	59	5	59	5	59	5	59	5	59
23	24	5	57	5	57		57		57		57		56		56		56
24	25		55		55		55		54		54		54		54		54
25	26	5	53	5	53	5	52	5	52	5	52	5	51	5	51	5	51
26	27		50		50		50		50		50		19		49		49
27	28		48		48		48		47		47		47		47		46
28	29		46		46		45		45		45		44		44		43
29	30		43		43		43		42		42		42		42		41
30	31	5	41	5	41	5	41	5	40	5	40	5	39	5	39	5	38
31	–		39		39		38		38		38		37		37		36
											6						

Sonnenuntergang

März

Datum vor | nach 1900		1 47° 30′		2 48° 0′		3 48° 30′		4 49° 0′		5 49 30′		6 50° 0′		7 50° 30′		8 51° 0′	
		h	m	h	m	h	m	h	m	h	m	h	m	h	m	h	m
–	1	5	42	5	42	5	41	5	40	5	40	5	39	5	39	5	38
1	2		43		43		43		42		42		41		40		39
2	3		45		44		44		43		43		42		42		41
3	4		46		46		46		45		45		44		44		43
4	5		48		48		47		47		46		46		45		45
5	6	5	49	5	49	5	49	5	48	5	48	5	47	5	47	5	47
6	7		51		51		51		50		50		49		49		48
7	8		52		52		52		51		51		51		51		50
8	9		54		54		53		53		53		52		52		52
9	10		55		55		55		55		55		54		54		53
10	11	5	57	5	57	5	57	5	56	5	56	5	56	5	55	5	55
11	12	5	58	5	58		58		58		58		57		57		57
12	13	6	0	6	0	5	59	5	59	5	59	5	59	5	59	5	58
13	14		1		1	6	1	6	1	6	1	6	0	6	0	6	0
14	15		3		3		3		2		2		2		2		2
15	16	6	4	6	4	6	4	6	4	6	4	6	4	6	4	6	3
16	17		6		6		6		5		5		5		5		5
17	18		7		7		7		7		7		7		7		7
18	19		8		8		8		8		8		8		8		8
19	20		19		10		10		10		10		10		10		10
20	21	6	11	6	11	6	11	6	11	6	11	6	11	6	12	6	12
21	22		13		13		13		13		13		13		13		13
22	23		14		14		14		14		15		15		15		15
23	24		15		16		16		16		16		16		16		16
24	25		17		17		17		17		17		17		18		18
25	26	6	18	6	18	6	19	6	19	6	19	6	19	6	20	6	20
26	27		20		20		20		20		21		21		21		21
27	28		21		21		22		22		23		23		23		23
28	29		23		23		23		23		24		24		25		25
29	30		24		24		25		25		26		26		26		26
30	31	6	26	6	26	6	26	6	26	6	27	6	27	6	28	6	28
31	–		27		27		28		28		29		29		30		30

Sonnenuntergang **März**

Datum vor | nach 1900		9 51° 30′		10 52° 0′		11 52° 30′		12 53° 0′		13 53° 30′		14 54° 0′		15 54° 30′		6 55° 0′	
		h	m	h	m	h	m	h	m	h	m	h	m	h	m	h	m
–	1	5	37	5	37	5	36	5	35	5	35	5	34	5	33	5	32
1	2		39		38		38		37		36		36		35		34
2	3		41		40		39		39		38		38		37		36
3	4		43		42		41		41		40		40		39		38
4	5		44		44		43		43		42		42		41		40
5	6	5	46	5	46	5	45	5	45	5	44	5	44	5	43	5	42
6	7		48		47		47		46		46		46		45		45
7	8		50		49		49		48		48		47		47		47
8	9		51		51		51		50		50		49		49		49
9	10		53		53		52		52		51		51		51		51
10	11	5	55	5	54	5	54	5	54	5	53	5	53	5	53	5	53
11	12		57		56		56		56		55		55		55		55
12	13	5	58	5	58		58		57		57		57		57		57
13	14	6	0	6	0	5	59	5	59	5	59	5	59	5	58	5	58
14	15		2		1	6	1	6	1	6	1	6	1	6	0	6	0
15	16	6	3	6	3	6	3	6	3	6	3	6	3	6	2	6	2
16	17		5		5		5		5		5		5		4		4
17	18		7		7		7		7		7		6		6		6
18	19		8		8		8		8		8		8		8		8
19	20		10		10		10		10		10		10		10		10
20	21	6	12	6	12	6	12	6	12	6	12	6	12	6	12	6	12
21	22		13		13		13		14		14		14		14		14
22	23		15		15		15		15		16		16		16		16
23	24		17		17		17		17		17		18		18		18
24	25		19		19		19		19		19		20		20		20
25	26	6	20	6	20	6	20	6	21	6	21	6	21	6	22	6	22
26	27		22		22		22		23		23		23		23		24
27	28		24		24		24		24		25		25		25		26
28	29		25		25		25		26		27		27		27		28
29	30		27		27		27		28		28		29		29		30
30	31	6	29	6	29	6	29	6	30	6	30	6	31	6	31	6	32
31	–		31		31		31		32		32		33		33		34

Sonnenaufgang **April**

Datum vor | nach 1900		1 47° 30′		2 48° 0′		3 48° 30′		4 49° 0′		5 49 30′		6 50° 0′		7 50° 30′		8 51° 0′	
		h	m	h	m	h	m	h	m	h	m	h	m	h	m	h	m
–	1	5	42	5	42	5	41	5	41	5	40	5	40	5	39	5	39
1	2		40		40		39		39		38		38		37		37
2	3		38		38		37		37		36		36		35		35
3	4		36		36		35		35		34		34		33		33
4	5		34		34		33		33		32		32		31		31
5	6	5	32	5	32	5	31	5	30	5	30	5	29	5	29	5	28
6	7		30		30		29		28		28		27		26		26
7	8		28		28		27		26		25		25		24		24
8	9		26		26		25		24		23		23		22		22
9	10		24		24		23		22		21		21		20		19
10	11	5	22	5	22	5	21	5	20	5	19	5	19	5	18	5	17
11	12		21		20		19		18		17		17		16		15
12	13		19		18		17		16		15		15		14		13
13	14		17		16		15		14		13		13		12		11
14	15		15		14		13		12		11		11		10		9
15	16	5	13	5	12	5	11	5	10	5	9	5	9	5	8	5	7
16	17		11		10		9		9		8		7		6		5
17	18		9		8		7		7		6		5		3		2
18	19		7		6		5		5		4		3	5	1	5	0
19	20		5		5		4		3		2	5	1	4	59	4	58
20	21	5	4	5	3	5	2	5	1	5	0	4	59	4	57	4	56
21	22		2	5	1	5	0	4	59	4	58		57		55		54
22	23	5	0	4	59	4	58		57		56		55		53		52
23	24	4	58		57		56		55		54		53		51		50
24	25		56		55		54		53		52		51		49		48
25	26	4	55	4	54	4	52	4	51	4	50	4	49	4	48	4	46
26	27		53		52		50		49		48		47		46		44
27	28		51		50		49		48		46		45		44		42
28	29		50		48		47		46		44		43		42		41
29	30		48		47		45		44		43		42		40		39
30	–	4	46	4	45	4	43	4	42	4	41	4	40	4	38	4	37

Sonnenaufgang

April

Datum vor	nach 1900		9 51° 30′		10 52° 0′		11 52° 30′		12 53° 0′		13 53° 30′		14 54° 0′		15 54° 30′		6 55° 0′	
		h	m	h	m	h	m	h	m	h	m	h	m	h	m	h	m
–	1	5	39	5	39	5	38	5	38	5	38	5	37	5	37	5	36
1	2		37		36		36		35		35		34		34		33
2	3		34		34		34		33		33		32		32		31
3	4		32		32		31		30		30		29		29		28
4	5		30		29		29		28		28		27		27		26
5	6	5	28	5	27	5	26	5	26	5	25	5	24	5	24	5	23
6	7		25		25		24		23		23		22		22		21
7	8		23		23		22		21		21		20		19		18
8	9		21		20		20		19		18		17		17		16
9	10		19		18		17		16		15		14		14		13
10	11	5	16	5	16	5	15	5	14	5	13	5	12	5	12	5	11
11	12		14		14		13		12		11		10		9		8
12	13		12		11		11		10		9		8		7		6
13	14		10		9		8		7		6		5		4		3
14	15		8		7		6		5		4		3		2	5	1
15	16	5	6	5	5	5	4	5	3	5	2	5	1	5	0	4	58
16	17		4		3	5	2	5	1	5	0	4	58	4	57		56
17	18	5	1	5	0	4	59	4	58	4	57		56		55		54
18	19	4	59	4	58		57		56		55		54		53		51
19	20		57		56		55		54		53		51		50		49
20	21	4	55	4	54	4	53	4	52	4	51	4	49	4	48	4	47
21	22		53		52		51		50		48		47		46		44
22	23		51		50		49		47		46		45		44		42
23	24		49		48		47		45		44		42		41		40
24	25		47		46		45		43		42		40		39		37
25	26	4	45	4	44	4	42	4	41	4	40	4	38	4	37	4	35
26	27		43		42		40		39		38		36		35		33
27	28		41		40		38		37		36		34		33		31
28	29		39		38		36		35		33		31		30		28
29	30		37		36		34		33		31		29		28		26
30	–	4	35	4	34	4	32	4	31	4	29	4	27	4	26	4	24

Sonnenuntergang

April

Datum vor | nach 1900		1 47° 30′		2 48° 0′		3 48° 30′		4 49° 0′		5 49 30′		6 50° 0′		7 50° 30′		8 51° 0′	
		h	m	h	m	h	m	h	m	h	m	h	m	h	m	h	m
–	1	6	27	6	27	6	28	6	28	6	29	6	29	6	30	6	30
1	2		28		29		29		30		30		30		31		31
2	3		30		30		31		31		32		32		33		33
3	4		31		32		33		33		34		34		35		35
4	5		32		33		34		34		35		35		36		36
5	6	6	33	6	34	6	35	6	35	6	36	6	36	6	37	6	38
6	7		35		36		37		37		38		38		39		39
7	8		36		37		38		38		39		40		41		41
8	9		38		39		40		40		41		41		42		43
9	10		39		40		41		41		42		43		43		44
10	11	6	41	6	41	6	42	6	43	6	44	6	44	6	45	6	46
11	12		42		43		44		44		45		46		47		48
12	13		43		44		45		46		47		47		48		49
13	14		45		46		47		47		48		49		50		51
14	15		46		47		48		49		50		51		52		53
15	16	6	48	6	49	6	50	6	50	6	51	6	52	6	53	6	54
16	17		49		50		51		52		53		54		55		56
17	18		50		51		52		53		54		55		56		57
18	19		52		53		54		55		56		57	6	58	6	59
19	20		53		54		55		56		57	6	58	7	0	7	1
20	21	6	55	6	56	6	57	6	58	6	59	7	0	7	1	7	2
21	22		56		57	6	58	6	59	7	0		1		3		4
22	23		57	6	59	7	0	7	1		2		3		5		6
23	24	6	59	7	0		1		2		4		5		6		7
24	25	7	0		2		3		3		5		6		8		9
25	26	7	2	7	3	7	4	7	5	7	6	7	7	7	9	7	10
26	27		3		4		6		7		8		9		11		12
27	28		5		6		7		8		10		11		13		14
28	29		6		7		9		10		11		12		14		15
29	30		7		9		10		11		13		14		15		17
30	–	7	9	7	10	7	12	7	13	7	14	7	15	7	17	7	18

Sonnenuntergang **April**

Datum vor | nach 1900		9 51° 30′		10 52° 0′		11 52° 30′		12 53° 0′		13 53° 30′		14 54° 0′		15 54° 30′		16 55° 0′	
		h	m	h	m	h	m	h	m	h	m	h	m	h	m	h	m
–	1	6	31	6	31	6	31	6	32	6	32	6	33	6	33	6	34
1	2		32		32		33		33		34		35		35		36
2	3		34		34		34		35		35		36		37		38
3	4		36		36		36		37		37		38		39		40
4	5		37		37		38		39		39		40		41		41
5	6	6	39	6	39	6	39	6	40	6	41	6	42	6	43	6	43
6	7		40		41		41		42		43		44		44		45
7	8		42		42		43		44		45		46		46		47
8	9		44		44		45		46		46		47		48		49
9	10		45		46		46		47		48		49		50		51
10	11	6	47	6	48	6	48	6	49	6	50	6	51	6	52	6	53
11	12		49		49		50		51		52		53		54		55
12	13		50		51		52		53		54		55		56		57
13	14		52		53		53		54		56		57		58	6	59
14	15		54		54		55		56		57	6	58	6	59	7	1
15	16	6	55	6	56	6	57	6	58	6	59	7	0	7	1	7	3
16	17		57		58	6	59	7	0	7	1		2		3		5
17	18	6	58	6	59	7	0		1		3		4		5		7
18	19	7	0	7	1		2		3		4		6		7		8
19	20		2		3		4		5		6		8		9		10
20	21	7	4	7	5	7	6	7	7	7	8	7	10	7	11	7	12
21	22		5		6		7		9		10		12		13		14
22	23		7		8		9		10		11		13		14		16
23	24		9		10		11		12		13		15		16		18
24	25		10		11		13		14		15		17		18		20
25	26	7	12	7	13	7	14	7	16	7	17	7	19	7	20	7	22
26	27		14		15		16		18		19		21		22		24
27	28		16		17		18		19		21		23		24		26
28	29		17		18		20		21		22		24		26		28
29	30		18		20		21		23		24		26		28		30
30	–	7	20	7	22	7	23	7	25	7	26	7	28	7	30	7	32

Sonnenaufgang **Mai**

Datum vor | nach 1900		1 47° 30′		2 48° 0′		3 48° 30′		4 49° 0′		5 49 30′		6 50° 0′		7 50° 30′		8 51° 0′	
		h	m	h	m	h	m	h	m	h	m	h	m	h	m	h	m
–	1	4	46	4	45	4	43	4	42	4	41	4	40	4	38	4	37
1	2		45		43		42		41		39		38		36		35
2	3		43		42		40		39		37		36		34		33
3	4		42		40		39		37		36		34		33		31
4	5		40		39		37		36		34		33		31		29
5	6	4	38	4	37	4	35	4	34	4	32	4	31	4	29	4	28
6	7		37		35		34		32		31		29		27		26
7	8		35		34		33		31		29		27		26		24
8	9		33		32		31		29		28		26		24		23
9	10		32		31		30		28		26		24		22		21
10	11	4	31	4	30	4	28	4	26	4	24	4	23	4	21	4	19
11	12		30		28		27		25		23		21		20		18
12	13		28		27		25		23		22		20		18		16
13	14		27		25		24		22		20		19		17		15
14	15		26		24		23		21		19		17		15		13
15	16	4	25	4	23	4	21	4	20	4	18	4	16	4	14	4	12
16	17		23		22		20		18		16		14		12		10
17	18		22		20		19		17		15		13		11		9
18	19		21		19		18		16		14		12		10		8
19	20		20		18		16		14		13		11		9		7
20	21	4	19	4	17	4	15	4	13	4	11	4	9	4	7	4	5
21	22		18		16		14		12		10		8		6		4
22	23		17		15		13		11		9		7		5		3
23	24		16		14		12		10		8		6		4		2
24	25		15		13		11		9		7		5		3	4	1
25	26	4	14	4	12	4	10	4	8	4	6	4	4	4	1	3	59
26	27		13		11		9		7		5		3		0		58
27	28		12		10		8		6		4		2	4	0		57
28	29		11		9		7		5		3		1	3	59		56
29	30		10		8		6		4		2	4	0		58		55
30	31	4	10	4	8	4	6	4	4	4	1	3	59	3	57	3	55
31	–		9		7		5		3		0		58		56		54

Sonnenaufgang **Mai**

Datum vor | nach 1900		9 51° 30′		10 52° 0′		11 52° 30′		12 53° 0′		13 53° 30′		14 54° 0′		15 54° 30′		16 55° 0′	
		h	m	h	m	h	m	h	m	h	m	h	m	h	m	h	m
–	1	4	35	4	34	4	32	4	31	4	29	4	27	4	26	4	24
1	2		33		32		30		29		27		25		24		22
2	3		31		30		28		27		25		23		21		19
3	4		29		28		26		25		23		21		19		17
4	5		27		26		24		23		21		19		17		15
5	6	4	26	4	24	4	23	4	21	4	19	4	17	4	15	4	13
6	7		24		22		21		19		17		15		13		11
7	8		23		21		19		17		15		13		11		9
8	9		21		19		17		15		13		11		9		7
9	10		19		17		15		13		11		9		7		5
10	11	4	17	4	16	4	14	4	12	4	10	4	7	4	5	4	3
11	12		16		14		12		10		8		6		4		1
12	13		14		12		10		8		6		4		2	4	0
13	14		13		11		9		7		5		2	4	0	3	58
14	15		11		9		7		5		3	4	1	3	59		56
15	16	4	10	4	8	4	6	4	4	4	1	3	59	3	57	3	54
16	17		8		6		4		2	4	0		57		55		53
17	18		7		5		3	4	0	3	58		56		54		51
18	19		6		4		1	3	59		57		54		52		49
19	20		5		2	4	0		58		55		53		50		48
20	21	4	3	4	1	3	59	3	56	3	54	3	51	3	49	3	46
21	22		1	3	59		57		55		52		50		47		44
22	23	4	0		58		56		53		50		48		46		43
23	24	3	59		57		54		52		49		47		44		42
24	25		58		56		53		51		48		46		43		40
25	26	3	57	3	55	3	52	3	50	3	47	3	44	3	42	3	39
26	27		56		53		51		48		46		43		40		37
27	28		55		52		50		47		45		42		39		36
28	29		54		51		49		46		44		41		38		35
29	30		53		50		48		45		43		40		37		34
30	31	3	52	3	49	3	47	3	44	3	42	3	39	3	36	3	33
31	–		52		49		46		43		41		38		35		32

Sonnenuntergang **Mai**

Datum vor | nach 1900		1 47° 30′		2 48° 0′		3 48° 30′		4 49° 0′		5 49 30′		6 50° 0′		7 50° 30′		8 51° 0′	
		h	m	h	m	h	m	h	m	h	m	h	m	h	m	h	m
–	1	7	9	7	10	7	12	7	13	7	14	7	15	7	17	7	18
1	2		10		11		13		14		16		17		19		20
2	3		11		13		15		16		17		18		20		22
3	4		13		14		16		17		19		20		22		23
4	5		14		16		17		19		20		21		23		25
5	6	7	16	7	17	7	19	7	20	7	22	7	23	7	25	7	26
6	7		17		18		20		21		23		25		27		28
7	8		18		20		22		23		24		26		28		29
8	9		19		21		23		24		26		27		29		31
9	10		21		22		24		26		27		29		31		32
10	11	7	22	7	24	7	26	7	27	7	29	7	30	7	32	7	34
11	12		23		25		27		28		30		32		34		35
12	13		25		26		28		30		32		33		35		37
13	14		26		28		30		31		33		35		37		38
14	15		27		29		31		32		34		36		38		40
15	16	7	28	7	30	7	32	7	34	7	36	7	38	7	39	7	41
16	17		30		31		33		35		37		39		41		43
17	18		31		33		35		36		38		40		42		44
18	19		32		34		36		38		40		41		43		46
19	20		33		35		37		39		41		42		45		47
20	21	7	34	7	36	7	38	7	40	7	42	7	44	7	46	7	48
21	22		36		38		40		42		44		46		48		50
22	23		37		39		41		43		45		47		49		51
23	24		38		40		42		44		46		48		50		52
24	25		39		41		43		45		47		49		51		54
25	26	7	40	7	42	7	44	7	46	7	48	7	50	7	53	7	55
26	27		41		43		45		47		49		52		54		56
27	28		42		44		46		48		51		53		55		57
28	29		43		46		48		50		52		54		56	7	59
29	30		44		47		49		51		53		55		58	8	0
30	31	7	45	7	48	7	50	7	52	7	54	7	56	7	59	8	1
31	–		46		48		51		53		55		57		59		2

Sonnenuntergang **Mai**

Datum vor | nach 1900		9 51° 30′		10 52° 0′		11 52° 30′		12 53° 0′		13 53° 30′		14 54° 0′		15 54° 30′		16 55° 0′	
		h	m	h	m	h	m	h	m	h	m	h	m	h	m	h	m
–	1	7	20	7	22	7	23	7	25	7	26	7	28	7	30	7	32
1	2		22		23		25		26		28		30		32		34
2	3		23		25		26		28		30		32		33		35
3	4		25		27		28		30		32		34		35		37
4	5		27		28		30		32		33		35		37		39
5	6	7	28	7	30	7	31	7	33	7	35	7	37	7	39	7	41
6	7		30		31		33		35		37		39		41		43
7	8		31		33		35		37		39		41		43		45
8	9		33		35		36		38		40		42		44		47
9	10		34		36		38		40		42		44		46		48
10	11	7	36	7	38	7	40	7	42	7	44	7	46	7	48	7	50
11	12		37		39		41		43		46		48		50		52
12	13		39		41		43		45		47		49		51		54
13	14		40		42		44		46		48		51		53		56
14	15		42		44		46		48		50		53		55		57
15	16	7	43	7	46	7	48	7	50	7	52	7	54	7	57	7	59
16	17		45		47		49		51		53		56	7	58	8	1
17	18		46		48		51		53		55		58	8	0		3
18	19		48		50		52		54		56	7	59		1		4
19	20		49		51		54		56		58	8	1		3		6
20	21	7	50	7	53	7	55	7	57	7	59	8	2	8	5	8	8
21	22		52		54		56	7	59	8	1		4		7		10
22	23		53		56		58	8	0		2		5		8		11
23	24		54		57	7	59		2		4		7		9		12
24	25		56	7	58	8	1		3		5		8		11		14
25	26	7	58	8	0	8	2	8	5	8	7	8	10	8	13	8	16
26	27	7	59		1		3		6		8		11		14		17
27	28	8	0		2		5		7		10		13		15		18
28	29		1		3		6		9		11		14		17		20
29	30		3		5		7		10		12		15		18		21
30	31	8	4	8	6	8	8	8	11	8	14	8	17	8	20	8	23
31	–		5		7		10		12		15		18		21		24

Sonnenaufgang **Juni**

Datum vor | nach 1900		1 47° 30′		2 48° 0′		3 48° 30′		4 49° 0′		5 49 30′		6 50° 0′		7 50° 30′		8 51° 0′	
		h	m	h	m	h	m	h	m	h	m	h	m	h	m	h	m
–	1	4	9	4	7	4	5	4	3	4	0	3	58	3	56	3	54
1	2		8		6		4	4	2	4	0		58		55		53
2	3		8		6		3		1	3	59		57		54		52
3	4		7		5		3		1		58		56		54		51
4	5		7		5		2		0		58		56		53		51
5	6	4	6	4	4	4	2	4	0	3	57	3	55	3	53	3	50
6	7		6		4		1	3	59		57		55		52		50
7	8		6		3		1		59		57		54		52		49
8	9		5		3		1		59		56		54		52		49
9	10		5		3		0		58		56		53		51		48
10	11	4	5	4	2	4	0	3	58	3	56	3	53	3	51	3	48
11	12		4		2	4	0		58		55		53		50		48
12	13		4		2	3	59		57		55		53		50		48
13	14		4		2		59		57		55		52		50		47
14	15		4		2		59		57		54		52		49		47
15	16	4	4	3	2	3	59	3	57	3	54	3	52	3	49	3	47
16	17		4		2		59		57		54		52		49		47
17	18		4		2		59		57		54		52		49		47
18	19		4		2		59		57		54		52		49		47
19	20		4		2		59		57		54		52		49		47
20	21	4	4	3	2	3	59	3	57	3	55	3	52	3		3	47
21	22		4	4	2		0		57		55		52		5		47
22	23		4		2		0		58		55		53		50		47
23	24		5		2		0		58		56		53		50		48
24	25		5		3		1		58		56		53		50		48
25	26	4	5	4	3	4	1	3	59	3	56	3	54	3	51	3	48
26	27		6		4		1	3	59		57		54		51		49
27	28		6		4		2	4	0		57		55		52		49
28	29		7		4		2		0		58		55		52		50
29	30		7		5		3		1		58		56		53		50
30	–	4	8	4	6	4	4	4	1	3	58	3	56	3	53	3	51

Sonnenaufgang **Juni**

Datum vor | nach 1900		9 51° 30′		10 52° 0′		11 52° 30′		12 53° 0′		13 53° 30′		14 54° 0′		15 54° 30′		16 55° 0′	
		h	m	h	m	h	m	h	m	h	m	h	m	h	m	h	m
–	1	3	52	3	49	3	46	3	43	3	41	3	38	3	35	3	32
1	2		51		48		45		42		40		37		34		31
2	3		50		47		44		42		39		36		33		30
3	4		49		46		44		41		38		35		32		29
4	5		49		46		43		40		37		34		31		28
5	6	3	48	3	45	3	42	3	39	3	36	3	33	3	30	3	27
6	7		47		44		42		39		36		33		30		26
7	8		47		44		41		38		35		32		29		26
8	9		46		44		41		38		35		32		28		25
9	10		46		43		40		37		34		31		28		25
10	11	3	45	3	43	3	40	3	37	3	34	3	31	3	28	3	24
11	12		45		42		39		36		33		30		27		24
12	13		45		42		39		36		33		30		27		23
13	14		45		42		39		36		33		30		27		23
14	15		44		42		39		36		33		30		26		23
15	16	3	44	3	41	3	39	3	36	3	33	3	30	3	26	3	23
16	17		44		41		39		36		33		30		26		23
17	18		44		41		39		36		33		29		26		23
18	19		44		41		39		36		33		29		26		23
19	20		44		41		39		36		33		29		26		23
20	21	3	44	3	41	3	39	3	36	3	33	3	29	3	26	3	23
21	22		44		42		39		36		33		30		26		23
22	23		45		42		39		36		33		30		27		23
23	24		45		42		39		36		33		30		27		23
24	25		45		43		40		37		33		30		27		24
25	26	3	46	3	43	3	40	3	37	3	34	3	31	3	27	3	24
26	27		46		43		41		38		34		31		28		25
27	28		47		44		41		38		35		32		28		25
28	29		47		44		42		39		35		32		29		26
29	30		48		45		42		39		36		33		30		26
30	–	3	48	3	46	3	43	3	40	3	37	3	34	3	31	3	27

Sonnenuntergang **Juni**

Datum vor	nach 1900	1 47° 30′		2 48° 0′		3 48° 30′		4 49° 0′		5 49 30′		6 50° 0′		7 50° 30′		8 51° 0′	
		h	m	h	m	h	m	h	m	h	m	h	m	h	m	h	m
–	1	7	46	7	48	7	51	7	53	7	55	7	57	7	59	8	2
1	2		47		49		52		54		56		58	8	0		3
2	3		48		50		53		55		57	7	59		1		4
3	4		49		51		54		56		58	8	0		2		5
4	5		50		52		54		56	7	59		1		3		6
5	6	7	51	7	53	7	55	7	57	8	0	8	2	8	4	8	7
6	7		51		54		56		58		1		3		5		8
7	8		52		54		57	7	59		1		4		6		9
8	9		53		55		58	8	0		2		4		7		9
9	10		54		56		58		0		2		5		7		10
10	11	7	54	7	57	7	59	8	1	8	3	8	6	8	8	8	11
11	12		55		57	7	59		2		4		6		9		12
12	13		55		58	8	0		2		5		7		9		12
13	14		56		58		0		3		5		8		10		13
14	15		56		59		1		3		6		8		11		13
15	16	7	57	7	59	8	2	8	4	8	6	8	9	8	11	8	14
16	17		57	8	0		2		4		6		9		11		14
17	18		58		0		2		4		7		9		12		15
18	19		58		0		2		5		7		10		12		15
19	20		58		1		3		5		8		10		13		15
20	21	7	58	8	1	8	3	8	5	8	8	8	10	8	13	8	15
21	22		59		1		3		6		8		10		13		16
22	23		59		1		3		6		8		11		13		16
23	24		59		1		4		6		8		11		13		16
24	25		59		1		4		6		9		11		14		16
25	26	7	59	8	1	8	4	8	6	8	9	8	11	8	14	8	16
26	27		59		1		4		6		9		11		14		16
27	28		59		1		4		6		9		11		14		16
28	29		59		1		3		6		9		11		13		16
29	30		59		1		3		6		8		10		13		16
30	–	7	59	8	1	8	3	8	6	8	8	8	10	8	13	8	15

Sonnenuntergang **Juni**

Datum vor | nach 1900		9 51° 30′		10 52° 0′		11 52° 30′		12 53° 0′		13 53° 30′		14 54° 0′		15 54° 30′		16 55° 0′	
		h	m	h	m	h	m	h	m	h	m	h	m	h	m	h	m
–	1	8	5	8	7	8	10	8	12	8	15	8	18	8	21	8	24
1	2		6		8		11		13		16		19		22		25
2	3		7		9		12		15		17		20		23		27
3	4		8		10		13		16		19		22		25		28
4	5		9		11		14		17		20		23		26		29
5	6	8	10	8	12	8	15	8	18	8	21	8	24	8	27	8	30
6	7		11		13		16		19		22		25		28		31
7	8		12		14		17		20		23		26		29		32
8	9		12		15		18		21		24		27		30		33
9	10		12		15		18		21		24		27		30		34
10	11	8	13	8	16	8	19	8	22	8	25	8	28	8	31	8	35
11	12		14		17		20		23		26		29		32		35
12	13		15		18		20		23		26		29		33		36
13	14		16		18		21		24		27		30		33		37
14	15		16		19		22		25		28		31		34		37
15	16	8	17	8	19	8	22	8	25	8	28	8	31	8	34	8	38
16	17		17		20		23		26		29		32		35		39
17	18		17		20		23		26		29		32		35		39
18	19		18		20		23		26		29		33		36		39
19	20		18		21		24		27		30		33		36		40
20	21	8	18	8	21	8	24	8	27	8	30	8	33	8	36	8	40
21	22		18		21		24		27		30		33		36		40
22	23		18		21		24		27		30		33		37		40
23	24		19		21		24		27		30		34		37		40
24	25		19		22		24		27		30		34		37		40
25	26	8	19	8	22	8	24	8	27	8	30	8	34	8	37	8	40
26	27		19		22		24		27		30		34		37		40
27	28		19		21		24		27		30		33		37		40
28	29		19		21		24		27		30		33		37		40
29	30		18		21		24		27		30		33		36		40
30	–	8	18	8	21	8	24	8	27	8	30	8	33	8	36	8	39

Sonnenaufgang **Juli**

Datum vor	nach 1900	1 47° 30′		2 48° 0′		3 48° 30′		4 49° 0′		5 49 30′		6 50° 0′		7 50° 30′		8 51° 0′	
		h	m	h	m	h	m	h	m	h	m	h	m	h	m	h	m
–	1	4	8	4	6	4	4	4	1	3	58	3	56	3	53	3	51
1	2		9		6		4		2	3	59		57		54		52
2	3		9		7		5		2	4	0		58		55		52
3	4		10		7		5		3		1		58		56		53
4	5		10		8		6		4		2	3	59		57		54
5	6	4	11	4	9	4	7	4	4	4	2	4	0	3	58	3	55
6	7		12		10		7		5		3		0		58		55
7	8		13		10		8		6		3		1	3	59		56
8	9		13		11		9		7		4		2	4	0		57
9	10		14		12		10		8		5		3		1		58
10	11	4	15	4	13	4	11	4	9	4	6	4	4	4	2	3	59
11	12		16		14		12		10		7		5		3	4	0
12	13		17		15		13		11		8		6		4		1
13	14		18		16		14		12		9		7		5		3
14	15		19		17		15		13		10		8		6		4
15	16	4	20	4	18	4	16	4	14	4	12	4	9	4	7	4	5
16	17		21		19		17		15		13		11		8		6
17	18		22		20		18		16		14		12		10		7
18	19		23		21		19		17		15		13		11		8
19	20		24		22		20		18		16		14		12		10
20	21	4	25	4	23	4	21	4	19	4	17	4	15	4	13	4	11
21	22		26		24		23		21		19		16		14		12
22	23		27		25		24		22		20		18		16		13
23	24		28		27		25		23		21		19		17		15
24	25		29		28		26		24		22		20		18		16
25	26	4	31	4	29	4	27	4	25	4	24	4	22	4	20	4	17
26	27		32		30		28		27		25		23		21		19
27	28		33		31		30		28		26		24		22		20
28	29		34		33		31		29		27		26		24		22
29	30		35		34		32		30		29		27		25		23
30	31	4	37	4	35	4	33	4	32	4	30	4	28	4	26	4	25
31	–		38		36		35		33		32		30		28		26

Sonnenaufgang **Juli**

Datum vor | nach 1900		9 51° 30′		10 52° 0′		11 52° 30′		12 53° 0′		13 53° 30′		14 54° 0′		15 54° 30′		16 55° 0′	
		h	m	h	m	h	m	h	m	h	m	h	m	h	m	h	m
–	1	3	48	3	46	3	43	3	40	3	37	3	34	3	31	3	27
1	2		49		46		44		41		38		35		32		28
2	3		50		47		44		41		38		35		32		29
3	4		51		48		45		42		39		36		33		30
4	5		52		49		46		43		40		37		33		30
5	6	3	52	3	49	3	47	3	44	3	41	3	38	3	34	3	31
6	7		53		50		47		45		42		39		35		32
7	8		54		51		48		46		43		40		36		33
8	9		55		52		49		47		44		41		38		35
9	10		56		53		50		48		45		42		39		36
10	11	3	57	3	54	3	52	3	49	3	46	3	43	3	40	3	37
11	12		58		55		53		50		47		44		41		38
12	13	3	59		56		54		51		48		45		42		39
13	14	4	0		57		55		52		49		47		44		41
14	15		1	3	59	3	56	3	53	3	51	3	48	3	45	3	42
15	16	4	3	4	0	3	57		55		52		49		46		44
16	17		4		1	4	59		56		53		51		48		45
17	18		5		2		0		58		55		52		49		46
18	19		6		4		1	3	59		56		54		51		48
19	20		8		5		3	4	0		57		55		52		49
20	21	4	9	4	6	4	4	4	1	3	59	3	56	3	53	3	51
21	22		10		8		5		3	4	1		58		55		53
22	23		11		9		7		4		2	3	59		57		54
23	24		13		10		8		6		4	4	1	3	58		56
24	25		14		12		9		7		5		2	4	0		57
25	26	4	15	4	13	4	11	4	9	4	6	4	4	4	1	3	59
26	27		18		15		13		10		8		6		3	4	1
27	28		19		16		14		12		9		7		4		2
28	29		20		18		16		13		11		9		6		4
29	30		21		19		17		15		12		10		8		6
30	31	4	23	4	21	4	19	4	17	4	14	4	12	4	10	4	7
31	–		24		22		20		18		16		14		11		9

Sonnenuntergang **Juli**

Datum vor | nach 1900		1 47° 30′		2 48° 0′		3 48° 30′		4 49° 0′		5 49 30′		6 50° 0′		7 50° 30′		8 51° 0′	
		h	m	h	m	h	m	h	m	h	m	h	m	h	m	h	m
–	1	7	59	8	1	8	3	8	6	8	8	8	10	8	13	8	15
1	2		59		1		3		5		8		10		13		15
2	3		58		1		3		5		8		10		13		15
3	4		58		0		2		5		7		9		12		14
4	5		58	8	0		2		4		7		9		12		14
5	6	7	57	7	59	8	1	8	4	8	6	8	9	8	11	8	14
6	7		57		59		1		3		6		8		11		13
7	8		57		59		0		3		5		8		10		12
8	9		56		58	8	59		2		5		7		10		12
9	10		55		57	7	59		2		4		6		9		11
10	11	7	55	7	57	7	58	8	1	8	3	8	6	8	8	8	10
11	12		54		56		58		0		2		5		7		10
12	13		54		56		57	8	0		2		4		7		9
13	14		53		55		56	7	59		1		3		6		8
14	15		52		54		55		58	8	0		2		5		7
15	16	7	51	7	53	7	54	7	57	7	59	8	2	8	4	8	6
16	17		50		52		53		56		58		1		3		5
17	18		49		51		52		55		57	8	0		2		4
18	19		48		50		51		54		56	7	59		1		3
19	20		47		49		50		53		55		57	8	0		2
20	21	7	46	7	48	7	49	7	52	7	54	7	56	7	58	8	1
21	22		45		47		48		51		53		55		57	7	59
22	23		44		46		47		50		52		54		56		58
23	24		43		45		46		49		51		53		55		57
24	25		42		44		44		48		49		51		53		56
25	26	7	41	7	43	7	43	7	46	7	48	7	50	7	52	7	54
26	27		40		42		42		45		47		49		51		53
27	28		39		40		41		44		45		47		49		51
28	29		37		39		39		43		44		46		48		50
29	30		36		38		38		41		43		45		46		48
30	31	7	35	7	37	7	37	7	40	7	41	7	43	7	45	7	47
31	–		33		35				38		40		42		43		45

Sonnenuntergang **Juli**

Datum vor | nach 1900		9 51° 30′		10 52° 0′		11 52° 30′		12 53° 0′		13 53° 30′		14 54° 0′		15 54° 30′		16 55° 0′	
		h	m	h	m	h	m	h	m	h	m	h	m	h	m	h	m
–	1	8	18	8	21	8	24	8	27	8	30	8	33	8	36	8	39
1	2		18		21		23		26		29		32		36		39
2	3		18		20		23		26		29		32		36		39
3	4		17		20		23		25		28		31		35		38
4	5		17		19		22		25		28		31		34		37
5	6	8	16	8	19	8	22	8	24	8	27	8	30	8	34	8	37
6	7		16		18		21		24		27		30		33		36
7	8		15		18		20		23		26		29		32		35
8	9		14		17		20		22		25		28		32		35
9	10		13		16		19		22		25		28		31		34
10	11	8	13	8	15	8	18	8	21	8	24	8	27	8	30	8	33
11	12		12		15		17		20		23		26		29		32
12	13		11		14		16		19		22		25		28		31
13	14		10		13		15		18		21		24		27		30
14	15		9		12		14		17		20		23		25		28
15	16	8	8	8	11	8	13	8	16	8	19	8	21	8	24	8	27
16	17		7		10		12		15		18		20		23		26
17	18		6		9		11		14		17		19		22		25
18	19		5		7		10		13		15		18		20		23
19	20		4		6		9		11		14		16		19		22
20	21	8	3	8	5	8	7	8	10	8	13	8	15	8	18	8	20
21	22		1		4		6		8		11		13		16		19
22	23	8	0		2		5		7		10		12		15		17
23	24	7	59		1		3		6		9		11		14		16
24	25		58	8	0		2		4		7		9		12		14
25	26	7	56	7	58	8	1	8	3	8	5	8	7	8	10	8	12
26	27		55		57	7	59		1		4		6		8		11
27	28		53		55		58	8	0		2		4		7		9
28	29		52		54		56	7	58	8	1		3		5		7
29	30		50		52		54		56	7	59	8	1		4		6
30	31	7	49	7	51	7	53	7	55	7	57	7	59	8	2	8	4
31	–		47		49		51		53		55		57		0		2

Sonnenaufgang

August

Datum vor | nach 1900		1 47° 30′		2 48° 0′		3 48° 30′		4 49° 0′		5 49 30′		6 50° 0′		7 50° 30′		8 51° 0′	
		h	m	h	m	h	m	h	m	h	m	h	m	h	m	h	m
–	1	4	38	4	36	4	35	4	33	4	32	4	30	4	28	4	26
1	2		39		38		36		34		33		31		29		27
2	3		40		39		37		36		34		32		31		29
3	4		42		40		38		37		35		34		32		30
4	5		43		41		39		38		37		35		34		32
5	6	4	44	4	43	4	41	4	40	4	39	4	37	4	35	4	33
6	7		45		44		43		41		40		38		37		35
7	8		47		45		44		43		41		39		38		36
8	9		48		47		45		44		42		41		40		38
9	10		49		48		46		45		43		42		41		39
10	11	4	51	4	49	4	48	4	47	4	45	4	44	4	43	4	41
11	12		52		51		49		48		46		45		44		42
12	13		53		52		51		49		48		47		46		44
13	14		55		53		52		51		50		48		47		45
14	15		56		55		54		52		51		50		49		47
15	16	4	57	4	56	4	55	4	54	4	52	4	51	4	50	4	49
16	17	4	59		58		56		55		54		53		52		50
17	18	5	0	4	59		58		57		55		54		53		52
18	19		1	5	0	4	59		58		57		56		55		53
19	20		3		2	5	0	4	59	4	58		57		56		55
20	21	5	4	5	3	5	2	5	1	5	0	4	59	4	58	4	56
21	22		5		4		3		2		1	5	0	4	59		58
22	23		7		6		5		4		3		2	5	1	4	59
23	24		8		7		6		5		4		3		2	5	1
24	25		9		8		7		7		6		5		4		3
25	26	5	11	5	10	5	9	5	8	5	7	5	6	5	5	5	4
26	27		12		11		10		10		9		8		7		6
27	28		13		12		11		11		10		9		8		7
28	29		15		14		13		12		11		11		10		9
29	30		16		15		14		14		13		12		11		10
30	31	5	17	5	17	5	16	5	15	5	14	5	14	5	13	5	12
31	–		18		18		17		17		16		15		14		14

Sonnenaufgang **August**

Datum vor | nach 1900		9 51° 30′		10 52° 0′		11 52° 30′		12 53° 0′		13 53° 30′		14 54° 0′		15 54° 30′		16 55° 0′	
		h	m	h	m	h	m	h	m	h	m	h	m	h	m	h	m
–	1	4	24	4	22	4	20	4	18	4	16	4	14	4	11	4	9
1	2		26		24		22		20		17		15		13		11
2	3		27		25		23		21		19		17		15		13
3	4		28		27		25		23		21		19		17		14
4	5		30		28		26		24		22		20		18		16
5	6	4	31	4	30	4	28	4	26	4	24	4	22	4	20	4	18
6	7		33		31		30		28		26		24		22		20
7	8		34		33		31		29		27		26		24		22
8	9		36		34		33		31		29		27		25		23
9	10		38		36		34		33		31		29		27		25
10	11	4	39	4	38	4	36	4	34	4	32	4	31	4	29	4	27
11	12		40		39		38		36		34		33		31		29
12	13		42		41		39		38		36		34		32		31
13	14		44		42		41		39		38		36		34		33
14	15		46		44		43		41		39		38		36		35
15	16	4	47	4	46	4	44	4	43	4	41	4	40	4	38	4	37
16	17		49		47		46		45		43		42		40		38
17	18		51		49		48		46		44		43		41		40
18	19		52		51		49		48		46		45		43		42
19	20		53		52		51		50		48		47		45		44
20	21	4	55	4	54	4	53	4	51	4	50	4	49	4	47	4	46
21	22		57		55		54		53		51		50		49		48
22	23	4	58		57		56		55		53		52		51		50
23	24	5	0	4	59		58		56		55		54		52		51
24	25		2	5	0	4	59	4	58		57		56		54		53
25	26	5	3	5	2	5	1	5	0	4	59	4	58	4	56	4	55
26	27		5		4		3		2	5	0	4	59	4	58		57
27	28		6		5		4		3		2	5	1	5	0	4	59
28	29		8		7		6		5		4		3		2	5	1
29	30		10		9		8		7		6		5		4		3
30	31	5	11	5	10	5	9	5	8	5	7	5	7		6	5	5
31	–		13		12		11		10		9		8		7		6

Sonnenuntergang **August**

Datum vor | nach 1900		1 47° 30′		2 48° 0′		3 48° 30′		4 49° 0′		5 49 30′		6 50° 0′		7 50° 30′		8 51° 0′	
		h	m	h	m	h	m	h	m	h	m	h	m	h	m	h	m
–	1	7	33	7	35	7	37	7	38	7	40	7	42	7	43	7	45
1	2		32		34		35		37		38		40		42		44
2	3		31		32		33		35		37		39		40		42
3	4		29		31		32		34		35		37		39		40
4	5		28		29		30		32		33		35		37		39
5	6	7	26	7	28	7	29	7	31	7	32	7	34	7	35	7	37
6	7		25		26		27		29		30		32		33		35
7	8		23		24		26		28		29		30		32		34
8	9		22		23		24		26		27		29		30		32
9	10		20		21		22		24		25		28		28		30
10	11	7	18	7	20	7	21	7	22	7	23	7	25	7	26	7	28
11	12		17		18		19		21		22		23		25		26
12	13		15		16		17		19		20		22		23		24
13	14		13		15		16		17		18		20		21		23
14	15		12		13		14		15		16		18		19		21
15	16	7	10	7	11	7	13	7	14	7	15	7	16	7	17	7	19
16	17		8		10		11		12		13		14		15		17
17	18		7		8		9		10		11		12		13		15
18	19		5		6		7		8		9		10		12		13
19	20		3		4		5		6		7		8		10		11
20	21	7	1	7	2	7	3	7	4	7	5	7	6	7	8	7	9
21	22	6	59	7	0	7	1		2		3		4		6		7
22	23		58	6	59	6	59	7	0	7	1		2		4		5
23	24		56		57		58	6	58	6	59	7	0		2		3
24	25		54		55		56		56		57	6	58	7	0	7	1
25	26	6	52	6	53	6	54	6	55	6	56	6	57	6	58	6	59
26	27		50		51		52		53		54		54		55		56
27	28		48		49		50		51		51		52		53		54
28	29		46		47		48		49		49		50		51		52
29	30		44		45		46		47		47		48		49		50
30	31	6	42	6	43	6	44	6	45	6	45	6	46	6	47	6	48
31	–		40		41		42		43		43		44		45		46

Sonnenuntergang **August**

Datum vor | nach 1900		9 51° 30′		10 52° 0′		11 52° 30′		12 53° 0′		13 53° 30′		14 54° 0′		15 54° 30′		16 55° 0′	
		h	m	h	m	h	m	h	m	h	m	h	m	h	m	h	m
–	1	7	47	7	49	7	51	7	53	7	55	7	57	7	0	7	2
1	2		45		47		49		51		54		56		58		0
2	3		44		46		48		50		52		54		56		58
3	4		42		44		46		48		50		52		54		56
4	5		40		42		44		46		48		50		52		54
5	6	7	39	7	41	7	42	7	44	7	46	7	48	7	50	7	52
6	7		37		39		40		42		44		46		48		50
7	8		35		37		38		40		42		44		46		48
8	9		33		35		37		38		40		42		44		46
9	10		31		33		35		36		38		40		42		44
10	11	7	29	7	31	7	33	7	34	7	36	7	38	7	40	7	42
11	12		27		29		31		32		34		36		38		39
12	13		25		27		28		30		32		34		36		37
13	14		24		26		27		28		30		32		34		35
14	15		22		24		25		26		28		30		31		33
15	16	7	20	7	22	7	23	7	24	7	26	7	28	7	29	7	31
16	17		18		20		21		22		24		25		27		28
17	18		16		18		19		20		22		23		25		26
18	19		14		15		17		18		20		21		23		24
19	20		12		13		15		16		17		19		20		22
20	21	7	10	7	11	7	12	7	14	7	15	7	16	7	18	7	19
21	22		8		9		10		12		13		14		16		17
22	23		6		7		8		9		11		12		13		14
23	24		4		5		6		7		8		10		11		12
24	25		2		3		4		5		6		7		9		10
25	26	7	0	7	1	7	2	7	3	7	4	7	5	7	6	7	7
26	27	6	57	6	58	6	59	7	0	7	2		3		4		5
27	28		55		56		57	6	58	6	59	7	0	7	2		3
28	29		53		54		55		56		57	6	58	6	59	7	0
29	30		51		52		53		54		55		65		57	6	58
30	31	6	49	6	48	6	50	6	51	6	52	6	53	6	54	6	55
31	–		47		47		48		49		50		51		52		53

Sonnenaufgang

September

Datum vor | nach 1900		1 47° 30′		2 48° 0′		3 48° 30′		4 49° 0′		5 49 30′		6 50° 0′		7 50° 30′		8 51° 0′	
		h	m	h	m	h	m	h	m	h	m	h	m	h	m	h	m
–	1	5	18	5	18	5	17	5	17	5	16	5	15	5	14	5	14
1	2		20		19		18		18		17		17		16		15
2	3		21		21		20		19		19		18		18		17
3	4		23		22		21		21		20		19		19		18
4	5		24		23		23		22		22		21		20		20
5	6	5	25	5	25	5	25	5	24	5	23	5	22	5	22	5	21
6	7		27		26		26		25		25		24		24		23
7	8		28		27		27		26		26		25		25		24
8	9		29		29		28		28		27		27		26		26
9	10		31		30		30		29		29		28		28		27
10	11	5	32	5	32	5	32	5	31	5	30	5	30	5	30	5	29
11	12		33		33		33		32		32		31		31		31
12	13		34		34		34		34		33		33		32		32
13	14		36		36		36		35		35		34		34		34
14	15		37		37		37		37		36		36		35		35
15	16	5	39	5	38	5	38	5	38	5	38	5	37	5	37	5	37
16	17		40		40		40		39		39		39		38		39
17	18		41		41		41		41		41		40		40		40
18	19		42		43		42		42		42		42		42		42
19	20		44		44		44		44		44		43		43		43
20	21	5	45	5	45	5	45	5	45	5	45	5	45	5	45	5	45
21	22		47		47		47		47		47		47		46		46
22	23		48		48		48		48		48		48		48		48
23	24		50		50		50		50		50		50		49		49
24	25		51		51		51		51		51		51		51		51
25	26	5	52	5	52	5	52	5	53	5	53	5	53	5	53	5	53
26	27		54		54		54		54		54		54		54		54
27	28		55		55		55		55		56		56		56		56
28	29		56		57		57		57		57		57		57		57
29	30		58		58	5	58	5	58	5	59	5	59	5	59	5	59
30	–	5	59	5	59	6	0	6	0	6	0	6	0	6	0	6	1

Sonnenaufgang

September

Datum vor / nach 1900		9 51° 30′		10 52° 0′		11 52° 30′		12 53° 0′		13 53° 30′		14 54° 0′		15 54° 30′		16 55° 0′	
		h	m	h	m	h	m	h	m	h	m	h	m	h	m	h	m
–	1	5	13	5	12	5	11	5	10	5	9	5	8	5	7	5	6
1	2		14		13		13		12		11		10		9		8
2	3		16		15		14		13		13		12		11		10
3	4		18		17		16		15		14		14		13		12
4	5		19		18		18		17		16		15		15		14
5	6	5	21	5	20	5	19	5	18	5	17	5	17	5	16	5	16
6	7		22		21		21		20		19		19		18		17
7	8		24		23		23		22		21		21		20		19
8	9		25		25		24		24		23		22		22		21
9	10		27		26		26		25		25		24		23		23
10	11	5	29	5	28	5	28	5	27	5	27	5	26	5	25	5	25
11	12		31		30		29		29		28		28		27		27
12	13		32		32		31		31		30		29		29		29
13	14		34		33		33		32		31		31		31		31
14	15		35		35		34		34		33		33		33		32
15	16	5	37	5	36	5	36	5	36	5	35	5	35	5	34	5	34
16	17		38		38		38		38		37		37		36		36
17	18		40		40		39		39		39		39		38		38
18	19		42		41		41		41		40		40		40		40
19	20		43		43		43		43		42		42		42		42
20	21	5	45	5	45	5	44	5	44	5	44	5	44	5	44	5	44
21	22		46		46		46		46		46		46		46		46
22	23		48		48		48		48		48		48		48		48
23	24		49		49		49		49		49		49		49		49
24	25		51		51		51		51		51		51		51		51
25	26	5	53	5	53	5	53	5	53	5	53	5	53	5	53	5	53
26	27		54		55		55		55		55		55		55		55
27	28		56		56		56		57		57		57		57		57
28	29	5	58	5	58	5	58	5	58	5	58	5	58	5	59	5	59
29	30	6	0	6	0	6	0	6	0	6	0	6	0	6	0	6	1
30	–	6	1	6	1	6	1	6	2	6	2	6	2	6	2	6	3

Sonnenuntergang **September**

Datum vor	nach 1900		1 47° 30′		2 48° 0′		3 48° 30′		4 49° 0′		5 49 30′		6 50° 0′		7 50° 30′		8 51° 0′	
		h	m	h	m	h	m	h	m	h	m	h	m	h	m	h	m
–	1	6	40	6	41	6	42	6	43	6	43	6	44	6	45	6	46
1	2		39		39		40		41		41		42		42		43
2	3		37		37		38		39		39		40		40		41
3	4		35		35		36		37		37		38		38		39
4	5		33		33		34		34		35		36		36		37
5	6	6	31	6	31	6	32	6	32	6	33	6	34	6	34	6	35
6	7		29		29		30		30		30		31		32		33
7	8		27		27		27		28		28		29		29		30
8	9		25		25		25		26		26		27		27		28
9	10		23		23		23		24		24		25		25		26
10	11	6	21	6	21	6	21	6	22	6	22	6	23	6	23	6	24
11	12		19		19		19		20		20		20		20		21
12	13		16		17		17		18		18		18		18		19
13	14		14		15		15		15		15		16		16		17
14	15		12		13		13		13		13		14		14		14
15	16	6	10	6	11	6	11	6	11	6	11	6	12	6	12	6	12
16	17		8		9		9		9		9		9		9		10
17	18		6		6		6		7		7		7		7		8
18	19		4		4		4		5		5		5		5		5
19	20		2		2		2		2		2		3		3		3
20	21	6	0	6	0	6	0	6	0	6	0	6	0	6	1	6	1
21	22	5	58	5	58	5	58	5	58	5	58	5	58	5	58	5	58
22	23		56		56		56		56		56		56		56		56
23	24		54		54		54		54		54		54		54		54
24	25		52		52		52		52		52		52		52		52
25	26	5	50	5	50	5	50	5	50	5	50	5	49	5	49	5	49
26	27		48		48		48		47		47		47		48		47
27	28		46		46		46		45		45		45		45		45
28	29		44		44		44		43		43		43		43		43
29	30		42		42		41		41		41		41		40		40
30	–	5	40	5	39	5	39	5	39	5	39	5	38	5	38	5	38

Sonnenuntergang **September**

Datum vor	nach 1900		9 51° 30′		10 52° 0′		11 52° 30′		12 53° 0′		13 53° 30′		14 54° 0′		15 54° 30′		16 55° 0′	
		h	m	h	m	h	m	h	m	h	m	h	m	h	m	h	m
–	1	6	47	6	47	6	48	6	49	6	50	6	51	6	52	6	53
1	2		44		45		46		47		48		48		49		50
2	3		42		43		43		45		46		46		47		48
3	4		39		40		41		42		43		44		44		45
4	5		37		38		39		40		41		41		42		43
5	6	6	35	6	36	6	37	6	37	6	38	6	39	6	39	6	40
6	7		33		34		34		35		36		36		37		38
7	8		30		31		32		32		33		34		35		35
8	9		28		29		29		30		31		31		32		32
9	10		26		27		27		28		29		29		30		30
10	11	6	24	6	24	6	25	6	25	6	26	6	26	6	27	6	29
11	12		21		22		22		23		24		24		25		25
12	13		19		20		20		21		21		21		22		22
13	14		17		17		18		18		19		19		19		20
14	15		15		15		15		16		16		16		17		17
15	16	6	12	6	13	6	13	6	13	6	14	6	14	6	14	6	14
16	17		10		10		11		11		11		11		11		11
17	18		8		8		8		8		9		9		9		9
18	19		5		6		6		6		6		6		7		7
19	20		3		3		3		3		4		4		4		4
20	21	6	1	6	1	6	1	6	1	6	1	6	1	6	1	6	1
21	22	5	58	5	58	5	59	5	59	5	59	5	59	5	59	5	59
22	23		56		56		56		56		56		56		56		56
23	24		54		54		54		54		54		54		54		54
24	25		52		51		51		51		51		51		51		51
25	26	5	49	5	49	5	49	5	49	5	49	5	49	5	49	5	49
26	27		47		47		47		47		47		46		46		46
27	28		45		45		44		44		44		44		44		44
28	29		43		42		42		42		42		41		41		41
29	30		40		40		40		39		39		39		39		38
30	–	5	38	5	38	5	37	5	37	5	37	5	36	5	36	5	36

Sonnenaufgang **Oktober**

Datum vor | nach 1900		1 47° 30′		2 48° 0′		3 48° 30′		4 49° 0′		5 49 30′		6 50° 0′		7 50° 30′		8 51° 0′	
		h	m	h	m	h	m	h	m	h	m	h	m	h	m	h	m
–	1	5	59	6	59	6	0	6	0	6	0	6	0	6	0	6	1
1	2	6	0		1		1		1		2		2		2		2
2	3		2		2		2		2		3		3		3		4
3	4		3		3		3		3		5		5		5		5
4	5		5		5		5		5		6		6		7		7
5	6	6	6	6	6	6	7	6	7	6	8	6	8	6	8	6	8
6	7		7		8		9		9		9		10		10		10
7	8		9		9		10		10		11		11		12		12
8	9		10		11		11		11		12		13		13		13
9	10		12		12		12		12		13		14		15		15
10	11	6	13	6	14	6	14	6	14	6	15	6	16	6	16	6	17
11	12		15		15		15		15		17		17		18		19
12	13		16		17		17		17		19		19		20		20
13	14		17		18		19		19		20		21		21		22
14	15		19		20		21		21		21		22		23		24
15	16	6	20	6	21	6	22	6	22	6	23	6	24	6	25	6	25
16	17		22		23		23		23		25		25		26		27
17	18		23		24		25		25		26		27		28		29
18	19		25		26		27		27		28		29		30		30
19	20		26		27		28		28		30		30		31		32
20	21	6	28	6	29	6	30	6	30	6	31	6	32	6	33	6	34
21	22		29		30		31		31		33		34		35		35
22	23		31		32		33		33		34		35		36		37
23	24		32		33		34		34		36		37		38		39
24	25		34		35		36		36		38		39		40		41
25	26	6	35	6	36	6	37	6	37	6	39	6	40	6	41	6	42
26	27		37		38		39		39		41		42		43		44
27	28		38		39		40		40		42		43		45		46
28	29		39		41		42		42		44		45		46		47
29	30		41		42		43		43		46		47		48		49
30	31	6	42	6	44	6	45	6	45	6	47	6	48	6	50	6	51
31	–		43		45		47		47		49		50		52		53

Sonnenaufgang **Oktober**

Datum vor	nach 1900		9 51° 30′		10 52° 0′		11 52° 30′		12 53° 0′		13 53° 30′		14 54° 0′		15 54° 30′		16 55° 0′	
		h	m	h	m	h	m	h	m	h	m	h	m	h	m	h	m
–	1	6	1	6	1	6	1	6	2	6	2	6	2	6	2	6	3
1	2		3		3		3		3		3		4		4		4
2	3		4		4		5		5		5		6		6		6
3	4		6		6		6		7		7		7		7		8
4	5		8		8		8		9		9		9		9		10
5	6	6	9	6	9	6	10	6	10	6	11	6	11	6	11	6	12
6	7		10		11		11		12		13		13		13		14
7	8		12		13		13		14		14		15		15		16
8	9		14		15		15		16		16		17		17		18
9	10		16		16		17		18		18		19		19		20
10	11	6	17	6	18	6	19	6	19	6	20	6	20	6	21	6	22
11	12		19		20		21		21		22		22		23		24
12	13		21		22		22		23		24		24		25		26
13	14		23		23		24		25		26		26		27		28
14	15		24		25		26		27		28		28		29		30
15	16	6	26	6	27	6	28	6	29	6	29	6	30	6	31	6	32
16	17		28		29		30		30		31		32		33		34
17	18		30		30		31		32		33		34		35		36
18	19		31		32		33		34		35		36		37		38
19	20		33		34		35		36		37		38		39		40
20	21	6	35	6	36	6	37	6	38	6	39	6	40	6	41	6	42
21	22		36		37		38		40		41		42		43		44
22	23		38		39		40		42		43		44		45		46
23	24		40		41		42		43		44		45		47		48
24	25		42		43		44		45		46		47		49		50
25	26	6	43	6	45	6	46	6	47	6	48	6	49	6	50	6	52
26	27		45		47		48		49		50		51		52		54
27	28		47		48		49		51		52		53		54		56
28	29		49		50		51		53		54		55		56	6	58
29	30		51		52		53		54		56		57	6	58	7	0
30	31	6	52	6	54	6	55	6	56	6	58	6	59	7	1	7	2
31	–		54		56		57		58		59	7	1		3		4

Sonnenuntergang **Oktober**

Datum vor | nach 1900		1 47° 30′		2 48° 0′		3 48° 30′		4 49° 0′		5 49 30′		6 50° 0′		7 50° 30′		8 51° 0′	
		h	m	h	m	h	m	h	m	h	m	h	m	h	m	h	m
–	1	5	40	5	39	5	39	5	39	5	39	5	39	5	38	5	38
1	2		38		37		37		37		37		36		36		36
2	3		36		35		35		35		35		34		34		34
3	4		34		33		33		33		33		32		32		32
4	5		32		31		31		31		31		30		29		29
5	6	5	30	5	29	5	29	5	29	5	28	5	28	5	27	5	28
6	7		28		27		27		27		26		26		25		25
7	8		26		25		25		24		24		24		23		23
8	9		24		23		23		22		21		21		20		20
9	10		22		21		20		20		19		19		18		18
10	11	5	20	5	19	5	18	5	18	5	17	5	17	5	16	5	16
11	12		18		17		16		16		15		15		14		14
12	13		16		15		14		14		13		13		12		12
13	14		14		14		13		12		11		11		10		10
14	15		12		12		11		10		9		99		8		8
15	16	5	10	5	10	5	9	5	8	5	7	5	77	5	6	5	5
16	17		9		8		7		6		5		55		4		3
17	18		7		6		5		4		3		33		2	5	1
18	19		5		4		3		2		2	5	11	5	0	4	59
19	20		3		2	5	1	5	1	5	0	4	59	4	58		57
20	21	5	1	5	0	4	59	4	59	4	58	4	57	4	56	4	55
21	22		59		59		58		57		56		55		54		53
22	23		58		57		56		55		54		53		52		51
23	24		56		55		54		53		52		51		50		49
24	25		54		53		52		51		50		49		48		47
25	26	4	53	4	51	4	50	4	49	4	48	4	47	4	46	4	45
26	27		51		50		49		48		47		46		44		43
27	28		49		48		47		46		45		44		42		41
28	29		48		46		45		44		43		42		40		39
29	30		46		45		44		42		41		40		39		38
30	31	4	44	4	43	4	42	4	41	4	39	4	38	4	37	4	36
31	–		43		41		40		39		38		36		35		34

Sonnenuntergang

Oktober

Datum vor | nach 1900		9 51° 30′		10 52° 0′		11 52° 30′		12 53° 0′		13 53° 30′		14 54° 0′		15 54° 30′		16 55° 0′	
		h	m	h	m	h	m	h	m	h	m	h	m	h	m	h	m
–	1	5	38	5	38	5	37	5	37	5	37	5	36	5	36	5	36
1	2		35		35		35		35		35		34		34		33
2	3		33		33		33		32		32		32		31		31
3	4		31		31		30		30		30		29		29		28
4	5		28		28		28		28		28		27		26		26
5	6	5	26	5	26	5	26	5	25	5	25	5	24	5	24	5	23
6	7		24		24		23		23		23		22		21		21
7	8		22		22		21		21		21		20		19		18
8	9		19		19		19		18		18		17		17		16
9	10		17		17		16		16		16		15		14		13
10	11	5	15	5	15	5	14	5	13	5	13	5	12	5	12	5	11
11	12		13		12		12		11		11		10		9		8
12	13		11		10		10		9		8		7		7		6
13	14		9		8		7		7		6		5		4		3
14	15		7		6		5		4		4		3		2	5	1
15	16	5	4	5	4	5	3	5	2	5	1	5	0	5	0	4	59
16	17		2	5	2	5	1	5	0	4	59	4	58	4	57		56
17	18	5	0	4	59	4	58	4	58		57		56		55		54
18	19	4	58		57		56		55		54		54		53		52
19	20		56		55		54		53		52		51		50		49
20	21	4	54	4	53	4	52	4	51	4	50	4	49	4	48	4	47
21	22		52		51		50		49		48		47		46		44
22	23		50		49		48		47		46		45		44		42
23	24		48		47		46		45		44		42		41		40
24	25		46		45		44		42		41		40		39		38
25	26	4	44	4	43	4	42	4	40	4	39	4	38	4	37	4	35
26	27		42		41		40		38		37		36		34		33
27	28		40		39		38		36		35		34		32		31
28	29		38		37		36		34		33		32		30		29
29	30		36		35		34		32		31		29		28		27
30	31	4	34	4	33	4	32	4	30	4	29	4	27	4	26	4	24
31	–		32		31		30		28		27		25		24		22

Sonnenaufgang **November**

Datum vor | nach 1900		1 47° 30′		2 48° 0′		3 48° 30′		4 49° 0′		5 49 30′		6 50° 0′		7 50° 30′		8 51° 0′	
		h	m	h	m	h	m	h	m	h	m	h	m	h	m	h	m
–	1	6	44	6	45	6	47	6	48	6	49	6	50	6	52	6	53
1	2		46		47		48		50		51		52		54		55
2	3		47		49		50		51		53		54		55		56
3	4		49		50		51		52		54		55		57	6	58
4	5		50		52		53		54		56		57	6	59	7	0
5	6	6	52	6	53	6	55	6	56	6	58	6	59	7	1	7	2
6	7		53		55		56		58	6	59	7	0		2		3
7	8		55		56	6	58	6	59	7	1		2		4		5
8	9		57		58	7	0	7	1		3		4		6		7
9	10	6	58	6	59		1		3		4		5		7		9
10	11	7	0	7	1	7	3	7	4	7	6	7	7	7	9	7	10
11	12		1		2		4		5		7		9		10		12
12	13		3		4		5		7		9		10		12		14
13	14		4		6		7		9		11		12		14		15
14	15		6		7		8		10		12		14		16		17
15	16	7	7	7	9	7	10	7	12	7	13	7	15	7	17	7	19
16	17		9		10		12		14		15		17		19		21
17	18		10		12		14		15		17		19		21		22
18	19		12		13		15		17		19		20		22		24
19	20		13		15		16		18		20		22		24		26
20	21	7	15	7	16	7	18	7	20	7	22	7	23	7	25	7	27
21	22		16		18		20		21		23		25		27		29
22	23		17		19		21		23		25		26		28		30
23	24		19		21		22		24		26		28		31		32
24	25		20		22		24		26		28		30		32		34
25	26	7	22	7	24	7	25	7	27	7	29	7	31	7	33	7	35
26	27		23		25		27		29		31		33		35		37
27	28		24		26		28		30		32		34		36		38
28	29		26		28		29		31		33		35		38		40
29	30		27		29		31		33		35		37		39		41
30	–	7	28	7	30	7	32	7	34	7	36	7	38	7	41	7	43

Sonnenaufgang **November**

Datum vor | nach 1900		9 51° 30′		10 52° 0′		11 52° 30′		12 53° 0′		13 53° 30′		14 54° 0′		15 54° 30′		16 55° 0′	
		h	m	h	m	h	m	h	m	h	m	h	m	h	m	h	m
–	1	6	54	6	56	6	57	6	58	6	59	7	1	7	3	7	4
1	2		56		57	6	59	7	0	7	1		3		5		6
2	3		58	6	59	7	1		2		3		5		7		8
3	4	6	59	7	1		2		4		5		7		9		11
4	5	7	1		3		4		6		7		9		11		13
5	6	7	3	7	5	7	6	7	8	7	9	7	11	7	13	7	15
6	7		5		7		8		10		11		13		15		17
7	8		7		8		10		12		13		15		17		19
8	9		9		10		12		14		15		17		19		21
9	10		11		12		14		15		17		19		21		23
10	11	7	12	7	14	7	16	7	17	7	19	7	21	7	23	7	25
11	12		14		15		17		19		21		23		25		27
12	13		16		17		19		21		23		25		27		29
13	14		17		19		21		23		25		27		29		31
14	15		19		21		23		25		27		29		31		33
15	16	7	21	7	23	7	25	7	27	7	29	7	31	7	33	7	35
16	17		23		24		26		28		30		33		35		37
17	18		24		26		28		30		32		34		37		39
18	19		26		28		30		32		34		36		39		41
19	20		28		30		32		34		36		38		41		43
20	21	7	29	7	31	7	33	7	35	7	37	7	40	7	42	7	45
21	22		31		33		35		37		39		42		44		47
22	23		33		35		37		39		41		44		46		49
23	24		35		37		39		41		43		46		48		50
24	25		36		38		40		43		45		47		49		52
25	26	7	38	7	40	7	42	7	44	7	46	7	49	7	51	7	54
26	27		39		41		43		46		48		51		53		56
27	28		41		43		45		47		50		53		55		57
28	29		42		44		47		49		51		54		56	7	59
29	30		44		46		48		51		53		56		58	7	1
30	–	7	45	7	47	7	50	7	52	7	54	7	57	8	0	8	3

Sonnenuntergang **November**

Datum vor | nach 1900		1 47° 30′		2 48° 0′		3 48° 30′		4 49° 0′		5 49 30′		6 50° 0′		7 50° 30′		8 51° 0′	
		h	m	h	m	h	m	h	m	h	m	h	m	h	m	h	m
–	1	4	43	4	41	4	40	4	39	4	38	4	36	4	35	4	34
1	2		41		40		38		37		36		35		33		32
2	3		39		38		37		36		34		33		31		30
3	4		38		37		35		34		33		31		30		29
4	5		36		35		34		32		31		30		28		27
5	6	4	35	4	34	4	32	4	31	4	29	4	28	4	26	4	25
6	7		34		32		31		29		28		27		25		24
7	8		32		31		30		28		27		25		24		22
8	9		31		29		28		26		25		24		22		20
9	10		29		28		27		25		23		22		20		19
10	11	4	28	4	27	4	25	4	24	4	22	4	21	4	19	4	17
11	12		27		25		24		22		21		19		17		16
12	13		25		24		22		21		19		18		16		14
13	14		24		23		21		20		18		16		14		13
14	15		23		22		20		18		17		15		13		12
15	16	4	22	4	20	4	18	4	17	4	15	4	13	4	12	4	10
16	17		21		19		17		16		14		12		11		9
17	18		20		18		16		15		13		11		9		8
18	19		19		17		15		14		12		10		8		6
19	20		18		16		14		13		11		9		7		5
20	21	4	17	4	15	4	13	4	12	4	10	4	8	4	6	4	4
21	22		16		14		12		11		9		7		5		3
22	23		15		13		11		10		8		6		4		2
23	24		14		12		10		9		7		5		3		1
24	25		13		12		10		8		6		4		2	4	0
25	26	4	13	4	11	4	9	4	7	4	5	4	3	4	1	3	59
26	27		12		10		8		6		4		2		0		58
27	28		11		9		7		6		4		2	4	0		57
28	29		11		9		7		5		3		1	3	59		56
29	30		10		8		6		4		2		0		58		56
30	–	4	10	4	8	4	6	4	4	4	2	4	0	3	57	3	55

Sonnenuntergang **November**

Datum vor | nach 1900		9 51° 30′		10 52° 0′		11 52° 30′		12 53° 0′		13 53° 30′		14 54° 0′		15 54° 30′		16 55° 0′	
		h	m	h	m	h	m	h	m	h	m	h	m	h	m	h	m
–	1	4	32	4	31	4	30	4	28	4	27	4	25	4	24	4	22
1	2		30		29		28		26		25		23		22		20
2	3		29		27		26		24		23		21		20		18
3	4		27		26		24		23		21		19		18		16
4	5		25		24		22		21		19		17		16		14
5	6	4	23	4	22	4	20	4	19	4	17	4	15	4	14	4	12
6	7		22		20		19		17		16		14		12		10
7	8		21		19		17		16		14		12		10		8
8	9		19		17		15		14		12		10		8		6
9	10		17		15		14		12		10		8		6		4
10	11	4	15	4	14	4	12	4	10	4	8	4	6	4	4	4	2
11	12		14		12		10		9		7		5		3	4	1
12	13		12		11		9		7		5		3	4	1	3	59
13	14		11		9		7		6		4		1	3	59		57
14	15		10		8		6		4		2	4	0		58		56
15	16	4	8	4	6	4	4	4	3	4	1	3	58	3	56	3	54
16	17		7		5		3		1	3	59		57		55		52
17	18		6		4		2	4	0		58		55		53		51
18	19		4		2	4	0	3	58		56		54		52		49
19	20		3		1	3	59		57		55		52		50		48
20	21	4	2	4	0	3	58	3	56	3	54	3	51	3	49	3	46
21	22		1	3	59		57		55		53		50		48		45
22	23	4	0		58		56		53		51		49		47		44
23	24	3	59		57		55		52		49		47		45		42
24	25		58		56		53		51		48		46		44		41
25	26	3	57		55	3	52	3	50	3	47	3	45	3	43	3	40
26	27		56		54		51		49		46		44		42		39
27	28		55		53		51		48		45		43		41		38
28	29		54		52		50		47		44		42		40		37
29	30		53		51		49		46		43		41		39		36
30	–	3	53		51	3	48	3	46	3	43	3	40	3	38	3	35

Sonnenaufgang **Dezember**

Datum vor | nach 1900		1 47° 30′		2 48° 0′		3 48° 30′		4 49° 0′		5 49 30′		6 50° 0′		7 50° 30′		8 51° 0′	
		h	m	h	m	h	m	h	m	h	m	h	m	h	m	h	m
–	1	7	28	7	30	7	32	7	34	7	36	7	38	7	41	7	43
1	2		29		31		33		35		37		39		42		44
2	3		30		32		34		36		39		41		43		45
3	4		32		34		36		38		40		42		45		47
4	5		33		35		37		39		41		43		46		48
5	6	7	34	7	36	7	38	7	40	7	42	7	44	7	47	7	49
6	7		35		37		39		41		44		46		48		50
7	8		36		38		40		42		45		47		50		52
8	9		37		39		41		44		46		48		51		53
9	10		38		40		42		45		47		49		52		54
10	11	7	39	7	41	7	43	7	46	7	48	7	50	7	53	7	55
11	12		40		42		44		47		49		51		54		56
12	13		41		43		45		47		50		52		55		57
13	14		42		44		46		48		50		53		55		58
14	15		43		45		47		49		51		54		56	7	59
15	16	7	44	7	46	7	48	7	50	7	52	7	55	7	57	8	0
16	17		44		46		49		51		53		55		58		0
17	18		45		47		49		52		54		56		58		1
18	19		46		48		50		52		55		57	7	59		2
19	20		46		48		51		53		55		58	8	0		2
20	21	7	47	7	49	7	51	7	53	7	56	7	58	8	1	8	3
21	22		47		49		51		54		56		59		1		4
22	23		48		50		52		54		57	7	59		2		4
23	24		48		50		52		55		57	8	0		2		4
24	25		49		51		53		55		58		0		2		5
25	26	7	49	7	51	7	53	7	55	7	58	8	0	8	2	8	5
26	27		49		51		53		56		58		1		3		5
27	28		50		52		54		56		59		1		3		6
28	29		50		52		54		56		59		1		3		6
29	30		50		52		54		56		59		1		3		6
30	31	7	50	7	52	7	54	7	57	7	59	8	1	8	3	8	6
31	–		50		52		54		57		59		1		3		6

Sonnenaufgang

Dezember

Datum vor | nach 1900		9 51° 30′		10 52° 0′		11 52° 30′		12 53° 0′		13 53° 30′		14 54° 0′		15 54° 30′		16 55° 0′	
		h	m	h	m	h	m	h	m	h	m	h	m	h	m	h	m
–	1	7	45	7	47	7	50	7	52	7	54	7	57	8	0	8	3
1	2		46		48		51		53		56	7	59		1		4
2	3		48		50		52		55		57	8	0		3		6
3	4		49		51		54		56	7	59		2		4		7
4	5		51		53		55		58	8	0		3		6		9
5	6	7	52	7	54	7	56	7	59	8	2	8	4	8	7	8	10
6	7		53		55		58	8	0		3		6		9		12
7	8		54		56	7	59		2		4		7		10		13
8	9		55		58	8	0		3		5		8		11		14
9	10		57	7	59		1		4		7		10		13		16
10	11	7	58	8	0	8	2	8	5	8	8	8	11	8	14	8	17
11	12	7	59		1		3		6		9		12		15		18
12	13	8	0		2		4		7		10		13		16		19
13	14		0		3		5		8		11		14		17		20
14	15		1		4		6		9		12		15		18		21
15	16	8	2	8	5	8	7	8	10	8	13	8	16	8	19	8	22
16	17		3		5		8		11		14		17		20		23
17	18		3		6		9		12		15		18		21		24
18	19		4		7		10		12		15		18		21		24
19	20		5		7		10		13		16		19		22		25
20	21	8	6	8	8	8	11	8	14	8	16	8	19	8	22	8	26
21	22		6		9		11		14		17		20		23		26
22	23		7		9		12		15		17		20		23		27
23	24		7		9		12		15		18		21		24		27
24	25		7		10		13		15		18		21		24		27
25	26	8	7	8	10	8	13	8	16	8	19	8	22	8	25	8	28
26	27		8		10		13		16		19		22		25		28
27	28		8		11		13		16		19		22		25		28
28	29		8		11		13		16		19		22		25		28
29	30		8		11		14		16		19		22		25		28
30	31	8	8	8	11	8	14	8	16	8	19	8	22	8	25	8	28
31	–		8		11		14		16		19		22		25		28

Sonnenuntergang **Dezember**

Datum vor | nach 1900		1 47° 30′		2 48° 0′		3 48° 30′		4 49° 0′		5 49 30′		6 50° 0′		7 50° 30′		8 51° 0′	
		h	m	h	m	h	m	h	m	h	m	h	m	h	m	h	m
–	1	4	10	4	8	4	6	4	4	4	2	4	0	3	57	3	55
1	2		9		7		5		3		1	3	59		57		55
2	3		9		7		5		3		0		58		56		54
3	4		8		6		4		2		0		58		56		54
4	5		8		6		4		2	4	0		57		55		53
5	6	4	8	4	6	4	4	4	1	3	59	3	57	3	55	3	52
6	7		7		5		3		1		59		57		55		52
7	8		7		5		3		1		59		57		54		52
8	9		7		5		3		1		59		56		54		52
9	10		7		5		3		1		59		56		54		51
10	11	4	7	4	5	4	3	4	1	3	58	3	56	3	53	3	51
11	12		7		5		3		1		58		56		53		51
12	13		7		5		3		1		58		56		53		51
13	14		7		5		3		1		58		56		53		51
14	15		7		5		3		1		58		56		53		51
15	16	4	7	4	5	4	3	4	1	3	59	3	56	3	54	3	51
16	17		7		5		3		1		59		56		54		52
17	18		8		6		4		2		59		57		54		52
18	19		8		6		4		2		59		57		54		52
19	20		8		6		4		2	3	59		57		55		52
20	21	4	9	4	7	4	4	4	2	4	0	3	58	3	55	3	53
21	22		9		7		5		3		0		58		55		53
22	23		10		8		5		3		1		59		56		54
23	24		10		8		6		4		1		59		57		54
24	25		11		9		7		5		2	3	0		57		55
25	26	4	12	4	10	4	8	4	5	4	3	4	1	3	58	3	56
26	27		13		11		9		6		4		2	3	59		57
27	28		13		11		9		7		5		2	4	0		57
28	29		14		12		10		8		6		3		1		58
29	30		15		13		11		9		7		4		2	3	59
30	31	4	16	4	14	4	12	4	10	4	7	4	5	4	2	4	0
31	–		17		15		13		10		8		6		3		1

Sonnenuntergang **Dezember**

Datum vor | nach 1900		9 51° 30′		10 52° 0′		11 52° 30′		12 53° 0′		13 53° 30′		14 54° 0′		15 54° 30′		16 55° 0′	
		h	m	h	m	h	m	h	m	h	m	h	m	h	m	h	m
–	1	3	53	3	51	3	48	3	46	3	43	3	40	3	38	3	35
1	2		52		50		48		45		42		40		37		34
2	3		51		49		47		44		42		39		36		33
3	4		51		49		46		44		41		38		36		33
4	5		50		48		46		43		40		37		35		32
5	6	3	50	3	48	3	45	3	42	3	40	3	37	3	34	3	31
6	7		50		47		45		42		39		36		34		31
7	8		49		47		44		42		39		36		33		30
8	9		49		47		44		41		39		36		33		30
9	10		49		47		44		41		39		36		33		30
10	11	3	48	3	46	3	44	3	41	3	38	3	35	3	32	3	29
11	12		48		46		44		41		38		35		32		29
12	13		48		46		43		41		38		35		32		29
13	14		48		46		43		41		38		35		32		29
14	15		48		46		43		41		38		35		32		29
15	16	3	49	3	46	3	44	3	41	3	38	3	35	3	32	3	29
16	17		49		47		44		41		38		35		32		29
17	18		49		47		44		41		38		35		32		29
18	19		49		47		44		41		39		36		33		29
19	20		50		47		45		42		39		36		33		30
20	21	3	50	3	48	3	45	3	42	3	39	3	36	3	33	3	30
21	22		51		48		45		42		39		36		33		30
22	23		51		49		46		43		40		37		34		31
23	24		52		49		47		44		41		38		35		32
24	25		52		50		47		45		42		39		36		33
25	26	3	53	3	51	3	48	3	45	3	42	3	39	3	36	3	33
26	27		54		52		49		46		43		40		37		34
27	28		55		52		50		47		44		41		38		35
28	29		55		53		51		48		45		42		39		36
29	30		56		54		52		49		46		43		40		37
30	31	3	57	3	55	3	53	3	50	3	47	3	44	3	41	3	38
31	–		58		56		54		51		48		45		42		39

Entsprechend der Anordnung des gregorianischen Kalenders sind alle durch 4 teilbaren Jahre auch Schaltjahre, alle anderen Jahre, sowie jene, deren letzte Ziffern 00 sind, (mit Ausnahme von 2000, 2400 usw.) gelten aber als Gemeinjahre.

Die Bestimmung der Datumskürzung durch 1 in den Schaltjahren gilt aber nur für die Monate Januar und Februar. Für die übrigen Monate März bis Dezember findet im Gebrauch der Tafeln in Bezug auf Schalt- oder Gemeinjahre ein Unterschied nicht statt, d. h., für die Monate März bis Dezember wird das Datum in den Schaltjahren nicht gekürzt.

Nachstehende Tabelle gibt die Schaltjahre an:

Schaltjahre

1820	1824	1828	1832	1836	1840	1844
1848	1852	1856	1860	1864	1868	1872
1876	1880	1884	1888	1892	1896	1900
1904	1908	1912	1916	1920	1924	1928
1932	1936	1940	1944	1948	1952	1956

Die so gefundenen Zeitangaben müssen nun einer Korrektur unterzogen werden, denn sie sind in Ortszeit angegeben. Sie müssen also in Mitteleuropäische Zeit (MEZ) umgewandelt werden.

Im Jahre 1884 wurde auf einer diplomatischen Konferenz zu Washington die Einführung der sogenannten Zonenzeit beschlossen. Es wurden 24 Zeitmeridiane bestimmt, deren erster der Meridian von Greenwich ist und die eine Stunde (also 15°) in Länge voneinander entfernt, sind.

Es wurde also eine Einheitszeit für bestimmte Zonen geschaffen. Alle Orte, welche in eine solche Zone fallen, haben zu gleicher Zeit Mittag. Die Mitte jeder Zone hat der „Normalmeridian“, nach welcher Zeit sich die ganze Zone richtet.

Die Mitteleuropäische Zeit (MEZ), die für uns infrage kommt, fällt in die 2. Zone und geht der Normalmeridian dieser Zone durch die Insel Bornholm und durch die Städte Stargard und Görlitz. Es umfasst die

Zone der MEZ die Länder Schweden, Norwegen, Dänemark, Deutschland, Österreich, Schweiz, Serbien, Bulgarien und Italien.

Die Westeuropäische Zeit (WEZ), deren Normalmeridian über Greenwich geht, hat eine Zone, die Großbritannien, Spanien, Niederlande und Belgien umfasst. Alle diese Länder haben Mittag, wenn es in Greenwich Mittag ist.

Nach dem 30° östlich von Greenwich gelegenen Meridian wird die Osteuropäische Zeit (OEZ) gerechnet, nach der sich Rumänien, die östliche Türkei und Ägypten richten. Nur Frankreich, Griechenland, Russland und Portugal haben sich dieser Einteilung nicht angeschlossen, sie besitzen daher keine einheitliche Zeit.

Die „Mitteleuropäische Zeit“ wurde erst seit 1. April 1893 allgemein eingeführt. Die Angaben der Tabelle des „Preußischen Statistischen Landesamts“ beziehen sich, wie schon erwähnt, aber durchaus auf Ortszeit, da sie auf die verschiedenen geografischen Positionen berechnet sind.

Auch die meisten Kalender drücken ihre astronomischen Angaben in der Ortszeit ihres Erscheinungsortes aus. In jedem Falle muss also erst eine Umrechnung in „Mitteleuropäische Zeit“ vorgenommen werden.

Dazu benötigen wir den bisher unberücksichtigten 2. Teil der geografischen Position: die östliche Länge v. Greenwich des betreffenden Ortes, und zwar in Zeit ausgedrückt, die wir ja in der Tabelle zur Bestimmung der geografischen Position finden.

Die Umrechnung nun geschieht dadurch, dass man den Unterschied zwischen der östlichen Länge des betreffenden Ortes und der östlichen Länge des Normalmeridians bestimmt, und diesen Unterschied zur Ortszeit hinzuzählt, wenn die östliche Länge des Ortes kleiner ist, als die östliche Länge des Normalmeridians.

Wenn aber die östliche Länge des Ortes größer ist als die östliche Länge des Normalmeridians, so zieht man den Unterschied von der Ortszeit ab. In beiden Fällen hat man dann die Mitteleuropäische Zeit gefunden.

Übersichtlicher zeigt sich der Vorgang durch nachstehende Formeln:

1. Fall. Die östliche Länge des Ortes ist kleiner als die östliche Länge des Normalmeridians .

Ortszeit + Unterschied = MEZ

2. Fall. Die östliche Länge des Ortes ist größer als die östliche Länge des Normalmeridians.

Ortszeit – Unterschied = MEZ

Einige Beispiele werden das Gesagte dem Leser klarer erscheinen lassen. Es sollen der Sonnenaufgang und Sonnenuntergang in Heidelberg für den 25. Juni 1918 gesucht werden, und zwar nach MEZ.

Die Tabelle der geografischen Positionen zeigt uns für Heidelberg eine nördliche Breite von 45° 23.9' und eine östliche Länge von 8°43.5' bzw. in Zeit ausgedruckt (letzte Spalte) 0h 34m 54sek.

Die Bezeichnung am Kopf dieser Spalte heißt H = Hora, Stunde, M = Minuten, S = Sekunden. Die Sonnenauf- und Untergangstabellen geben für den 25. Juni (Spalte Datum nach 1900) in Spalte 5 (49° 30') den Sonnenaufgang mit 3 Uhr 56 Minuten Ortszeit und den Sonnenuntergang mit 8 Uhr 9 Minuten.

Der Normalmeridian für die Mitteleuropäische Zeit (siehe Tabelle der geografischen Positionen. Görlitz) hat 15° östliche Länge v. Greenwich, was in Zeit ausgedrückt 1h 0m 0sek. heißt.

Man sucht nun zuerst den Unterschied, indem man das Kleinere vom Größeren abzieht

Normalmeridien	=	1h 0m 0sek.
– öst). Länge v. Heidelberg	=	0h 34m 54sek
Unterschied	=	25m 5sek.

Es sei für Leser, die in solchen Rechnungen weniger bewandert sind, in Erinnerung gebracht, dass Grade und Stunden je 60 Minuten und 1 Minute 60 Sekunden hat. In obiger Rechnung kann man sich zur Ermöglichung der Subtraktion statt 1 h 0 in 0 sek. auch 0 h 59 in 59 sek. denken, was im Wert dasselbe ist.

In unserem Beispiel ist die östliche Länge des Ortes kleiner als die östliche Länge des Normalmeridians, es kommt daher Fall 1 zur Verwendung, also Ortszeit plus Unterschied.

Sonnenaufgang Ortszeit	= 3 Uhr 56 Min.
+ Unterschied	= 25 Min.
Sonnenaufgang nach M.E.Z.	= 4 Uhr 21 Min.

Sonnenuntergang Ortszeit	= 8 Uhr 9 Min.
in + Unterschied	= 25 Min.
Sonnenuntergang nach M. E. Z.	= 8 Uhr 34 Min.

Als zweites Beispiel wollen wir den Sonnenauf- und Untergang nach M. E. Z. für Elbing und zwar für den 16. Oktober 1919 suchen.

Die geografische Position von Elbing (Tabelle für die geografischen Positionen) zeigt für diese Stadt eine nördliche Breite von 54° 9.7'und eine östliche Länge von 19° 23.9', was in Zeit ausgedrückt 1 h 17 m 36 sek. heißt.

Die Tafeln für die Sonnenauf- und Untergänge am 16. Oktober 1919 (Spalte nach 1900) geben uns in Spalte 14 (54° statt 54° 9.7') den Sonnenaufgang um 6 Uhr 30 Minuten und den Sonnenuntergang um 5 Uhr 0 Minuten Ortszeit.

Wir suchen nun wieder den Unterschied zwischen der östlichen Länge des Normalmeridians und der östlichen Länge von Elbing.

Östl. Länge von Elbing	= 1h 17m 36sek
— östl. Länge des Normalmeridians	= 1h 0m 0sek
Unterschied	= 17m 36sek.

Hier kommt der 2. Fall in Betracht, denn die östliche Länge des Ortes ist größer als die östliche Länge des Normalmeridians, daher

Sonnenaufgang Ortszeit	= 6 Uhr 30 Min.
— Unterschied	= 17 Min. 36 Sek.
Sonnenaufgang nach M. E. Z.	= 6 Uhr 12 Min. 24 Sek.

Sonnenuntergang Ortszeit	= 5 Uhr 0 Min.
— Unterschied	= 17 Min. 36 Sek.
Sonnenuntergang nach M. E. Z.	= 4 Uhr 42 Min. 24 Sek.

Um den Leser mit diesen Berechnungen nicht allzu sehr zu belasten, folgt nachstehend eine Tabelle zur Umrechnung von Ortszeit in Mitteleuropäische Zeit. Diese Tabelle zeigt uns für die meisten größeren

Städte Deutschlands, Österreichs, der Schweiz usw. also die ganze Zone die betreffenden Unterschiede und dabei die Vorzeichen, ob diese Unterschiede von der Ortszeit in Abzug zu bringen oder zur Ortszeit zuzuzählen sind.

Tafel zur Umrechnung von Ortszeiten in mitteleuropäische Zeit

Um für einen der nachstehenden Orte eine gegebene Ortszeit in die entsprechende mitteleuropäische Zeit zu verwandeln, ist der neben dem Orte in ganzen Minuten angegebene Betrag zu der Ortszeit zu addieren oder von derselben zu subtrahieren, je nachdem das Vorzeichen + oder – ist.

a) In Deutschland

	M.	S.		M.	S.		M.	S.
Aachen	+ 35	42	Dortmund	+ 30	8	Hannover	+ 21	2
Altona	+ 20	14	Dresden	+ 5	5	Heidelberg	+ 25	6
Ansbach	+ 17	42	Düsseldorf	+ 32	55	Helgoland	+ 28	28
Arkona	+ 6	16	Duisburg	+ 32	56	Hildesheim	+ 20	11
Arnsberg	+ 27	43	Eberswalde	+ 4	40	Husum	+ 23	46
Augsburg	+ 16	23	Eisenach	+ 18	39	Ingolstadt	+ 14	19
Aurich	+ 30	5	Elberfeld	+ 31	20	Insterburg	- 27	17
Baden i. B.	+ 27	4	Elbing	- 17	36	Kaiserslautern	+ 28	54
Bamberg	+ 16	26	Elsfleth	+ 26	8	Karlsruhe	+ 26	23
Bautzen	+ 2	20	Emden	+ 31	10	Kiel	+ 19	25
Bayreuth	+ 13	37	Ems	+ 29	7	koblenz	+ 29	36
Berlin	+ 6	25	Erfurt	15	50	Köln	+ 32	9
Bielefeld	+ 25	46	Erlangen	+ 15	59	Königsberg i.Pr.	-27	59
Bonn	+ 31	37	Essen	+ 31	55	Königshütte O. S.	-15	59
Brandenburg a. H.	+ 9	47	Flensburg	+ 22	15	Köslin	-4	45
Braunschweig	+ 17	54	Frankfurt a. M.	+ 25	15	Köthen i. Anh.	+12	7
Bremen	+ 24	45	Frankfurt a. O.	+ 1	47	Koöberg	-2	19
Breslau	- 8	9	Fulda	+ 21	18	Konitz	-10	12
Bromberg	- 12	1	Geestemünde	+ 25	39	Konstanz	+23	17
Cassel	+ 22	3	Gera	+ 11	44	Kottbus	+2	29
Celle	+ 19	39	Glatz	- 6	39	Krefel	+33	44
Chemnitz	+ 7	0	Görlitz	+ 0	4	Kreuznach	+28	33
Coburg	+ 16	8	Göttigen	+ 20	14	Küstrin	+1	27

	M.	S.			M.	S.			M.	S.
Colmar	+ 30	34		Gotha	+ 12	9		Landsberg a. W.	0	48
Cuxhaven	+ 25	10		Greifswald	+ 6	28		Leer	+30	11
Danzig	- 14	40		Gumbinnen	- 28	57		Leipzig	+10	26
Darmstadt	+ 25	21		Halberstadt	+ 15	17		Liegnitz	-4	41
Dessau	+ 10	52		Halle a. S.	+ 12	9		Lissa	-6	21
Dirschau	- 15	14		Hamburg	+ 20	6		Lötzen	-27	4
Lübeck	+17	14		Norderney	+31	26		Speyer	+26	14
Lüneburg	+18	23		Nordhausem	+16	44		Stargard i. Pom.	0	13
Magdeburg	+13	25		Nürnberg	+15	41		Stettin	+1	41
Mainz	+26	54		Oldenburg	+27	7		Stolp	-8	11
Mannheim	+26	10		Oppeln	-11	39		Stralsund	+7	39
Marburg	+24	55		Osnabrück	+27	50		Straßburg i. E.	+28	55
Marienburg i. Wpr.	-16	2		Paderborn	+24	59		Stuttgart	+23	17
Marienwerder	-15	43		Perleberg	+12	39		Swinemünde	+2	56
Meiningen	+18	22		Pillau	-19	35		Thorn	-14	27
Memel	-24	34		Plauen	+11	28		Tilsit	-27	39
Meppen	+30	52		Posen	-7	45		Tönning	+24	5
Merseburg	+11	59		Potsdam	-7	44		Travemünde	+16	28
Metz	+35	18		Putbus	+5	52		Trier	+33	27
Minden	+24	19		Quedlinburg	+15	10		Ulm	+20	2
Mülhausen i. Th.	+18	5		Ratibor	-12	57		Wangeroog	+28	35
Mülhausen i. E.	+30	37		Regensburg	+11	37		Warnemünde	+11	39
München	+13	34		Rendsburg	+21	20		Weimar	40	14
Münden (Hann.)	+21	23		Rostock	+11	22		Wesel	+44	31
Münster i. W.	+29	29		Saarbrücken	+32	2		Wetzlar	+26	0
Naumburg a. S.	12	54		Salzwedel	15	23		Wiesbaden	27	1
Neisse	-9	22		Schleswig	21	44		Wilhelmshaven	27	25
Neufahrwässer	-14	39		Schneidemühl	6	58		Wittenberg	9	24
Neustadt a. D.	10	21		Schweidnitz	-5	53		Wolfenbüttel	17	52
Neustrelitz	7	43		Schwerin	14	19		Worms	26	32
Neuwied	30	9		Sigmaringen	23	7		Würzburg	20	16

b) Im europäischen Ausland

	St.	M.	S.			St.	M.	S.
Aarhus	0	19	9		Astrachan	-2	12	9
Aberdeen	+1	8	23		Athen	0	34	53
Amsterdam	0	40	21		Barcelona	0	51	25
Antwerpen	0	42	23		Basel	0	29	37

	St.	M.	S.			St.	M.	S.
Bayonne	+1	5	55		Kiew	-1	2	1
Belgrad	0	21	58		Klagenfurt	0	2	45
Bergen i. Norw.	0	38	47		Konstantinopel	0	55	56
Bern	0	30	14		Kopenhagen	0	9	41
Bologna	0	14	35		Krakau	0	19	50
Bordeaux	+1	2	5		Kronstad	0	59	4
Brest	+1	17	59		Laibach	0	1	57
Bristol	+1	10	24		Linz	0	2	51
Brünn	0	6	27		Lissabon	+1	36	45
Brussel	0	42	31		Liverpool	+1	12	17
Budapest	0	16	15		Livorno	0	18	49
Bukarest	0	44	27		London	+1	0	37
Cadix (S. Fernando	+1	24	49		Luxemburg	0	35	21
Cagliari	0	23	29		Lyon	0	40	52
Calais	0	52	35		Madrid	+1	141	45
Carthagena	+1	3	56		Mailand	0	23	14
Catania	0	0	19		Manchester	+1	8	59
Christiania	0	17	6		Marseille	0	38	25
Chritiansand	0	27	58		Messina	0	2	19
Cork	+1	33	51		Moskau	-1	30	17
Dorpat (Jurjew)	0	46	53		Nantes	+1	6	12
Drontheim	0	18	11		Neapel	0	2	58
Dublin	+1	25	21		Nischnil Nowgorod	-1	56	1
Edinburg	+1	12	43		Nizza	0	30	48
Florenz	0	14	59		Odessa	-1	3	2
Genf	0	35	23		Oporto	+1	34	33
Genua	0	24	19		Padua	0	12	31
Gibraltar	+1	21	23		Palermo	0	6	34
Glasgow	+1	17	10		Paris	0	50	39
Gothenburg	0	12	8		Petersburg	-1	1	11
Graz	0	1	48		Plymouth	+1	16	37
Greenwich	+1	0	0		Pola	0	4	37
Havre	0	59	34		Potsmouth	+1	4	25
Helsingfors	0	39	49		Prag	0	2	20
Hull	+1	1	0		Pressburg	0	8	25
Innsbruck	0	14	24		Reikjavik	+2	27	40
Jassy	0	50	24		Reval	0	38	59
Kasan	-2	16	29		Riga	0	36	28

	St.	M.	S.			St.	M.	S.
Rom	0	10	5		Turin	0	29	13
Rotterdam	0	42	1		Valencia (Sp.)	1	1	17
Rouen	0	55	37		Valadolid	1	18	50
Saloniki	0	31	52		Venedig	0	10	35
Sevilla	1	24	5		Verona	0	16	4
Stockholm	0	12	14		Viborg (D.)	0	22	19
Toulon	0	36	18		Warna	0	51	55
Toulouse	0	54	10		Warschau	0	24	7
Tours	0	57	13		Wien	0	5	24
Trient	0	15	41		Wilna	0	41	9
Triest	0	4	57		Zürich	0	25	48

Nach diesen Vorarbeiten können wir zur Berechnung der Gestirnstunden schreiten.

Man muss vorerst die Zeit bestimmen, die zwischen einem Sonnenaufgang und Sonnenuntergang für die Tagesstunden und zwischen Sonnenuntergang und Sonnenaufgang für die Nachtstunden liegt. Beide Zeiträume zusammen werden immer 24 Stunden ausmachen, doch wird entweder der Tagebogen oder der Nachtbogen, entsprechend der Jahreszeiten größer oder kleiner als 12 Stunden sein, daher werden auch die verschiedenen Gestirnstunden nicht genau eine Stunde währen, sondern größer oder kleiner sein.

Man wird also die Zeit zwischen Aufgang und Untergang bzw. Untergang und Aufgang der Sonne in je 12 gleiche Teile teilen und hat dann die Länge einer solchen Gestirnstunde. Wir wollen nun zur Erklärung unser Heidelberger Beispiel benützen und für diesen Tag und die darauf folgende Nacht die Gestirnstunden bestimmen. Wir berechneten an diesem Beispiel für den 25. Juni 1918 nach MEZ.

den Sonnenaufgang mit	4 Uhr	21 Min
den Sonnenaufgang mit	8 Uhr	34 Min
Mittag	12 Uhr	0 Min
– Sonnenaufgang	4 Uhr	21 Min
Von Sonnenaufgang bis Mittag =	7 Uhr	39 Min
+ Zeit bis Sonnenuntergang =	8 Uhr	34 Min
Länge des Tages =	16 Uhr	13 Min

Um 16 Stunden und 13 Minuten bequem durch 12 zu teilen, verwandelt man die Stunden in Minuten. Eine Stunde hat 60 Minuten, daher 16 x 60 = 960 + 13 = 973 Min. 16 Stunden 13 Min. sind also 973 Minuten. Diese 973 werden durch 12 geteilt. 973 : 12 = 81 V12 Minuten. 81 V12 Minuten geben 1 Stunde 21 Minuten 5 Sekunden. l/u Minute ist gleich 60 : 12 = 5 Sekunden).

Die Tagesgestirnstunde in diesem Beispiel ist also 1 Stunde 21 Minuten 5 Sekunden lang.

Für die Nachtgestirnstunden müssen wir noch den Sonnenaufgang des nächsten Tages, also des 26. Juni bestimmen. Derselbe beträgt nach den Tafeln Ortszeit abermals 3 Uhr 56 Min. + 25 Min. Unterschied, das ist nach MEZ 4 Uhr 21 Minuten.

Wir haben nun die Zeit zwischen dem Sonnenuntergang des 25. und dem Sonnenaufgang des 26. Juni zu bestimmen.

Mitternacht =	12 Uhr	0 Min
– Sonnenaufgang 25.6 =	8 Uhr	34 Min
	3 Uhr	26 Min
+ Zeit bis Sonnenaufgang 26. 6. =	4 Uhr	21 Min
	7 Uhr	47 Min

Die Nachtzeit beträgt also 7 Stunden 47 Minuten. Das gibt 467 Minuten, geteilt durch 12, kommen 38 Minuten oder 38 Minuten 55 Sekunden auf eine Nachtgestirnstunde.

Die Beeinflussung der Gestirnstunden hängt, wie schon an früherer Stelle ausführlich erklärt wurde, von dem betreffenden Wochentag ab und beginnt die erste Gestirnstunde bei Sonnenaufgang unter dem radioaktiven Einfluss jenes Himmelskörpers, dem der ganze Tag zugehört.

Auch die Nachtgestirnstunden machen darin keinen Unterschied, sie schließen unvermittelt in der angeführten Reihenfolge der Beeinflussung an die letzte Tagesgestirnstunde an.

Der 25. Juni 1918 war ein Dienstag.

Die Gestirnstundentabelle zeigt uns die Tagesbeherrschung durch den Mars, also wird auch die erste Stunde dem Mars zugehören.

Die 2. gehört der Sonne, die 3. der Venus, die 4. dem Merkur, die 5. dem Mond, die 6. dem Saturn, die 7. dem Jupiter, die 8. wieder dem Mars, die 9. der Sonne, die 10. der Venus, die 11. dein Merkur, die 12. dem Mond. Die erste Gestirnnachtstunde gehört in weiterer Reihenfolge dem Saturn, die 2. dem Jupiter, die 3. dem Mars, die 4. der Sonne, die 5. der Venus, die 6. dem Merkur, die 7. dem Mond, die 8. dem Saturn, die 9. dem Jupiter, die 10. dem Mars, die 11. der Sonne und die 12. der Venus.

In unserem Beispiel werden also die Tagesgestirnstunden, beginnend mit Sonnenaufgang, je 1 Stunde 21 Minuten 5 Sekunden, und die Nachtgestirnstunden anschließend je 38 Min. 55 Sekunden währen.

Wir rechnen also:

1. Gestirnstunde =	4	Uhr	21 Min.	0 Sek.	Mars ♂	
+	1	St.	21 Min.	5 Sek.		
2. Gestirnstunde =	5	Uhr	42 Min.	5 Sek.	Sonne ☉	
+	1	St.	21 Min	5 Sek.		
3. Gestirnstunde =	7	Uhr	3 Min.	10 Sek.	Venus ♀	
+	1	St.	21 Min.	5 Sek.		
4. Gestirnstunde =	8	Uhr	24 Min.	15 Sek	Merkur ☿	
+	1	St.	21 Min.	5 Sek.		
5. Gestirnstunde =	9	Uhr	45 Min.	20 Sek.	Mond ☽	
+	1	St.	21 Min.	5 Sek.		
6. Gestirnstunde =	11	Uhr	6 Min.	25 Sek.	Saturn ♄	Tag
+	1	St.	21 Min.	5 Sek.		
7. Gestirnstunde =	12	Uhr	27 Min.	30 Sek.	Jupiter ♃	
+	1	St.	21 Min.	5 Sek.		
8. Gestirnstunde =	1	Uhr	48 Min.	35 Sek.	Mars ♂	
+	1	St.	21 Min.	5 Sek.		
9. Gestirnstunde =	3	Uhr	9 Min.	40 Sek.	Sonne ☉	
+	1	St.	21 Min.	5 Sek.		
10. Gestirnstunde =	4	Uhr	30 Min.	45 Sek.	Venus ♀	
+	1	St.	21 Min.	5 Sek.		
11. Gestirnstunde =	5	Uhr	51 Min.	50 Sek.	Merkur ☿	
+	1	St.	21 Min.	5 Sek.		
12. Gestirnstunde =	7	Uhr	12 Min.	55 Sek.	Mond ☽	

13. Gestirnstunde =	8	Uhr	34 Min.	0 Sek.	Saturn ♄	Nacht
+	0	St.	38 Min.	55 Sek.		
14. Gestirnstunde =	9	Uhr	12 Min.	5 Sek.	Jupiter ♃	
+	0	St.	38 Min.	55 Sek.		
15. Gestirnstunde =	9	Uhr	51 Min.	10 Sek.	Mars ♂	
+	0	St.	38 Min.	55 Sek.		
16. Gestirnstunde =	10	Uhr	30 Min.	15 Sek	Sonne ☉	
+	0	St.	38 Min.	55 Sek.		
17. Gestirnstunde =	11	Uhr	9 Min.	20 Sek.	Venus ♀	
+	0	St.	38 Min.	55 Sek.		
18. Gestirnstunde =	11	Uhr	48 Min.	25 Sek.	Merkur ☿	
+	0	St.	38 Min.	55 Sek.		
19. Gestirnstunde =	12	Uhr	27 Min.	30 Sek.	Mond ☽	
+	0	St.	38 Min.	55 Sek.		
20. Gestirnstunde =	1	Uhr	6 Min.	35 Sek.	Saturn ♄	
+	0	St.	38 Min.	55 Sek.		
21. Gestirnstunde =	1	Uhr	45 Min.	40 Sek.	Jupiter ♃	
+	0	St.	38 Min.	55 Sek.		
22. Gestirnstunde =	2	Uhr	24 Min.	45 Sek.	Mars ♂	
+	0	St.	38 Min.	55 Sek.		
23. Gestirnstunde =	3	Uhr	3 Min.	50 Sek.	Sonne ☉	
+	0	St.	38 Min.	55 Sek.		
24. Gestirnstunde =	3	Uhr	42 Min.	55 Sek.	Venus ♀	

Wir setzen nun den Fall, es hätte ein Mann am 25. Juni 1918 in Heidelberg einen Prozess anhängig zu machen gehabt.

Dazu konnte er nur die Jupiterstunde wählen. Da hatte er wenig Auswahl, denn unter den Tagesgestirnstunden stand ihm nur eine zur Verfügung, und zwar beginnend um 12 Uhr 27 Min. 30 Sek. und endend mit 1 Uhr 48 Min. 35 Sek. Während dieser Zeit musste er bedacht sein, den Prozess bei seinem Rechtsanwalt anhängig zu machen, wenn er Erfolg haben wollte.

Oder aber er wollte einer Dame einen Heiratsantrag machen. Zu diesem Vorhaben wählt man am besten die Venusstunde. Der Dienstag, als dem Mars zugehörig, ist für einen Heiratsantrag nicht besonders günstig.

Wenn man aber annehmen will, dass dem Betreffenden aus irgendeinem Grunde kein anderer Wochentag zur Verfügung stand, so wird die Wahl der Venusstunde einigermaßen ausgleichend wirken.

Diese wird gewiss den gewünschten Erfolg bringen, wenn auch des fatalen Tageseinflusses halber erst nach Überwindung von Schwierigkeiten. Der Betreffende hätte zwei Venusstunden zur Verfügung gehabt, und zwar um 7 Uhr 3 Min. 10 Sek. morgens und um 4 Uhr 30 Min. 45 Sek. nachmittags. Aus Schicklichkeitsgründen würde er wohl die Nachmittagsstunde gewählt und seinen Antrag zwischen 4 Uhr 30 Min. 45 Sek. und 5 Uhr 51 Min. 50 Sekunden vorgebracht haben. Der ganze Vorgang wird dem Leser wohl setzt verständlich genug sein und bedarf es keines weiteren Beispieles mehr, umso mehr als wir in einem späteren Kapitel, nach Besprechung der tattwischen Einflüsse, die außerdem noch in Rechnung gezogen werden müssen, noch verschiedene Beispiele heranziehen müssen, in welchen die Gestirnstunden abermals in Rücksicht gezogen werden.

Die praktische Verwertung der Gestirneinflüsse verlangt eine umfassende Übersicht, die am besten dadurch ermöglicht wird, dass man sich von Woche zu Woche eine Tabelle berechnet.

Im Nachstehenden sei die Aufstellung einer solchen Wochentabelle vorgeführt.

Es sei angenommen, eine Person in Heidelberg wolle sich für die Woche vom 31. August (Sonntag) bis 6. September (Sonnabend) 1919 die sämtlichen Gestirnstunden berechnen und in einer Tabelle übersichtlich zusammenstellen, so wird sie am besten folgendermaßen vorgehen.

Wie bekannt, wird man zuerst die geografische Position des Ortes feststellen. Für Heidelberg ist sie uns aus dem früheren Beispiel bekannt. Sie beträgt 49° 23.9' nördl. Breite und 0 h 34 in 54 sek. östliche Länge. Der Unterschied zwischen der Ortszeit und M. E. Z. beträgt + 25 Minuten.

Die Tabelle der Sonnenauf- und Untergänge gibt unter 49° 30' Breite nachstehende Auf- und Untergänge der Sonne:

	31.8	1.9	2.9	3.9	4.9	5.9	6.9
Aufgang	5 Uhr 14	5,16	5,17	5,19	5,2	5,22	5,23
Untergang	6 Uhr 45	6,43	6,41	6,39	6,37	6,35	6,33

Umgerechnet in Mitteleuropäische Zeit ergeben sich durch Hinzuzählung von 25 Minuten Unterschied (weil die östl. Länge kleiner ist als der Normalmeridian) folgende Zeiten des Auf- und Unterganges der Sonne:

	31.8	1.9	2.9	3.9	4.9	5.9	6.9
Aufgang	5 Uhr 39	5,41	5,42	5,41	5,45	5,47	5,45
Untergang	7 Uhr 10	7,8	7,6	7,4	7,2	7,0	6,58

Wie an früheren Beispielen gezeigt, rechnet man nun die Tageszeit (die Zeit vom Sonnenaufgang bis Sonnenuntergang) eines jeden Tages aus, indem man den Aufgang von 12 Stunden (Mittag) in Abzug bringt und die Zeit des Unterganges hinzuzählt. Die so gefundene Tageszeit wird durch 12 geteilt und ergibt die Dauer der betreffenden Tagesgestirnstunde.

Dann berechnet man die Nachtzeit (die Zeit vom Sonnenuntergang bis zum Sonnenaufgang des nächsten Tages) eines jeden Tages, indem man den Sonnenuntergang von 12 Stunden (Mitternacht) in Abzug bringt und die Zeit des Sonnenaufgangs des nächsten Tages hinzuzählt.

Um dem Leser für diese Manipulation Sicherheit zu geben, wollen wir nachstehend die Berechnung des 1. Tages noch einmal vorführen.

	Mittag 31.8 =	12 h 0 m
- ⊙	Aufgang 31.8 =	5 h 39m
		6 h 21 m
+ ⊙	Untergang 31.8 =	7 h 10 m
	Dauer des Tages =	13 h 31 m
	Mitternacht 31.8 =	12 h 0 m
- ⊙	Untergang 31.8 =	7 h 10 m
		4 h 50 m
+ ⊙	Aufgang 1.9 =	5 h 41 m
	Dauer der Nacht =	10 h 31 m

Wie schon bei Besprechung der Tabellen für den Sonnenauf- und Sonnenuntergang erwähnt wurde, ergibt sich stellenweise (infolge der Schaltjahre) eine Fehlerquelle bis zu 2 Minuten; es wäre sonst die Herstellung einer solchen Tabelle für große Zeiträume nicht möglich gewesen. Das Maximum einer Fehlerquelle bis zu 2 Minuten kann man bei unseren

Berechnungen noch als zulässig annehmen. In unserem Falle wird dadurch die Tag- und Nachtlänge 24 Stunden 2 Minuten lang, was natürlich nicht der Fall ist, sondern nur 24 Stunden. Die Fehlerquelle von 2 Minuten auf 24 Stunden verteilt, zeigt nur einen verschwindend kleinen Sekundenteil für jede Stunde.

Die Dauer des Tages 13 Stunden 31 Minuten geteilt durch 12 gibt 1 Stunde $7^7/_{12}$ Minuten für jede Gestirnstunde des Tages.

Die Dauer der Nacht 10 Stunden 31 Minuten geteilt durch 12 gibt $52^7/_{12}$ Minuten als Dauer für jede Nachtgestirnstunde.

Man hat jetzt nur zum Sonnenaufgang 12-mal je 1 Stunde $7^7/_{12}$ Minuten und zum Sonnenuntergang 12-mal je $52^7/_{12}$ Minuten hinzuzuzählen. Erprobt ist folgende Aufstellung:

	Datum:	31.8	1.9	2.9	3.9	4.9	5.9	6.9	7.9
⊙ Aufgang	M.E.Z.	5h 39m	5,41	5,42	5,44	5,45	5,47	5,48	5,50
⊙ Untergang	M.E.Z.	7h 10m	7,8	7,6	7,4	7,2	7,0	6,58	
Dauer der Tageszeit		13h 31m	13,27	13,24	13,20	13,17	13,13	13,10	
Dauer der Taggestirnstunde		1h $7^7/_{12}$ m	1, $7^3/_{12}$	1,7	1,$6^8/_{12}$	1,$6^5/_{12}$	1,$6^4/_{12}$	1,$5^{10}/_{12}$	
Dauer der Nachtzeit		10h 31m	10,34	10,38	10,41	10,45	10,48	10,52	
Dauer der Nachtgestirn-stunde		$52^7/_{12}$m	$52^{10}/_{12}$	$53^2/_{12}$	$53^5/_{12}$	$53^9/_{12}$	54	$54^4/_{12}$	

Zur Aufstellung der Wochentabelle empfiehlt sich nachstehende Einteilung, zu deren Erklärung noch folgendes beizufügen ist.

Man findet oben verschiedene Querspalten, und zwar für die Mondstellung in der Ekliptik, für die Mondaspekte und anderen Aspekte. Die Berücksichtigung dieser astronomischen Verhältnisse ist ebenfalls sehr wichtig für alle menschlichen Verhältnisse. Ihre Erklärung folgt im nächsten Kapitel. Desgleichen zeigen sich in den oberen Querspalten die Zeiten des Tattwalaufes. Auch darüber wird dem Leser an anderer Stelle die nötige Aufklärung.

Datum		13.8.	1.9.	2.9.	3.9.	4.9.	5.9.	6.9.
Wochentag		Sonntagn ☉	Montag ☽	Dienstag ♂	Mittwoch ☿	Donnerstag ♃	Freitag ♀	Samstag ♄
Mondstellung		14° ♏	26° ♏	7° ♐	19° ♐	1° ♑	14° ♑	26° ♑
Lunar-Aspekte		□ ☿	□ ♅, ✶ ♀	□ ☉, □ ♄, △ ♃, △ ♂	□ ♀, △ ☿	△ ♅, △ ♄	△ ☉	△ ♀
Mutual-Aspekte				♂ ☌ ♃	☉ ⚺ ♅		☿ ⚺ ♀	
2 stundige Tattwalauf	Akasha	5 Uhr 39	5 Uhr 41	5 Uhr 42	5 Uhr 44	5 Uhr 45	5 Uhr 47	5 Uhr 48
	Vayu	6 Uhr 3	6 Uhr 5	6 Uhr 6	6 Uhr 8	6 Uhr 9	6 Uhr 11	6 Uhr 12
	Tejas	6 Uhr 27	6 Uhr 29	6 Uhr 30	6 Uhr 32	6 Uhr 33	6 Uhr 35	6 Uhr 36
	Prithvi	6 Uhr 51	6 Uhr 53	6 Uhr 54	6 Uhr 56	6 Uhr 57	6 Uhr 59	7 Uhr 0
	Apas	7 Uhr 15	7 Uhr 17	7 Uhr 18	7 Uhr 20	7 Uhr 21	7 Uhr 23	7 Uhr 24
Beginn der Tagesgestirnstunden	1	☉ 5,39	☽ 5,41	♂ 5,42	☿ 5,44	♃ 5,45	♀ 5,47	♄ 5,48
	2	♀ $6{,}46^{7}/_{12}$	♄ 6,48	☉ 6,42	☽ 6,50	♂ 6,51	☿ 6,53	♃ 6,53
	3	☿ $7{,}54\ ^{2}/_{12}$	♃ 7,55	♀ 7,56	♄ 7,57	☉ 7,57	☽ 7,59	♂ 7,59
	4	☽ $9{,}1^{9}/_{12}$	♂ 9,2	☿ 9,3	♃ 9,4	♀ 9,4	♄ 9,5	☉ 9,5
	5	♄ $10{,}9^{4}/_{12}$	☉ 10,10	☽ 10,10	♂ 10,10	☿ 10,10	♃ 10,11	♀ 10,11
	6	♃ $11{,}16^{2}/_{12}$	♀ 11,17	♄ 11,17	☉ 11,17	☽ 11,17	♂ 11,17	☿ 11,17
	7	♂ $12{,}24^{6}/_{12}$	☿ 12,24	♃ 12,24	♀ 12,24	♄ 12,23	☉ 12,23	☽ 12,23
	8	☉ $1{,}32^{1}/_{12}$	☽ 1,31	♂ 1,31	☿ 1,30	♃ 1,29	♀ 1,29	♄ 1,29
	9	♀ $2{,}39^{8}/_{12}$	♄ 2,39	☉ 2,38	☽ 2,37	♂ 2,36	☿ 2,35	♃ 2,34
	10	☿ $3{,}47^{3}/_{12}$	♃ 3,46	♀ 3,45	♄ 3,44	☉ 3,42	☽ 3,41	♂ 3,41
	11	☽ $4{,}54^{10}/_{12}$	♂ 4,53	☿ 4,52	♃ 4,50	♀ 4,49	♄ 4,47	☉ 4,46
	12	♄ $6{,}2^{5}/_{12}$	☉ 6,0	☽ 5,59	♂ 5,57	☿ 5,55	♃ 5,53	♀ 5,52

Datum		13.8.	1.9.	2.9.	3.9.	4.9.	5.9.	6.9.
Wochentag		Sonntagn ☉	Montag ☽	Dienstag ♂	Mittwoch ☿	Donnerstag ♃	Freitag ♀	Samstag ♄
Mondstellung		14° ♏	26° ♏	7° ♐	19° ♐	1° ♑	14° ♑	26° ♑
Lunar-Aspekte		□ ☿	□ ♅, ✱ ♀	□ ☉, □ ♄, △ ♃, △ ♂	□ ♀, △ ☿	△ ♅, △ ♄	△ ☉	△ ♀
Mutual-Aspekte				♂ ☌ ♃	☉ ⚺ ♅		☿ ⚺ ♀	
2 stundige Tattwalauf	Akasha	5 Uhr 39	5 Uhr 41	5 Uhr 42	5 Uhr 44	5 Uhr 45	5 Uhr 47	5 Uhr 48
	Vayu	6 Uhr 3	6 Uhr 5	6 Uhr 6	6 Uhr 8	6 Uhr 9	6 Uhr 11	6 Uhr 12
	Tejas	6 Uhr 27	6 Uhr 29	6 Uhr 30	6 Uhr 32	6 Uhr 33	6 Uhr 35	6 Uhr 36
	Prithvi	6 Uhr 51	6 Uhr 53	6 Uhr 54	6 Uhr 56	6 Uhr 57	6 Uhr 59	7 Uhr 0
	Apas	7 Uhr 15	7 Uhr 17	7 Uhr 18	7 Uhr 20	7 Uhr 21	7 Uhr 23	7 Uhr 24
Beginn der Tagesgestirnstunden	13	♃ 7,10	♀ 7,8	♄ 7,6	☉ 7,4	☽ 7,2	♂ 7,0	☿ 6,58
	14	♂ 8,2$^{7}/_{12}$	☿ 8,0	♃ 7,59	♀ 7,57	♄ 7,55	☉ 7,54	☽ 7,52
	15	☉ 8,55$^{2}/_{12}$	☽ 8,53	♂ 8,52	☿ 8,50	♃ 8,49	♀ 8,48	♄ 8,46
	16	♀ 9,47$^{9}/_{12}$	♄ 9,46	☉ 9,45	☽ 9,44	♂ 9,43	☿ 9,42	♃ 9,41
	17	☿ 10,40$^{4}/_{12}$	♃ 10,39	♀ 10,38	♄ 10,37	☉ 10,37	☽ 10,36	♂ 10,35
	18	☽ 11,32$^{11}/_{12}$	♂ 11,32	☿ 11,31	♃ 11,31	♀ 11,30	♄ 11,30	☉ 11,29
	19	♄ 12,25$^{6}/_{12}$	☉ 12,25	☽ 12,25	♂ 12,24	☿ 12,24	♃ 12,24	♀ 12,24
	20	♃ 1,18$^{1}/_{12}$	♀ 1,18	♄ 1,18	☉ 1,18	☽ 1,18	♂ 1,18	☿ 1,18
	21	♂ 2,10$^{8}/_{12}$	☿ 2,11	♃ 2,11	♀ 2,11	♄ 2,12	☉ 2,12	☽ 2,12
	22	☉ 3,3$^{3}/_{12}$	☽ 3,3	♂ 3,4	☿ 3,40	♃ 3,50	♀ 3,30	♄ 3,70
	23	♀ 3,55$^{10}/_{12}$	♄ 3,56	☉ 3,57	☽ 3,58	♂ 3,59	☿ 4,0	♃ 4,1
	24	☿ 4,48$^{5}/_{12}$	♃ 4,49	♀ 4,50	♄ 4,51	☉ 4,53	☽ 4,54	♂ 4,55

Der praktische Wert der Anwendung nützlicher und Vermeidung schädlicher Gestirnstunden wird erst in Verbindung mit dem Lauf der 5 Tattwas gegeben. Der Vollständigkeit halber haben wir schon jetzt den Tattwalauf in die Tabelle aufgenommen, um eine spätere Wiederholung zu vermeiden.

Unter den Wochentagen findet der Leser die entsprechende Tagesbeherrschung durch die betreffenden Himmelskörper. Dieselben sind in der Tabelle durchwegs nicht mehr genannt, sondern nur durch ihre, dem Leser nunmehr geläufige Symbole bezeichnet.

Die Tagesgestirnstunden für den Sonntag wurden noch mit dem Bruchteil der Minuten angegeben.

Wie aber die weiteren Spalten zeigen, kann man die Bruchteile auch weglassen, da dieselben schwerlich in irgendeiner Angelegenheit in Frage kommen dürften.

Man kann solche Tabellen vorgedruckt durch den Verlag dieses Buches beziehen und erspart sich damit viel Mühe und Zeit, da man dann nur die entsprechenden Resultate einzusetzen hat.

Diese Tabelle bezweckt die leichtere Auswahl einer passenden Stunde für irgendeine Angelegenheit. Wer z. B. am Dienstag, den 2. September für eine militärische Angelegenheit eine Marsstunde braucht, findet solche vormittags sowohl um 5 Uhr 42 Minuten als auch mittags um 1 Uhr 31 Minuten und abends um 8 Uhr 52 Minuten.

Wer am Freitag den 5. September für irgendeine Liebesangelegenheit die günstige Venusstunde benötigt, hat die Auswahl zwischen 5 Uhr 47 Minuten morgens, 11 Uhr 29 Minuten mittags und 8 Uhr 48 Minuten abends.

Wer am Montag den 1. September einer höhergestellten Persönlichkeit, um deren Protektion ihm zu tun ist, einen Besuch abstatten muss, wird am besten die Zeit von 10 Uhr 10 Minuten bis längstens 11 Uhr 17 Minuten vormittags wählen, weil diese Zeit von der, für eine solche Angelegenheit sehr günstigen Sonne beeinflusst wird. Auch kann, wenn es tunlich ist, die Abendstunde um 6 Uhr genommen werden, deren Einfluss sich, wie die Tabelle zeigt, bis 7 Uhr 8 Minuten erstreckt, wo dann der Venuseinfluss zu wirken beginnt.

Setzen wir nun den Fall, der Betreffende kann aus irgendwelchen Gründen die beiden Sonnenstunden dieses Tages zu dem Besuch nicht verwenden, z. B., weil die betreffende Persönlichkeit nur zwischen 11 und 12 Uhr zu sprechen wäre, so muss er, wenn er des Erfolges sicher sein will, seinen Besuch auf den Mittwoch verschieben, wo mit 11 Uhr 17 Minuten die Sonnenstunde beginnt.

Für jene Leser, welchen die gezeigten Berechnungen zu große Schwierigkeiten machen, ist dem Buche ein Apparat beigegeben, der es ermöglicht, sämtliche Gestirnstunden eines jeden Tages ohne weiteres leicht herabzulesen. Es verbleibt dann nur noch die Mühe der Eintragung in die Wochentabellen. Um sich den Erfolg zu sichern und vor Schaden zu bewahren, wird wohl niemand diese kleine Arbeit scheuen.

Die Erklärung und Anleitung zur Handhabung des genannten, einfachen Apparates wird an einer späteren Stelle des Buches gegeben.

e) Die Wahl der Gestirnstunden in Rücksicht auf die Aspekte

Man versteht unter Aspekte die bestimmten Abstände zweier Himmelskörper zueinander, und zwar in Bezug ihrer Lage zum Äquator oder der Ekliptik. Diese Abstände werden in Graden und Minuten ausgedrückt und gemessen. Für unsere Zwecke werden nur die Aspekte, die sich auf die Ekliptik beziehen, verwendet.

In ihrer Vorwärtsbewegung verändern die Himmelskörper fortwährend ihre Lage und damit auch die Stellungen zueinander. Geraten sie nun im Laufe ihrer, an Schnelligkeit verschiedenen Vorwärtsbewegung, die in Form einer Ellipse um die Sonne geschieht, zueinander in bestimmte Entfernungen, so spricht man von den Aspekten.

Wenn zwei Himmelskörper sich in demselben Grad befinden, resp. ihre Lage auf der Ekliptik zusammenfällt, so befinden sie sich in „Konjunktion“. Das Zeichen für diesen Aspekt ist ☌.

Wenn zwei Himmelskörper in ihrer Lage zur Ekliptik 30° voneinander entfernt sind, so befinden sie sich im „Halbsextil“. Zeichen ⚺.

Bei einer Entfernung von 45 Graden stehen sie zueinander im „Halbquadrat“. Zeichen ∠.

Bei einer Entfernung von 60 Graden stehen sie im „Sextil“. Zeichen ✱.

Bei einer Entfernung von 90 Graden stehen sie im „Quadrat“. Zeichen □.

Bei einer gegenseitigen Entfernung von 120 Graden befinden sie sich im „Trigon“. Zeichen △.

Stehen zwei Himmelskörper 135 Grad voneinander ab, so sind sie im „Einundeinhalbquadrat“. Zeichen ⚼.

Wenn sie 150 Grad voneinander entfernt sind, so nennt man diesen Abstand „Quincunx“ Zeichen ⚻.

Stehen sie sich aber gegenüber, d. h. ist ihre Entfernung voneinander 180 Grade, so befinden sie sich in der „Opposition“. Das Zeichen hierfür ist ☍.

Konjunktion	(Beisammensein)	Zeichen	☌
Halbsextil	(30°)	Zeichen	⚺
Halbquadrat	(45°)	Zeichen	∠
Sextil	(60°)	Zeichen	✱
Quadrat	(90°)	Zeichen	□
Trigon	(120°)	Zeichen	△
Eineinhalquadrat	(135°)	Zeichen	⚼
Quincux	(150°)	Zeichen	⚻
Opposotion	(180°)	Zeichen	☍
Parallel	gleiche Deklination	Zeichen	//

Haben zwei Himmelskörper die gleiche Deklination, einerlei ob der eine südlich oder nördlich ist, so nennt man dieses Verhältnis „Parallelschein“. Zeichen //.

Wir haben also folgende Aspekte:

Der Leser wird gebeten, sich diese Zeichen und Verhältnisse gut einzuprägen.

Die Wirkung dieser Aspekte auf den Menschen ist verschieden und richtet sich nach der Wirkung der Himmelskörper selbst. So weiß der Leser schon aus den früheren Darstellungen, dass der Saturn und der Mars dem menschlichen Geschick feindlich gegenüberstehen, während Jupiter und Venus günstig auf uns einwirken. Auch Sonne, Mond und Merkur sind von guter Wirkung.

Im Allgemeinen gilt eine Konjunktion zwischen bösen Planeten als ungünstig, zwischen guten aber als günstig. Eine ☌ zwischen einem bösen und einem guten Himmelskörper richtet sich nach der Natur des stärkeren. Es ist also eine ☌ zwischen ♄ und ♂ sehr ungünstig, zwischen ♃ und ♀ sehr günstig, zwischen ♄ und ♀ ungünstig (da ♄ stärker ist), zwischen ♃ und ♂ weniger ungünstig (da ♃ Der stärkere ist), zwischen ♂ und ♀ ungünstig, zwischen ☉ und ♀ günstig usw. Die Konjunktion ist ein stark wirkender Aspekt.

Das Halbsextil ist ein schwacher Aspekt und wirkt günstig bei guten, ungünstig bei schlechten Himmelskörpern.

Das Halbquadrat ist ebenfalls ein schwacher Aspekt und wirkt immer ungünstig.

Sextil ist ein starker Aspekt und günstig wirkend, selbst bei bösen Himmelskörpern.

Quadrat ist ein starker Aspekt und wirkt immer ungünstig-

Trigon ist ebenfalls ein starker Aspekt. Seine Wirkung ist die günstigste.

Einundeinhalbquadrat ist ein schwacher Aspekt von ungünstiger Wirkung.

Quincunx ist ebenfalls schwach, aber gut wirkend bei ungünstigen Gestirnen.

Opposition ist ein starker Aspekt, aber stets von ungünstiger Wirkung. ☍ gilt als der ungünstigste Aspekt.

Parallel wirkt wie die Konjunktion.

Wenn hier von bösen und guten Himmelskörpern gesprochen wird, so darf man das nicht so auffassen, als ob die betreffenden Himmelskörper als Wesen uns kindlich oder wohlwollend gegenüberständen. Es sind hier nur die radioaktiven Einflüsse gemeint, die uns günstig oder ungünstig erregen.

Es ist nicht der Zweck dieses Buches, eine erschöpfende Erklärung über astrologische Lehren zu geben. Wenn der Leser dafür Interesse hat, so kann sich in dem demnächst erscheinenden, bereits erwähnten, großen astrologischen Unterrichtswerk des Verfassers weitere Aufklärung holen.

Es kommen die astrologischen Aspekte für uns nur insoweit in Betracht, als sie bei der Gestirnstundenwahl in Rücksicht gezogen werden müssen.

Anschließend muss noch erwähnt werden, dass die moderne Astrologie noch mit zwei Planeten zu rechnen hat, dem Uranus mit dem Symbol ♅ und dem Neptun mit dem Symbol ♆ Beide kommen für die Gestirnstunden nicht in Betracht, wohl aber für die Aspekte. Dabei ist zu beachten, dass ♅ als günstig wirkend in guten Aspekten mit Himmelskörpern von gutem Einfluss angesehen wird, ebenso ♆ Beide aber wirken, ungünstig in den als schlecht wirkend bezeichneten Aspekten selbst mit gut wirkenden Himmelskörpern. So ist z. B. eine ☍ zwischen ♅ und ♃ immer von schädlicher Wirkung.

Ferner hat der Leser festzuhalten, dass man im Allgemeinen „Lunaraspekte" und „Mutualaspekte" kennt.

Lunaraspekte werden von dem Mond mit den anderen Himmelskörpern geformt, es sind das also die Aspekte des Mondes, die er in seiner fortschreitenden Bewegung mit den Himmelskörpern bildet.

Mutualaspekte werden zwischen Sonne, Saturn, Jupiter, Mars, Venus, Merkur, Uranus und Neptun, also mit Ausschluss des Mondes gebildet.

Der Leser findet die sämtlichen Aspekte eines, jeden Tages in dem jährlich erscheinenden „Astrologischen Kalender", der die astronomischen Ephemeriden enthält (redigiert vom Verfasser dieses Buches), übersichtlich angegeben, und kann dieselben, wenn er sich diese kurze Aufklärung über Aspekte zu Eigen gemacht hat, mühelos herablesen und in die Wochentabelle eintragen.

Nachstehend bringen wir einen Auszug des erwähnten „Astrologischen Kalenders" für 1919 zum Abdruck, welcher die Aspekte des Monates September enthält, damit dem Leser das Aufsuchen dieser Aspekte klar wird.

Die Rubrik „Lunaraspekte" hat je eine Spalte für ☉, ♆, ♅, ♄, ♃, ♂, ♀, ☿.

Die erste Spalte zeigt den Wochentag, die zweite das Datum und nun beginnen die Spalten für die Lunaraspekte.

Auf der Zeile des 1. September sehen wir in der oben mit ♅ bezeichneten Spalte ein □ und in der mit ♀ bezeichneten ein ✱. Das soll besagen, dass am 1. September 1919 der Mond im Quadrataspekt mit dem Uranus und im Sextilaspekt mit der Venus steht. Wir tragen daher in die Wochentabelle, unterm Montag, den 1 September, in die Spalte Lunaraspekte ein: □ ♅, ✱ ♀ .

Auf der Zeile des 2. September im Kalender zeigen sich in der Rubrik „Lunaraspekte" in der oben mit ☉ bezeichneten Spalte ein □, in der mit ♄ bezeichneten ein □, in der mit ♃ bezeichneten ein △ und in der mit ♂ bezeichneten ebenfalls ein △. An diesem Tage formt also der Mond mit der Sonne einen Quadrataspekt, ebenso mit dem Saturn, ferner je einen Trigonalaspekt mit dem Jupiter und dem Mars. In die Wochentabelle wird auf der Zeile Lunaraspekte unterm Dienstag, den 2. September □ ☉, □ ♄, △ ♃, △ ♂ eingetragen.

Tag	Sternzeit			Sonnen ☉					Mond ☽						Neptun ♆				Uranus ♅			
				Länge			Deklin.		Länge		Deklin.		Breite		Länge		Deklin.		Länge		Deklin	
	H.	M.	S.	°	0	''	°	'	°	'	°	'	°	'	°	'	°	'	°	'	°	'
1	10	38	24	7♏	59	36	8	35	26♏	5	19	−29	0	12	10♌	8	17	+40	29♒	23	12	−26
2	10	24	21	8	57	41	8	13	7♐	53	20	48	0	50	10	10	17	39	29R	20	12	26
3	10	46	17	9	55	48	7	51	19	47	21	12	1	51	10	12	17	39	29	18	12	27
4	10	50	14	10	53	56	7	29	1♑	51	20	38	2	48	10	14	17	38	29	16	12	28
5	10	54	10	11	52	6	7	7	14	11	19	5	3	38	10	16	17	38	29	13	12	29
6	10	58	7	12	50	47	6	45	26	50	16	34	4	19	10	18	17	37	29	11	12	30
7	11	2	3	13	48	29	6	22	9	52	13	10	4	47	10	20	17	37	29	9	12	31
8	11	6	0	14	46	44	6	0	23	17	9	1	5	1	10	22	17	36	29	6	12	32
9	11	9	56	15	45	0	5	37	7	4	4	18	4	58	10	24	17	36	29	4	12	33
10	11	13	53	16	43	17	5	15	21	11	0	45	4	37	10	26	17	35	29	2	12	33
11	11	17	49	17	41	37	4	52	5	31	5	50	3	58	10	28	17	34	29	0	12	34
12	11	21	46	18	39	58	4	19	19	59	10	39	3	4	10	30	17	34	28	57	12	34
13	11	25	43	19	38	22	4	6	4	28	14	51	1	57	10	31	17	33	28	55	12	35
14	11	29	39	20	36	47	3	43	18	54	18	9	0	43	10	33	17	33	28	53	12	36
15	11	33	36	21	35	15	3	20	3	13	20	16	0	−33	10	35	17	32	28	51	12	37
16	11	37	32	22	33	45	2	57	17	23	21	5	1	46	10	37	17	31	28	49	12	37
17	11	41	29	23	32	17	2	34	1	22	20	34	2	52	10	38	17	31	28	47	12	38
18	11	45	25	24	30	51	2	11	15	10	18	49	3	48	10	40	17	30	28	45	12	39
19	11	49	22	25	29	28	1	48	28	48	16	1	4	29	10	42	17	30	28	42	12	40
20	11	53	18	26	28	7	1	24	12	15	12	25	4	55	10	44	17	30	28	40	12	40
21	11	57	15	27	26	47	1	1	15	29	8	15	5	5	10	45	17	30	28	38	12	41
22	12	1	12	28	25	30	0	38	8	32	3	46	4	58	10	47	17	29	28	36	12	41
23	12	5	8	29	24	15	0	14	21	21	0	−49	4	37	10	48	17	29	28	34	12	42
24	12	9	5	0♎	23	2	0	−9	3	58	5	16	4	2	10	50	17	29	28	33	12	43
25	12	13	1	1	21	51	0	33	16	20	9	26	3	16	10	52	17	28	28	31	12	44
26	12	16	58	2	20	42	0	56	28	30	13	9	2	22	10	53	17	28	28	29	12	44
27	12	20	54	3	19	35	1	19	10	20	16	16	1	22	10	55	17	27	28	27	12	45
28	12	24	51	4	18	30	1	43	22	20	18	40	0	19	10	56	17	27	28	25	12	45
29	12	28	47	5	17	26	2	6	4	7	20	15	0	44	10	58	17	26	28	23	12	46
30	12	32	44	6	16	25	2	30	15	54	20	57	1	46	10	59	17	26	28	22	12	47

Wochentag		Lunar oder Mondaspekte								Mutualaspekte
		☉	♆	♅	♄	♃	♂	♀	♂	
Montag	1			□				⚹		
Dienstag	2	□	△		□	△	△			♀ ∠ ♆ ♂ ☌ ♃
Mittwoch	3		⚼			⚼	⚼	□	△	☉ ⚺ ♆
Donnerstag	4			⚹	△					
Freitag	5	△		∠	⚼				⚼	☿ ⚺ ♀ ♀ ∠ ♂
Samstag	6	⚼		⚺				△		
Sonntag	7		☍			☍	☍	⚼		♀ ∠ ♃
Montag	8								☍	☿ ☍ ♅ ♂ ☌ ♆, // ♃
Dienstag	9				☍					☿ // ♅
Mittwoch	10	☍	⚼			⚼	⚼	☍		
Donnerstag	11		△	⚺		△	△			☿ ☌ & // ♄
Freitag	12			∠	⚼				⚼	
Samstag	13	⚼	□	⚹	△	□		⚼	△	☉ ☌ ♀
Sonntag	14	△					□	△		☿ ⚺ ♃

Saturn ♄				Jupiter ♃				Mars ♂				Venus ♀				Merkur ☿				☊ Aufsteig. Mondkn.	
Länge		Deklin.		Länge		Deklin.		Länge		Deklin.		Länge		Deklin.		Länge		Deklin.			
°	′	°	′	°	′	°	′	°	′	°	′	°	′	°	′	°	′	°	′		
2♍	32	11	+54	6♌	28	19	+3	5♌	55	19	+50	25♍	26	5	−23	19♌	53	14	+39	28♏	49
2	39	11	51	6	41	19	0	6	33	19	41	25R	3	5	22	20	52	14	34	28	46
2	47	11	48	6	53	18	58	7	11	19	31	24	37	5	19	21	58	14	27	28	43
2	55	11	45	7	5	18	55	7	50	19	22	24	10	5	15	23	11	14	16	28	39
3	2	11	43	7	17	18	52	8	28	19	13	23	41	5	9	24	30	14	1	28	36
3	10	11	41	7	29	18	49	9	6	19	3	23	10	5	2	25	54	13	43	28	33
3	17	11	38	7	41	18	46	9	44	18	53	22	37	4	54	27	23	13	23	28	30
3	25	11	35	7	53	18	43	10	21	18	44	22	3	4	45	28	57	12	59	28	27
3	32	11	33	8	5	18	40	10	59	18	34	21	28	4	34	0♍	35	12	32	28	24
3	40	11	30	8	17	18	37	11	37	18	24	20	52	4	22	2	16	12	2	28	20
3	47	11	27	8	28	18	34	12	15	18	13	20	16	4	9	4	0	12	2	28	17
3	55	11	25	8	40	18	31	12	53	18	3	19	39	3	55	5	46	10	56	28	14
4	2	11	22	8	51	18	28	13	30	17	53	19	2	3	41	7	35	10	19	28	11
4	10	11	20	9	3	18	25	14	8	17	42	18	28	3	25	9	25	9	41	28	7
4	17	11	17	9	14	18	22	14	46	17	32	17	57	3	9	11	16	9	1	28	4
4	24	11	15	9	26	18	20	15	23	17	21	17	12	2	52	13	7	8	19	28	1
4	32	11	12	9	37	18	17	16	1	17	10	16	36	2	34	15	0	7	36	27	58
4	39	11	10	9	48	18	14	16	38	17	0	16	2	2	17	16	52	6	52	27	55
4	46	11	7	9	59	18	11	17	16	16	49	15	28	1	58	18	44	6	7	27	52
4	54	11	4	10	10	18	8	17	53	16	38	14	57	1	40	20	37	5	22	27	48
5	1	11	1	10	21	18	5	18	31	16	26	14	26	1	22	22	29	4	36	27	45
5	8	10	58	10	32	18	3	19	8	16	15	13	58	1	4	24	20	3	49	27	42
5	15	10	56	10	43	18	0	19	45	16	4	13	31	0	45	26	11	3	2	27	39
5	22	10	54	10	54	17	57	20	23	15	52	13	7	0	28	28	1	2	15	27	36
5	30	10	51	11	5	17	54	21	0	15	41	12	44	0	10	29	51	1	28	27	33
5	37	10	48	11	15	17	52	21	37	15	29	12	24	0	+77	1♎	39	0	41	27	29
5	44	10	46	11	26	17	49	22	14	15	18	12	6	0	24	3	27	0	−7	27	26
5	51	10	43	11	36	17	46	22	51	15	6	11	51	0	40	5	14	0	54	27	23
5	58	10	41	11	46	17	43	23	28	14	54	11	37	0	56	7	0	1	41	27	20
6	5	10	39	11	56	17	40	24	5	14	42	11	26	1	11	8	46	2	27	27	17

Wochentag		Lunar oder Mondaspekte								Mutualaspekte
		☉	♆	♅	♄	♃	♂	♀	☿	
Montag	15			□	□	✱				☿ ⚺ ♆ ♂ // ♆
Dienstag	16	□	✱				✱	□	□	
Mittwoch	17		∠	△	✱	∠	∠			☉ // ♀ ♀ ⚺ ♂
Donnerstag	18		⚺	⚼	∠	⚺	⚺	✱	✱	☉ ∠ ♃ ☿ ☌ ♀ ☿ ⚺ ♂
Freitag	19	✱			⚺			∠	∠	☉ ∠ ♆
Samstag	20	∠	☌			☌	☌	⚺		
Sonntag	21	⚺		☍					⚺	
Montag	22		⚺			⚺		☌		
Dienstag	23		∠			∠	⚺		☌	☿ ∠ ♃ ☿ ∠ ♆
Mittwoch	24	☌			⚺		∠			☉ // ♀ ♃ ☌ ♆
Donnerstag	25		✱	⚼	∠	✱	✱	⚺		
Freitag	26	⚺		△				∠	⚺	☉ // ☿
Samstag	27		□		✱	□		✱		☉ ☌ ☿
Sonntag	28	∠							∠	☿ ⚺ ♄ ☿ // ♀
Montag	29	✱		□	□				✱	♀ ⚺ ♃
Dienstag	30		△			△		□		☉ // ☿ ☉ ⚺ ♄ ☿ ∠ ♂

Am 3. September zeigt die oben mit ♀ bezeichnete Spalte ein □ die mit ☿ bezeichnete ein △ d. h. der Mond steht im □ mit ♀ und im △ mit ☿ Die Eintragung in die Wochentabelle heißt □ ♀ , △ ☿.

Am. 4. September sehen wir in der ♅ Spalte ein ✶, in der ♄ Spalte ein △. Der Mond steht demnach an diesem Tage im Sextil mit Uranus und im Trigon mit Saturn. Eintragung in die Wochentabelle (siehe daselbst) ✶ ♅, △ ♄, usw.

Neben der Rubrik Lunaraspekte finden wir im Kalender die Rubrik „Mutualaspekte“.

Die Zeile vom 2. September zeigt in dieser Rubrik ♂ ☌ ♃, d. h. Mars steht an diesem Tage in Konjunktion mit Jupiter. In der Wochentabelle für die Gestirnstunden tragen wir auf der Zeile Mutualaspekte unterm 2. September ein: ♂ ☌ ♃.

Am 3. September finden wir unter Rubrik Mutualaspekte ☉ ⚺ ♅. Die Sonne bildet an diesem Tage ein Halbsextil mit Neptun. Eintragung in die Wochentabelle, Zeile Mutualaspekte, unterm 3. September: ☉ ⚺ ♅ usw.

Auf diese Aspekte hat man bei der Wahl der Gestirnstunden Rücksicht zu nehmen. Wenn man z. B. eine Jupiterstunde wählt, und der Jupiter hat am selben Tage einen schlechten Aspekt, so werden die Jupiterstunden dieses Tages nicht zu empfehlen sein. Je nach der Natur des Aspektes und des anderen den Aspekt bildenden Himmelskörpers wird der Erfolg mehr oder minder beeinträchtigt werden.

So sind z. B. in der Wochentabelle die Jupiterstunden am Dienstag den 2. September nicht so günstig, weil ein Mutualaspekt zwischen Jupiter und Mars, eine stark wirkende Konjunktion besteht. Die Angelegenheiten der Jupiterstunden werden durch den Mars Hindernisse und Kämpfe erfahren, umso mehr, weil Mars auch noch der tagesbeherrschende Planet ist.

Es wäre ferner wenig günstig, am Sonntag, den 31. August, eine Merkurstunde zum Zwecke des Abschlusses eines Geld- oder Bankgeschäftes zu wählen, denn der Merkur steht an diesem Tage in einem Quadrataspekt mit dem Mond. Wir finden in der Wochentabelle für die Gestirnstunden am 31. August den Lunaraspekt) ☽ □ ☿ verzeichnet. Muss man an diesem Tage das betreffende Geschäft abschließen, so vermeide man ob dieses ungünstigen Aspektes alle Mond- und Merkurstunden und entschließe sich, wenn es tunlich ist, zur Sonnenstunde mittags 1 Uhr 32 Minuten. Angezeigter aber ist es, diesen Tag für das betreffende Geschäft vollständig zu vermeiden.

Der betreffende Aspekt macht den Sonntag, 31. August, überhaupt unpassend für alle Angelegenheiten, die in Merkur- und Mondstunden zu erledigen sind.

Wenn z. B. ein Bühnenschriftsteller bei einer Theaterdirektion ein neues Stück zu überreichen hat, so wäre es wenig angebracht, wenn er das am Mittwoch, den 3. September, tun wollte. Die Venusstunden, die für dieses Vorhaben besonders infrage kommen, sind wegen des au diesem Tage sich formenden Lunaraspektes ☽ □ ♀ nicht günstig.

Muss er diese Handlung am Mittwoch, den 3. September, vornehmen, so wird ihm die Wahl einer Merkurstunde bessere Erfolge bringen denn der Merkur ist auch für Schriftstellerangelegenheiten günstig und steht außerdem an diesem Tage in dem guten Trigonaspekt mit dem Mond; die Wochentabelle zeigt für den 3. September den Lunaraspekt ☽ □ ☿.

Wer bei einer sozial höher stehenden Person um ein Amt oder eine Anstellung nachsuchen will, wird den Freitag in unserer Wochentabelle wählen müssen und eine Sonnen- oder Venusstunde, denn die Sonne steht an diesem Tage im günstigen Trigonaspekt mit dem Mond, die Venus dagegen zeigt unter den Mutualaspekten den günstigen Halbsextilaspekt mit Merkur.

Allerdings kommen hierfür nur die Mittagstunden in Betracht, die einzig mögliche Sonnenstunde für dieses Vorhaben wäre um 12 Uhr 20 Minuten und die anschließende Venusstunde um 1 Uhr 29 Min. mittags. Dadurch würde man sich vielleicht verleiten lassen, am nächsten Tag, Sonnabend, den 6. September, eine Venusstunde zu wählen, schon weil diese Stunde in eine passendere Zeit fallt (10 Uhr 11 Min. vormittags) und auch, weil die Venus an diesem Tage mit dem Mond den so günstigen Trigonaspekt formt. Trotzdem aber wäre von dieser Wahl abzuraten.

Es heißt: „Man vermeide zu Saturnstunden jeden Verkehr mit höhergestellten Personen, wenn derselbe die Erlangung einer Protektion oder eines Amtes zur Folge haben soll."

Was nun für die Stunden gilt, wirkt auch – wenigstens teilweise – für den Tag, wenn der betreffende Himmelskörper tagbeherrschend ist. Der Sonnabend wird aber durch den Saturn regiert. Erfolglos wäre ja das Unternehmen bei der Wahl der Venusstunde keinesfalls, aber der Bewerber mag sicher sein, dass er auf Hindernisse und Verzögerungen stoßen würde, wie sie eben in der Natur des Saturns liegen.

Diese Beispiele werden vorläufig genügen, um dem Leser die Berücksichtigung der Aspekte bei der Gestirnstundenwahl klar gemacht zu haben. Wir kommen später noch darauf zurück.

f) Der Lauf des Mondes

Die Ebene des Erdäquators, nach allen Richtungen in den Raum erweitert, gibt den „Himmelsäquator".

An zwei Punkten wird nun der Himmelsäquator von der scheinbaren Sonnenbahn, der „Ekliptik", durchschnitten. Diese Punkte heißen der „Widderpunkt" oder Frühlingspunkt und der „Waagepunkt" oder Herbstpunkt. Man nennt diese Punkte auch „Äquinoktialpunkte".

Die Ekliptik entsteht dadurch, dass man bei der Fortschreitung der Erde in ihrer Jahresbahn den Blick stets nach der Sonne hin gerichtet sich vorstellt und beobachtet, wo diese Gesichtslinie in den Sternhimmel eintritt.

Die Ekliptik ist ein Kreis und wird daher, wie jeder Kreis, in 360° (Grade), jeder Grad in 60' (Minuten) und jede Minute in 60" (Sekunden) eingeteilt.

Die Zählung auf der Ekliptik beginnt bei dem erwähnten Widderpunkt. Die Ekliptik liegt in der Ebene des Tierkreises. Der Tierkreis ist ein von der Ekliptik nördlich und südlich abstehender je 20° breiter Sterngürtel, in welchem die 12 Sternbilder liegen, welche die Sonne scheinbar im Laufe eines Jahres durchwandert. Man teilt die Ekliptik, diesen Sternbildern entsprechend, in 12 gleiche Teile, beginnend vom Widderpunkt, ein.

1.	Widder	♈	mit den Längengrad von	0 – 30
2.	Stier	♉	mit den Längengrad von	30 – 60
3.	Zwillinge	♊	mit den Längengrad von	60 – 90
4.	Krebs	♋	mit den Längengrad von	90 – 120
5.	Löwe	♌	mit den Längengrad von	120 – 150
6.	Jungfrau	♍	mit den Längengrad von	150 – 180
7.	Waage	♎	mit den Längengrad von	180 – 210
8.	Skorpion	♏	mit den Längengrad von	210 – 240
9.	Schütze	♐	mit den Längengrad von	240 – 270
10.	Steinbock	♑	mit den Längengrad von	270 – 300
11.	Wassermann	♒	mit den Längengrad von	300 – 330
12.	Fische	♓	mit den Längengrad von	330 – 360

Jeder Teil ist, da die Ekliptik als Kreis 360° umfasst, 30° groß.

Diese 12 Abteilungen der Ekliptik, „Himmelszeichen“ genannt, haben nun die Namen der Sternbilder erhalten. Es betreffen daher die folgenden Ausführungen nicht die Sternbilder selbst, sondern nur die „Himmelszeichen“ der Ekliptik.

Der Leser wird gebeten, diese Zeichen nebst den astronomischen Symbolen und den dazu gehörigen Graden gut auswendig zu lernen. Durch das tägliche Fortschreiten der Gestirne in ihrer elliptischen Bahn um die Sonne verändert sich auch fortwährend ihre Lage in Bezug auf die Ekliptik.

Die Erde z. B. durchläuft ihre elliptische Bahn um die Sonne in einem Jahre und passiert während dieser Zeit alle 12 Zeichen der Ekliptik. Der Jupiter braucht dagegen 4432 Tage, der Mars 686 Erdentage usw.

Diese 12 Zeichen mit ihren astronomischen Symbolen sind:

Der Mond umkreist die Erde und wandelt mit der Erdbahn in Ellipsenform um die Sonne.

Seine synodische Umlaufszeit um die Erde beträgt 29 Tage. Während dieses Umlaufs um die Erde durchwandert er alle 12 „Himmelszeichen“ des Tierkreises. Auch dieser Umstand ist einigermaßen von Einfluss auf das menschliche Leben und hat man bei der Wahl der Gestirnstunden auch darauf Rücksicht zu nehmen, in welchem Himmelszeichen sich der Mond befindet, denn er ist nach alten astrologischen Lehren infolge seiner Schnelligkeit der Überbringer jeglicher Einflüsse. Moderner ausgedrückt soll das wohl heißen, dass er, da er der Erde am nächsten steht, gewissermaßen als Brennspiegel wirkt, in dem sich die astralen Wirkungen sammeln. Durch seine Erdnähe und seinen schnellen Umlauf um die Erde ist er zur Übertragung dieser Einflüsse geeignet.

Jedenfalls ist es eine erfahrungsgemäße Tatsache, dass der Mond und alle anderen Himmelskörper ihre Wirkungen auf uns verändern, je nachdem sie sich in einem der Himmelszeichen befinden. Man hat auch zur Erklärung die Annahme aufgestellt, dass diese Himmelszeichen als verschieden gestimmte magnetische Kraftfelder aufzufassen sind.

Für die Gestirnstunden haben wir bezüglich der Himmelszeichen nur auf den Mond zu achten. Seine jeweilige Stellung ersieht man abermals aus dem „Astrologischen Kalender“, von welchem wir die für den September geltenden Seiten zum Abdruck brachten, und zwar kommt jetzt jene Seite in Frage, die die täglichen Gestirnstellungen anzeigt.

In der fünften Spalte finden wir unter der Überschrift „Mond ☽ Länge“ die täglichen auf den Mittag bezüglichen Stellungen des Mondes in Graden und Minuten der verschiedenen Himmelszeichen. Diese Zeichen sind zwischen den Graden und Minuten eingesetzt und haben solange Gültigkeit, bis sie durch ein anderes abgelöst werden.

Zurückkommend auf unser Beispiel finden wir also am Montag, den 1. September, den Mond in 26° 4’ des Zeichens Skorpion (26 ♏ 4), am 2. September in 7° 53’ des Zeichens Schütze (7 ♐ 53), am 3. September in 19° 47’ Schütze, am 4. September in 1° 51’ des Zeichens Steinbock (1 ♑ 51), am 5. September in 14° 10’ Steinbock und am 6. September in 26° 49’ Steinbock.

Da wir zu unserem Zweck Minuten werte nicht benötigen, so erfolgt die Eintragung in die Wochentabelle der Gestirnstunden ohne Minuten und zwar auf die links mit „Mondstellung“ überschriebene Zeile. Diese Arbeit ist leicht verständlich und in der Wochentabelle klar ersichtlich.

Es bliebe nur noch zu erwähnen, dass man die Stellung eines Gestirnes von zwei Gesichtspunkten aus beurteilen kann. Man kann seine Länge sowohl vom Anfang des Zeichens, in welchem es sich befindet, als auch vom. Widderpunkt aus bestimmen. Die Zählung auf der Ekliptik geschieht allerdings mit 0° vom Widderpunkt aus. Da aber jedes Zeichen 30° hat, so kann man auch den Anfang eines jeden Zeichens mit 0° bestimmen. Wenn wir in unserem Beispiel am 2. September sagen, der Mond steht in 7° 53' ♐ , so geschah die Zählung von 0° Schütze an. Vom Widderpunkt aus betrachtet steht dieses Gestirn eigentlich im 247° 53' der Ekliptik. Das Zeichen Schütze beginnt mit 240°. Es sind 7° 53' dazu zu zählen. Die Bestimmung vom Anfang eines Zeichens aber ist für unsere Zwecke gebräuchlicher, nur muss dann immer das entsprechende Zeichen hinzugesetzt werden. 247° 53' sind also gleichbedeutend mit 7° 53' ♐.

Nachstehend seien nun die Einflüsse der verschiedenen Himmelszeichen auf den Mond angeführt.

Widder ♈

Wenn der Mond im Zeichen Widder steht, so ist der Kauf oder Verkauf von Waffen, Maschinen, Eisenwaren, Messern, scharfen Instrumenten und allen Dingen, die mit Eisen, Feuer, Verteidigungs- oder Kriegszwecken in Verbindung stehen, günstig. Auch Angelegenheiten mit Eisenbahnen, Hüttenwerken, Schmieden, Schlächtern, Militärpersonen, Pyrotechnikern bringen Erfolg. Chirurgen haben zu dieser Zeit Glück, wenn ein guter Aspekt zwischen Mond und Mars besteht. Augenoperationen sind zu dieser Zeit günstig, doch darf der Mond keinen bösen Aspekt zur Sonne oder dem Mars haben. Man wird zu dieser Zeit über seine Feinde siegen.

Kopfoperationen inklusive Ohren, Nase, Mund und Zähnen, sind dagegen unbedingt zu unterlassen, wenn der Mond im Widder steht. Für Gallenleiden soll nicht mediziniert werden, auch soll man keine Blutreinigungskuren unternehmen. Wenn der Mond im Widder steht, darf man keine Reise unternehmen, nichts verleihen, keinen Liebes- oder Freundschaftsbund schließen, keinen Beischlaf ausführen und soll peinlichst jeden Streit vermeiden. Man unterlasse möglichst alles, was nicht unbedingt nötig ist. Man vermeide Zorn, Ausschweifungen, Impulsivität.

Stier ♉

Steht der Mond im Zeichen Stier, so hat er die meiste Kraft.

Diese Stellung ist erfolgreich bei allen Ein- und Verkäufen von Schmuck, Kleidern, Ausschmückungen der Wohnräume u. ä. Sie ist auch sehr günstig für alle Liebesangelegenheiten mit dem anderen Geschlecht, für den Eheschluss und für Freundschaften. Zu dieser Zeit ist es Erfolg bringend, wenn man bei Höhergestellten, besonders weiblichen Geschlechts, um Protektion oder Beförderung nachsucht, oder sonst eine Gunst erreichen will. Alle Angelegenheiten in Verbindung mit Theater, Musik, Tanz und sonstige Vergnügungen sind erfolgreich. Es ist vorteilhaft, zu dieser Zeit kleine Reisen zu unternehmen, Besuche abzustatten, mit Schneidern, Putzmachern, Blumenhändlern usw. zu unterhandeln. Wer sich während dieser Mondstellung (und zur Venusstunde) ein Kleid machen lässt, wird sich über schöne Arbeit und tadellosen Sitz nicht zu beklagen haben. Der Verkehr mit Künstlern ist ersprießlich. Für diese ist diese Mondstellung sehr zu empfehlen zum Beginn neuer Werke, Ausstellung derselben oder Verkauf. Man pflanzt mit Erfolg schöne Blumen, stellt Untergebene an (besonders Hausgesinde). Es wirken Bäder zu dieser Zeit sehr günstig auf den Organismus. Diese Mondstellung ist bei Fastenkuren zu empfehlen. Auch für mediale Personen kann sie empfohlen werden, besonders bei physikalischen Erscheinungen, nur soll der Mond im guten Aspekt zu Neptun stehen.

Man vermeide während dieser Mondstellung jede Operation am Hals oder Nacken, unternehme nichts gegen Augenleiden, mediziniere nicht gegen Verstoplungen oder Gallenleiden, besteige kein Schiff, vermeide alle Angelegenheiten, die mit Eisen oder Feuer in Verbindung stehen oder Maschinen, ferner alle Ausschreitungen und Exzesse, hüte sich vor Stolz, Verschwendung und Halsstarrigkeit und sei sparsam.

Zwillinge ♊

Steht der Mond im Himmelszeichen Zwillinge, dann sind Bergtouren empfehlenswert, man wird sich großer Ausdauer erfreuen und wenig ermüden. Auch für Luftschifffahrten ist diese Zeit günstig, besonders mit Ballons und Luftschiffen nach dem Zeppelintypus. Diese Zeit ist erfolgreich für alle Handels-, Bank- und Wechselgeschäfte, für das Pflanzen von Bäumen, Graben von Brunnen und Wasseradern, Beginn von Bauten, Senden von Botschaften (diplomatische Geschäfte z. B.) für alle Angelegenheiten mit Buchdruckern, Buchhändlern, Verlegern, Redakteuren, Journalisten, Gelehrten, Lehrern, Ärzten, Chemikern, Apothekern. Man hat Erfolg, wenn man Kinder zu. dieser Mondstellung erstmalig zur Schule oder irgendeinem Unterricht gehen lässt; überhaupt sollen Lehrer einen neuen Unterrichtsabschnitt zu dieser Zeit beginnen. Schriftliche Arbeiten auf wissenschaftlichem oder künstlerischem Gebiet, zu dieser Zeit begonnen, bringen Erfolg.

Man schließe Verträge ab, unterzeichne Dokumente, besorge seine Korrespondenz, überreiche Gesuche. Die Landwirte haben eine günstige Zeit die Zugtiere sich vermehren zu lassen. Man kann zu dieser Mondstellung mit Erfolg medizinieren, Reinigungskuren durchführen usw. Die Behandlung von Augenleiden ist günstig, jedoch darf der Mond in keinem schlechten Aspekt zur Sonne stehen.

Gefährlich sind bei dieser Mondstellung alle Operationen im Mund, an der Lunge, an den Armen, Händen und Fingern, Man hüte sich auch vor allen Betäubungsmitteln.

Zu dieser Mondstellung vermeide man ferner jeden Eheschluss, stelle keine Untergebenen an, unterlasse den Kauf oder Verkauf von Häusern, Grundbesitz, Wiesen, Äcker und vermeide die Rückkehr von einer Reise. Man hüte sich vor Selbstquälerei, Unentschlossenheit, nervöse Reizbarkeit und zu großer Beweglichkeit.

Krebs ♋

Wenn der Mond im Zeichen Krebs steht, so werden lange Reisen, besonders Seereisen, Glück und Erfolg bringend sein. Baden und Schwimmen ist bei dieser Mondstellung dem Organismus sehr zuträglich. Man unternehme bei dieser Mondstellung den Ein- oder Verkauf von Nahrungsmitteln, größeren Tieren, Silber, Perlen, Opal, Kristalle, Glaswaren. Auch Liebesangelegenheiten haben günstigen Erfolg.

Bei dieser Mondstellung unternehme man Übersiedelungen, beginne Prozesse, die sich schnell durchführen lassen, nehme Kuren gegen

Verstopfungen vor und beginne die Heilung von Augenkrankheiten, wenn der Mond keinen schlechten Aspekt zur Sonne hat. Kinder sende man erstmalig zur Schule. Mediale Personen haben Erfolg in der Trance, Psychometrie, Hellhören und Hellsehen in diesem Zeichen und besonders bei Vollmond, wenn der Mond einen guten Aspekt zu Neptun hat. Auch hypnotische, suggestive und telepathische Experimente sind erfolgreich, hauptsächlich wenn der Mond im guten Aspekt steht zu $ bei männlichen Personen, und zur 9 bei weiblichen als Perzipient bzw., empfangender Teil.

Gefährlich sind bei dieser Mondstellung alle Operationen am Magen, den Verdauungsorganen, der Brust, den Rippen. Man soll bei dieser. Mondstellung kein Haus bauen, kein Geld borgen noch verborgen, keine neuen Kleider erstmalig anlegen, kein Gelöbnis empfangen oder geben, keine Ehe schließen. Man soll ferner nichts beginnen, was Dauer und Stetigkeit haben soll und hüte sich besonders vor allen Unternehmungen, wenn der Mond in der Abnahme begriffen ist. Grosse Schwärmerei einerseits, zu großes Phlegma andererseits und Lasterhaftigkeit sind die moralischen Gefahren dieser Mondstellung.

Löwe ♌

Der Mond in diesem Himmelszeichen bringt Erfolg, wenn man mit Höhergestellten verkehren soll, besonders, wenn der Mond in einem guten Aspekt zu Sonne oder Jupiter steht. -Man bewerbe sich unter dieser Mondstellung um ein Amt, Beförderung, Protektion u. ä., schließe Freundschaften, betreibe öffentliche, soziale oder politische Angelegenheiten, kaufe oder verkaufe Gegenstände von Gold oder goldgefasst, sowie Dinge, die goldene Farbe haben. Alle Angelegenheiten, die mit Ehre, Macht, Ruhm, Hoheit, Adel usw. in Verbindung stehen, haben unter dieser Mondstellung Erfolg. Es ist auch gut, die Heilung kranker Augen zu beginnen oder operative Eingriffe in dieselben zu gestatten, wenn bei dieser Mondstellung der Mond einen guten Aspekt zur Sonne hat. - Der Kauf oder Verkauf von Schmuck und Kleidern ist günstig.

Dagegen soll man bei dieser Mondstellung keine Tiere kaufen oder verkaufen, nicht übersiedeln, sich nicht verloben, nicht heiraten, keine wichtigen Handelsgeschäfte treiben und nicht erstmalig neue Kleider tragen. Diese Zeit ist auch gefährlich für Operationen des Herzens oder nahe demselben, und des Rückgrates. Man nehme keine Betäubungen durch Chloroform oder ähnliche Mittel vor.

Ferner hüte man sich vor zu großem Stolz, Prachtliebe, Leidenschaftlichkeit und Tollkühnheit.

Jungfrau ♍

Wenn der Mond im Himmelszeichen Jungfrau steht, so haben Touristen und Bergsteiger Erfolg. Diese Stellung ist ferner günstig für alle Handels-, Bank- und Wechselgeschäfte, für das Pflanzen von Bäumen, das Graben von Brunnen und Wasseradern, für den Beginn von Bauten, das Senden von Botschaften (auch diplomatische Sendungen), den Beginn von jeglichem Unterricht. Man soll unter dieser Mondstellung Kinder erstmalig zur Schule senden und Künstler sowie Männer der Wissenschaften mögen ihre Werke beginnen. Überhaupt ist diese Zeit für schriftliche Arbeiten günstig. Man schließe Verträge ab, unterzeichne Dokumente und erledige seine Korrespondenz. Diese Mondstellung ist erfolgreich für alle Angelegenheiten mit Buchdruckern, Buchhändlern, Verlegern, Zeitungsmenschen, Gelehrten, Ärzten, Lehrern, Chemikern und Apothekern. Man überreiche Gesuche, mediziniere zur Blutreinigung. Der Landwirt kann mit Vorteil seine Zugtiere sich vermehren lassen.

Diese Mondstellung ist sehr gefährlich für alle operativen Eingriffe in den Kopf, Ohren, Nase, Mund, Zähne, in die Eingeweide, Blinddarm und Unterleibsregionen. Augenleiden sollen unter dieser Mondstellung keiner Heilung unterzogen werden. Man unternehme ferner weder Kahnfahrten noch Schiffsreisen, kehre überhaupt zu dieser Zeit von keiner Reise zurück, schließe kein Verlöbnis und keine Ehe, stelle keine Untergebenen an und unterlasse den Kauf oder Verkauf von Häusern, Grundbesitz, Gärten, Wiesen usw. Man hüte sich zu dieser Zeit vor allzu großer Selbstsucht, Pedanterie und Schulmeisterei.

Waage ♎

Der Mond in diesem Himmelszeichen bringt Luftfahrten im Aeroplan, Doppeldecker u. ä. Luftfahrzeugen Erfolg. Diese Mondstellung ist günstig für alle Liebesangelegenheiten, Verlöbnisse, Heirat, wie überhaupt für alle Angelegenheiten mit dem anderen Geschlecht. Hat man von Frauen irgendeine Gunst zu erbitten, so wähle man diese Zeit, die auch Erfolg bei Höhergestellten bringt (besonders bei solchen weiblichen Geschlechts), wenn man um Anstellung, Protektion, Beförderung oder ähnliche nachsucht.

Die Mondstellung in der Waage ist gut für alle Landreisen und sehr günstig für den Ankauf von Schmuck und Kleidern. Man unterhandle bez. seiner Kleidung mit Schneidern, Putzmachern, Blumenhändlern usw. Man schmücke zu dieser Zeit sein Heim und wird günstig unterhandeln mit Dekorateuren, Möbelhändlern und Teppich- und Tapetenhändlern. Auch Wohlgerüche, Parfümerien usw. kaufe man zu dieser Zeit. Diese Mondstellung ist für alles günstig, was mit Vergnügen, Schönheit, Zerstreuung, Spiel, Theater, Musik, Tanz zusammenhängt. Man kann mit Erfolg mit Künstlern verkehren. Diese mögen zu dieser Zeit neue Werke beginnen oder sie der Öffentlichkeit vorführen. Man pflanze schöne und wohlriechende Blumen, statte Besuche ab, stelle Untergebene an. Das Baden zu dieser Zeit ist dem Organismus sehr zuträglich.

Dagegen soll man zu dieser Mondstellung kein Schiff besteigen und nichts unternehmen, das mit Eisen, Feuer, Maschinen usw. in Verbindung steht. Diese Zeit ist auch ungünstig für Operationen an Leber und Nieren, Hüften. Man hüte sich zu dieser Zeit vor Übertreibungen aller Art, besonders im Genussleben und vor Verschwendungssucht.

Skorpion ♏

Diese Mondstellung ist nur für wenige Dinge günstig. Der Kauf und Verkauf von Waffen, Maschinen, Eisenwaren bringt Erfolg, ebenso alle Angelegenheiten mit Feuer, Eisen, Eisenbahnen, Kriegswesen, mit Metzger, Waffenhändler, Eisenwarenhändler, Instrumentenhändler (mit scharfen, spitzigen Instrumenten). Chirurgen haben Glück unter dieser Mondstellung, wenn der Mond einen guten Aspekt zum Mars hat. Diese Mondstellung ist auch gut für Medien bei physikalischen Experimenten, besonders bei einem guten Aspekt des Mondes zum Neptun. Auch gegen seine Feinde wird man erfolgreich sein.

Sonst ist es am besten, während dieser Mondstellung ruhig zu verbleiben und nichts Neues zu unternehmen, da man meist nur Hindernisse und Gefahren überwinden haben wird. Man vermeide Operationen und Heilversuche bei Erkrankungen der Unterleibsorgane, des Blinddarms, der Geschlechtsorgane. Man darf auch zu dieser Zeit keine Hämorrhoiden heilen wollen. Man unternehme keine Reise, keine Geldgeschäfte, keine Liebes- oder Freundschaftsangelegenheit, kein Verlöbnis, keinen Eheschluss, auch keinen Beischlaf. Man suche jeden Streit zu vermeiden und hüte sich vor übertriebenem Stolz, Hochmut, Schlauheit, Eifersucht, Jähzorn.

Schütze ♐

Wenn der Mond in diesem Himmelszeichen sich befindet, dann haben Touristen und Bergsteiger gute Erfolge. Diese Mondstellung ist sehr günstig für Besuche bei sozial Höhergestellten und bringt besonders große Erfolge, wenn der Mond einen guten Aspekt zur Sonne oder dem Jupiter hat. Der Mond im Zeichen Schütze ist günstig für den Verkehr mit Anwälten und Gerichtspersonen; Prozesse, zu dieser Zeit eingeleitet, haben Erfolg. Man kaufe oder verkaufe zu dieser Mondstellung Edelsteine und Geschmeide, die dem Jupiter unterstehen, schließe mit seinen Feinden Frieden, lege neue Kleider erstmalig an, verlobe oder verheirate sich, leihe oder verleihe Geld, lege sein Kapital an, gründe Vereine und Unternehmungen und führe Übersiedelungen durch. Es ist für Landleute eine gute Zeit zu säen (bei zunehmendem Mond), Bäume zu pflanzen. Reiter haben große Erfolge, Kaufleute machen gute Geschäfte. Man kann auch Wasserreisen machen. Die Behandlung kranker Augen, auch deren Operation ist zu dieser Zeit erfolgreich, wenn der Mond frei ist von einem schlechten Aspekt zur Sonne.

Dagegen soll man bei dieser Mondstellung keine Tiere, besonders keine Schafe, Ziegen, Rinder, kaufen oder verkaufen, ebenso keine Waffen, Maschinen, Eisensachen. Auch unterlasse man alles, was mit Eisen oder Feuer in Verbindung steht, ebenso jede Beschäftigung innerhalb der Erde, wie Brunnengraben, Bergbau usw.

Man vermeide ferner alle Operationen und Heilungen an den Ohren, der Leber, den Hüften, Schenkeln, am Gesäß und den Lenden. Überhaupt muss in diesem Zeichen bei allen Erkrankungen beachtet werden, ob nicht der Mond in einem schlechten Aspekt zum Mars stehe.

Dann vermeide man alle Heilversuche. Man hüte sich vor Unruhe, Rastlosigkeit, Zerstreutheit und Auflehnung.

Steinbock ♑

Steht der Mond im Himmelszeichen Steinbock, so ist es günstig, den Kauf oder Verkauf von Fußbekleidungen, Sattlerwaren, schweren Metallen, Steinen, Erde, Kohlen oder Dingen, die sich in der Erde befinden, zu unternehmen. Alle landwirtschaftlichen Arbeiten haben Erfolg, ebenso der Gartenbau, Bergwerke, Straßenbauten, Grabungen aller Art, überhaupt alles, was mit der Erde in Verbindung steht. Erfolgreich ist zu dieser Zeit der Kauf oder Verkauf von Häusern und Landbesitz, Töpferwaren, Leder und Lederwaren, dunklen oder schwarzen Kleidern. Gartenbau, Ackerbau und Einsaat sollen aber nur bei zunehmendem Mond besorgt werden. Erfolgreich ist es auch, zu dieser Zeit ernste, schwer wissenschaftliche Werke, Arbeiten und Untersuchungen vorzunehmen.

Man vermeide während dieser Mondstellung jeden Verkehr mit Höhergestellten, wenn er persönliche Vorteile bringen soll, unternehme keine Reisen, stelle keine Untergebenen an, schließe keinen Liebes-, Freundschafts- oder Ehebund, leihe und verleihe kein Geld, verleihe überhaupt nichts, besteige kein Schiff, nehme keine Medizin, besonders nicht bei Gallenleiden, und lasse keine Erkrankungen der Knie oder der Augen und der Zähne behandeln oder operieren.

Um Haarausfall zu vermeiden, lasse man sich zu dieser Zeit auch die Haare nicht schneiden. Man hüte sich vor Egoismus, Weltflucht und Anwandlungen von Geiz.

Wassermann ♒

Wenn sich der Mond im Himmelszeichen Wassermann befindet, so wird man Erfolg haben bei hypnotischen Experimenten, Suggestion, Telepathie u. a., nur muss man darauf Bedacht nehmen, dass der Mond guten Aspekt hat mit Uranus (oder wenigstens frei von schlechten Aspekten mit Uranus ist), wenn die Versuchsperson oder Perzipient männlichen Geschlechtes ist. Beim weiblichen Geschlecht soll der Mond einen guten Aspekt zur Venus haben (oder wenigstens frei von einem schlechten Aspekt mit Venus sein).

Die Stellung des Mondes im Wassermann ist erfolgreich für Kauf oder Verkauf von Fußbekleidungen, Leder und Sattlerwaren, Installation elektrischer Einrichtungen, Handel mit Metallen, Steinen, Kohlen und Dingen aus der Erde. Diese Zeit ist bei zunehmendem Monde günstig für die Landwirtschaft, Gartenbau, Handel mit Häusern oder Landbesitz. Erfindungen und Entdeckungen zu dieser Zeit bringen Nutzen.

Alle Angelegenheiten mit Telegraf, Telefon, elektrische Bahnen u. a. auch mit der Luftschifffahrt sind günstig. Die Heilbehandlung kranker Augen bringt Erfolg, wenn der Mond keinen schlechten Aspekt mit der Sonne hat.

Man unterlasse zwecks persönlichem Vorteil jeden Verkehr mit Höhergestellten, schließe keinen Freundschafts-, Liebes- oder Ehebund, stelle keinen Untergebenen an, beginne keine Reisen, borge und verleihe weder Geld noch sonstige Dinge, besteige kein Schiff und vermeide Operationen an den Zähnen, Schienbeinen und Waden. Man lasse sich auch keine Haare schneiden. Bei Verstopfungen soll man nicht medizinieren. Man hüte sich während dieser Zeit vor zu großer Reizbarkeit, Launenhaftigkeit, Unselbstständigkeit und exzentrischem Wesen.

Fische ♓

Befindet sich der Mond im Zeichen Fische, s haben Touristen, Alpinisten gute Erfolge; das Bergbesteigen wird keine Hindernisse bereiten. Diese Mondstellung ist auch günstig für mediale Personen u. zw. für Trance, Psychometrie, Heilsehen und Hellhören, besonders bei zunehmendem Mond (auch Vollmond) und wenn der Mond einen guten Aspekt zu Neptun hat. Auch ist diese Zeit günstig für hypnotische Experimente, Suggestion, Telepathie u. ä., hauptsächlich, wenn bei männlichen Perzipienten der Mond in gutem Aspekt zu Uranus und bei weiblichen im guten Aspekt zur Venus steht.

Diese Mondteilung in den Fischen ist erfolgreich für lange Reisen, besonders Seereisen, ferner im Verkehr mit Anwälten und Gerichtspersonen sowie mit Hochgestellten, wenn man deren Gunst erwerben will. In dieser Zeit ist es gut für den Organismus zu baden und zu schwimmen. Man kaufe oder verkaufe Gegenstände aus Zinn, und Schmuck der Smaragde, Saphire, Amethysten oder Türkise enthält, schließe mit seinen Feinden Frieden oder leite Prozesse ein, verlobe oder vereheliche sich, schließe Freundschaftsbündnisse, lege neue Kleider zum ersten Mal an,

des Zeichens Widder	mit dem	Mars
des Zeichens Stier	mit dem	Venus
des Zeichens Zwillinge	mit dem	Merkur
des Zeichens Krebs	mit dem	Mond
des Zeichens löwe	mit dem	Sonne
des Zeichens Jungfrau	mit dem	Merkur
des Zeichens Waage	mit dem	Venus
des Zeichens Skorpion	mit dem	Mars
des Zeichens Schütze	mit dem	Jupiter
des Zeichens Steinbock	mit dem	Saturn
des Zeichens Wassrmann	mit dem	Saturn
des Zeichens Fische	mit dem	Jupiter

borge oder verleihe Geld oder andere Wertsachen, lege sein Kapital an, gründe Vereine und Unternehmungen und führe Übersiedelungen durch.

Landleute mögen bei zunehmendem Mond säen, Bäume pflanzen, Gartenbau betreiben. Man soll zu dieser Zeit reiten, auch reisen, sowohl zu Wasser als zu Lande, Bauten beginnen, und die Kaufleute werden mit Erfolg Handel treiben. Für Augenleiden ist eine günstige Zeit zur Heilung, doch darf der Mond in keinem schlechten Aspekt zur Sonne stehen. Verstopfungen lösen sich gut. Man unterlasse während dieser Mondstellung jeden Kauf oder Verkauf von Tieren, besonders von Schafen, Ziegen und Rindern, ferner auch von Waffen, Maschinen, Eisenwaren und vermeide alle Angelegenheiten, die mit Eisen, Feuer, Krieg u. ä. zu tun haben.

Auch unternehme man nichts, das mit der Erde in Verbindung steht, wie z. B; Bergwerke, Brunnen, Strassen- und Kanalbauten usw. Mit Ausnahme landwirtschaftlicher Arbeiten lasse man die Erde in Ruhe. Man vermeide jede Ohren-, Leber- oder Fußoperation. Schließlich wolle man sich hüten, dass man nicht von Unentschlossenheit, Insichgekehrtheit und mürrischem, abstoßendem Wesen ergriffen wird.

* * *

Zu diesen Ausführungen sei noch erwähnt, dass die Einflüsse der Himmelszeichen den Einflüssen des Mondes, der Sonne und der Planeten entsprechen bzw. mit ihnen übereinstimmen. So wird man finden, dass die Einflüsse

resp. mit deren Einflüsse und Wirkungen auf unser Erdenleben übereinstimmen. Eine vom Mond beeinflusste Angelegenheit wird demnach vom Zeichen Krebs, eine vom Mars beeinflusste von den Zeichen Widder und Skorpion, usw. in gleicher Weise beeinflusst werden.

Um volle Erfolge zu erzielen, soll sich deshalb der Gestirnstundeneinfluss in Harmonie mit dem Einfluss desjenigen Zeichens befinden, in welchem zur selben Zeit der Mond steht. Man soll also bei der Wahl der Gestirnstunde – dort, wo es nur halbwegs tunlich ist – auf jene Tage Rücksicht nehmen, wo der Mond sich in einem Zeichen befindet, das mit dem Gestirn der zu wählenden Stunde harmonisch ist, bzw. den gleichen Einfluss hat.

Zurückgreifend auf die bereits angeführten Beispiele haben wir nun dieselben einer Korrektur zu unterziehen. Das Beispiel für den 2. September, die Wahl einer Marsstunde für eine militärische Angelegenheit betreffend (Seite 120) zeigt uns in der Wochentabelle der Gestirnstunden, dass der Dienstag 2. September die Mondstellung im Zeichen Schütze hat. Der Mars aber harmonisiert mit den Zeichen Widder und Skorpion. Wenn die betreffende Person es ermöglichen kann, würde sie jedenfalls richtiger wählen, wenn sie eine Marsstunde am Sonntag, den 31. August oder Montag, den 1. September zur Erledigung der militärischen Angelegenheit nehmen könnte, da der Mond an diesen beiden Tagen im Zeichen Skorpion steht.

Auch die Wahl einer Venusstunde für eine Liebesangelegenheit für den Freitag, den 5. September (Seite 120) lässt zu wünschen übrig, da der Mond sich an diesem Tage im Zeichen Steinbock befindet. Dieses Zeichen ist gegen alle Liebesangelegenheiten, denn es harmonisiert mit dem Saturn. Am besten wäre ja ein Tag, wo der Mond in dem Zeichen Stier oder Waage steht, die mit der Venus harmonisch sind.

Das ist nun während der ganzen Woche nicht der Fall. Kann der Betreffende mit seinem Vorhaben nicht warten (am 13. und 14. September befindet sich der Mond im günstigen Zeichen Stier), so muss er ein Zeichen wählen, das eine Liebesangelegenheit günstig beeinflusst. Beim Zeichen Skorpion (31. 8. und 1. 9.) heißt es, dass man alle Liebesangelegenheiten vermeiden soll. Beim Zeichen Schütze aber heißt es: man verlobe oder verheirate sich. Ist der Betreffende bez. seiner Angelegenheit von ernsteren Absichten beseelt, so mag er ruhig eine Venusstunde am 2. oder 3. September wählen, an welchen Tagen der Mond laut unserer Wochentabelle der Gestirnstunden im Zeichen Schütze steht.

Das nächste Beispiel vom 1. September, betreffend eine Sonnenstunde zum Besuch einer höher gestellten Persönlichkeit (Seite 120) zeigt uns, dass die Wahl des Sonntags nicht besonders vorteilhaft ist, weil an diesem Tage der Mond im Zeichen ***in.*** steht. Besser ist schon der Mittwoch, an welchem der Mond sich im Zeichen Schütze befindet.

Eine Sonnenstunde an diesem Tage wird den gewünschten Erfolg bringen; man lese nur den Einfluss des Zeichens Schütze nach und man wird finden, dass dieses Zeichen günstig wirkt bei einem Besuch eines Höhergestellten. Freilich fehlt an diesem Tage der verlangte gute Aspekt des Mondes zur Sonne oder dem Jupiter. Dieser Umstand hebt aber keineswegs die gute Wirkung auf, sondern vermindert sie nur etwas.

Das Beispiel für den 31. August, betreffend die Wahl einer Merkurstunde zum Zwecke des Abschlusses eines Geld oder Bankgeschäftes (Seite 128) brachte uns zu der Erwägung, dass dieser Tag überhaupt für alle Angelegenheiten, die den Merkur- oder Mondstunden unterliegen, wegen dem Aspekt ☽ □ ☿ überhaupt ungünstig ist. Diese Aussage wird bekräftigt durch den Umstand, dass am selben Tage auch die Mondstellung eine für ein solches Vorhaben ungünstige ist. Der Mond befindet sich im Zeichen Skorpion, das ist für Geldgeschäfte ein ungünstig wirkendes, weil mit dem Mars harmonisierendes Zeichen.

Für den nächsten Fall, die Wahl einer Merkurstunde zwecks Einreichung eines Theaterstückes bei einer Theaterdirektion (Seite 138) betreffend, bedarf keiner Korrektur, denn der in Aussicht genommene 3. September ist auch insofern günstig, als die Mondstellung dem Vorhaben entspricht, der Mond befindet sich im Zeichen Schütze, das mit dem günstig wirkenden Jupiter übereinstimmt.

Das weitere Beispiel, bezüglich des Ansuchens bei einer höher gestellten Persönlichkeit um ein Amt oder Protektion (Seite 139), zeigt so recht, dass man ohne Kenntnis der in diesem Buche vorgetragenen Prinzipien, so oft im Leben von einer Enttäuschung in die andere fällt. Auch die Wahl einer Marsstunde am Freitag, den 5. September ist für das erwähnte Vorhaben, trotz der guten Aspekte, nicht ganz einwandfrei, denn der Mond steht im Zeichen Steinbock.

Während dieses Zeichens aber ist jeder Verkehr mit Höhergestellten, wenn er die Erlangung persönlicher Vorteile erzielt, ungünstig. Wenn wir in dieser Beziehung die Tage der ganzen Woche betrachten (siehe Wochentabelle der Gestirnstunden), so kämen für ein solches Unternehmen nur der Dienstag, 2. September und der Mittwoch, 8. September infrage, weil an diesen beiden Tagen der Mond in dem für unsere Angelegenheit günstigen, mit dem Jupiter übereinstimmenden Zeichen Schütze steht. An Gestirnstunden kommen zur Wahl die Venusstunde, die Sonnenstunde oder die Jupiterstunde. Der Dienstag ist ein Marstag, auch hat der Mond einen Quadrataspekt mit der Sonne, daher ist die Sonnenstunde an diesem Tage nicht zu empfehlen, aber auch nicht die Jupiterstunde, denn der Jupiter hat wohl mit dem Mond ein Trigon, aber leider mit dem Mars eine Konjunktion. Bliebe also nur die Venusstunde nachmittags 3 Uhr 45 Min. Der Mittwoch eignet sich gar nicht für die Venusstunde, denn der Mond bildet an diesem Tage ein Quadrat zur Venus. Nur eine Sonnen- oder Jupiterstunde empfiehlt sich an diesem Tage, besonders die Jupiterstunde, da der Mond in einem mit dem Jupiter harmonisierendem Zeichen steht. Auch zeitlich fällt dieselbe günstig, und zwar um 9 Uhr 4 Min. vormittags oder 4 Uhr 50 Min. nachmittags. Sonst ist die ganze Woche für das erwähnte Unternehmen weniger günstig, ja stellenweise sogar schädlich. In Unkenntnis dieser Verhältnisse kann man so leicht für sein Unternehmen eine Zeit wählen, die gerade von feindlichen Einflüssen -beherrscht wird. Enttäuschung, Erfolglosigkeit, empfindliche Niederlagen –

also was wir Unglück nennen – sind die Folgen. Und wir haben es doch in unserer Hand, solchen Zeiten auszuweichen!

Wir wollen nun noch einige Beispiele zeigen, die in der Wahl der Mondstellung, der Aspekte, des Tages und der Stunde Übereinstimmung zeigen und damit auch den vollsten uneingeschränkten Erfolg haben müssten.

Nehmen wir an, es sollte während der Tage vom 1. bis 6. November der Verkauf eines Hauses nebst Ackerland stattfinden. Ein vorsichtiger, mit den Lehren der Gestirneinflüsse vertrauter Verkäufer wird die Unterhandlungen am Donnerstag, den 4. September einleiten, Freitag, den 5. September in dieser Angelegenheit gar nichts unternehmen, dafür aber trachten, dieselben am Sonnabend, den 6. September zum Abschluss zu bringen, u. zw. jedes Mal in einer Saturnstunde. Zu diesem Entschlüsse würden ihn folgende Erwägungen führen: Der 1. September, ein Montag, untersteht dem Mondeinfluss und ist (gleichwie die Mondstunde) dem Verkauf eines Hauses oder Grundstücks nicht sonderlich günstig.

Die Mondstellung an diesem Tage – der Mond steht im Skorpion – ist direkt ungünstig, ebenso der Mondaspekt mit dem Quadrat des Uranus. Der Dienstag, den 2. September, als dem Mars zugehörig, ist auch nicht ganz einwandfrei für unsere Zwecke, denn die Mondstellung im Schützen ist weder günstig noch ungünstig für einen Hausverkauf, aber der Mond erhält einen Quadrataspekt durch Saturn, wodurch jede Saturnstunde ungünstig wird. Mittwoch, der 3. September hat die Mondstellung ebenfalls in dem für unseren Fall unwirksamen Zeichen Schütze, aber der Mittwoch hat den Merkur als Tageseinfluss; Merkurstunden sind für den Verkauf von Häusern und Grundbesitz direkt ungünstig, und erstreckt sich daher dieser Einfluss auch auf die Tagesbeherrschung. Bleiben also nur noch die Tage vom 4. bis zum 6. September, also Donnerstag, Freitag und Sonnabend. Der Freitag scheidet aus den schon erwähnten Gründen aus, aber Donnerstag und Sonnabend bringen den Erfolg.

Nehmen wir ferner an, es sollte ein Schriftsteller mit seinem Verleger vor einem Rechtsanwalt einen Vertrag bezüglich eines wissenschaftlichen Werkes abschließen, und zwar ebenfalls in der Woche vom 1. bis 6. September. Zum Abschluss von Verträgen ist die Merkurstunde günstig und ebenfalls der Merkurtag. Da der Abschluss vor einem Rechtsanwalt geschehen soll, so wäre irgendein Jupitereinfluss dabei sehr zu wünschen.

Diese Forderungen finden wir am Mittwoch den 3. September vereint. Dieser Tag unterliegt dem Merkureinfluss. Außerdem hat der Mond den günstigen Trigonaspekt mit dem Merkur. Schließlich steht der Mond in einem Zeichen (Schütze), welches mit dem Jupiter harmonisiert. Der betreffende Schriftsteller wird also an diesem Tage die Merkurstunde um 1 Uhr 30 Min. wählen und dafür Sorge tragen, dass es von dieser Zeit bis 2 Uhr 37 Min. zur Unterzeichnung des Vertrages kommt. Würde es sich aber bei diesem Abschluss um eine rein künstlerische Produktion handeln, etwa um einen Roman, ein Theaterstück u. ä., so dürfte dieser Tag wegen des ungünstigen Quadrataspektes zwischen Mond und Venus nicht gewählt werden. Die ganze Woche wäre nicht günstig; der betreffende Schriftsteller müsste also schon eine Zeit abwarten, die bessere Einflüsse aufweist.

Wenn ferner ein Jäger genötigt ist, sich während des Zeitraumes, den unsere Wochentabelle umfasst, ein neues Gewehr zu kaufen, so wird dieser Kaut nur dann für ihn zufriedenstellend ausfallen, wenn er eine Marsstunde am Montag, den 1. September wählt. In Rücksicht der Mondstellungen kann er nur das Zeichen Skorpion, das dem Mars entspricht, wählen, denn Schütze und Steinbock sind für einen Waffeneinkauf ungünstig. Der Montag steht in der geforderten Mondstellung Skorpion, außerdem ist der Tageseinfluss des Mondes auch für Jäger günstig. Der Quadrataspekt des Uranus auf den Mond wird ihn zwar unentschlossen und wählerisch machen, ist aber sonst nicht sehr bedeutungsvoll. Aber der Sextilaspekt der Venus auf den Mond lässt die Wahl auf eine schön verzierte Waffe fallen. Dass diese aber auch allen sonstigen Anforderungen entsprechen, also ein guter Kauf sein wird, dafür wirken das Zeichen Skorpion und die Marsstunden 9 Uhr 2 Minuten vormittags oder 4 Uhr 53 Min. nachmittags.

Es ist ja selbstverständlich nicht immer möglich, sich in volle Harmonie mit allen Bedingungen zu setzen, aber wenn man entgegengesetzte Einflüsse vermeidet, so werden oft schon durch das Zusammenwirken von zwei oder drei Bedingungen sehr günstige Resultate erzielt werden.

3. Die tattwischen Einflüsse

a) Die Natur der Tattwas

Zur Erklärung der *tattwischen* Einflüsse müssen wir uns abermals an die Lehren der alt-indischen Philosophie halten, nach welchen das gesamte Universum aus den zwei Grundprinzipien *Prana* und *Akasha* besteht.

Prana ist die höchste, verkörpernde und gestaltende Kraft des Universums, also *absolute Energie.* Prana ist Schwere und Bewegung, Nervenstrom, Elektrizität und Magnetismus, Gedanke und überhaupt alle Kraft im Urzustände. Die Gedanken lassen sich als die feinsten und erhabensten pranischen Äußerungen ansehen.

In der Luft, die wir atmen, im Stoff, in allem Lebenden, wie überhaupt in allem, was besteht, befindet sich eine Energie oder auch feinste Substanz, die *Ursubstanz*, von der alle Bewegung, Form, Vitalität, alles Leben abhängig ist, das *Prana.* Dieser Name stammt aus dem Sanskrit und bezeichnet soviel als *absolute Energie.* Ohne Prana ist kein Leben denkbar; von der niedersten bis zur höchsten Lebensform ist Prana in individualisierter Form das innere Wesen der ihnen innewohnenden Kräfte.

Prana, die Ursubstanz, modifiziert sich zu *Akasha.* Das allgegenwärtige, alles durchdringende Dasein heißt *Akasha.* Was Form und Gestaltung hat, musste sich aus Akasha entwickeln. Alle Himmelskörper, die Luft, alle Flüssigkeit, alle festen Stoffe, alle Lebewesen verdanken in erster Linie ihr Dasein dem großen Bildner Akasha.

Prana ist die höchste Kraft und die Ursubstanz. Akasha (ein Sanskritwort) ist die Entwicklung dieses höchsten Prinzips zur Materie, zur Stofflichkeit in feinster Form, oder wenn man will: zum *Universaläther.* Die pranische Einwirkung auf Akasha führt zu einer weiteren Modifikation, den *Tattwas.*

Tattwa heißt Bewegung, der zentrale Impuls, der die Materie in schwingender Bewegung erhält. *Tattwa* ist also die elementare Bewegungsform, der Äther.

Denken wir uns das Universum als einen unendlichen Ozean von Äther, allerdings nicht im Sinne unseres stofflichen Äthers, sondern als verdichteter Universaläther (Akasha), der durch die pranische Beeinflussung in verschiedene Schwingungsformen versetzt wird, so ergibt sich die Erklärung für die verschiedenen Zustandsformen der Materie.

Dieser Prozess verursacht die Existenz verschiedener Abstufungen, einer feinstofflicheren und einer grobstofflicheren Form der Materie. In den *Tattwas* als Manifestation des Akasha liegt diese Tätigkeit.

Das sichtbare Universum sowohl, als auch das feinstofflichere unsichtbare, besteht einzig nur aus dem gesetzmassigen Zusammenspiel der Tattwas.

Es muss hier erwähnt werden, dass wir es in den verschiedenen Tattwas mit Hypothesen, bzw. philosophischen Prinzipien zu tun haben, die sich aufgrund eines geistigen Eindringens in die Ursachen des Weltganzen erkennen lassen.

Die feinstofflichen Abstufungen der Materie, mit welchem Einfluss wir nicht allein nur den physischen Stoff, den wir durch unsere Sinne wahrnehmen, verstehen, sondern als *Sammelbegriff*, auch den ätherischen, sind uns im Allgemeinen nicht sinnfällig, d. h., den uns bekannten fünf Sinnen nicht wahrnehmbar, und können nur durch die Vermittlung des so genannten 6. Sinnes, des *psychischen Sinnes*, empfunden werden. Unsere *moderne* Kultur, unsere heutige *Aufklärungsepoche* weiß nichts, oder nur wenig von diesem Zentralsinn. Dieser Zentralsinn ist das Licht, das imstande ist, uns die Dunkelheit zu erhellen, die uns in den wichtigen Fragen des *Woher* und *Wohin* umhüllt. Dieser Sinn[1] wird durch unser modernes Leben systematisch geknebelt und erdrückt; wir werden gewaltsam blind gemacht und sind nun auf das Tasten angewiesen. In einem solchen Zustande ist es erklärlich, dass für uns nur das existiert, was wir mit Händen greifen können, also nur die grobstoffliche Erscheinungsform der Materie. Die Sonne des *großen Lebens* leuchtet uns beständig, aber wir sehen sie nicht mehr.

---

1) Die Entwickelung des psychischen Sinnes kann jeder Mensch durchführen. Man lese das Werk „Geheime Seelenkräfte", eine Kollektion von Lehrbüchern zur Entwickelung der okkulten, psychischen und seelischen Kräfte.

Wir erkennen nur den Grobstoff, es sind uns also nur die langsamen Schwingungsformen wahrnehmbar. Stellen wir uns das Äthermeer als einen unendlichen Kreis vor. Die weit außen liegenden Schwingungen sind äußerst langsam, dort entwickelt sich die grobe Materie in ihren verschiedenen Dichtigkeitsgraden. Diese Schwingungen verstehen wir, wenn auch nur zum Teil, obwohl wir der Meinung sind, in diesen Schwingungen das *Weltganze* entdeckt zu haben. Öffnen wir aber unser geistiges Auge, so empfinden wir, dass, je näher wir das Gemüt dem Zentrum entgegen zu bringen imstande sind, uns immer feinere, schnellere Schwingungen erkennbar werden; wir befinden uns dann in einer feinstofflicheren, vergeistigteren Welt.

Aber das Bewusstsein der Existenz dieser feinstofflicheren Daseinsformen hängt nicht nur allein von der subjektiven Erkenntnis des physisch Entwickelteren ab, sondern man fängt sogar in neuerer Zeit an, sie durch das exakt wissenschaftliche Experiment zu erweisen, und zwar durch Gelehrte, die es vorurteilslos und kühn wagen, aus dem engen Gesichtskreis der modernen Erforschungsmethode herauszutreten.

So z. B. schreibt Zillmann in seiner Zeitschrift „Metaphysische Rundschau", er habe von einem französischen Ingenieur erfahren, dass das Ehepaar Curie hauptsächlich der Kenntnis des Okkultismus, der ja zum größten Teil in der, indischen Physik und Metaphysik basiert, die Richtung verdankt, in der sie so große Entdeckungen machten.

Die intuitive Erkenntnis wird durch den so viel geleugneten psychischen Sinn ermittelt. Und gerade die intuitive Erkenntnis spielt in der Wissenschaft eine größere Rolle, als gern und willig zugegeben wird.

So hat Herrschel den Apex – den Punkt, nach welchem das Sonnensystem sich zu bewegt – als einen Punkt im Sternbild des Herkules bestimmt. Durch Newcombs Forschungen wurde die Annahme bestätigt. Herrschel hat also die Wahrheit intuitiv erfasst, denn es stand ihm als Beobachtungsdaten nichts als die Anfangsgründe zur Verfügung. Sein durchdringendes, voraussehendes Genie aber war fähig, die Wahrheit geistig zu erfassen.

Die Hypothesen der altindischen Philosophie sind nicht tot, nicht überlebt, man findet sie bei genauerem Hinsehen in den Entdeckungen und Lehren der modernen Naturwissenschaft wieder, wenn auch unter anderen Bezeichnungen. Unsere Naturwissenschaft erkennt die Materie in zwei Arten: als physische Materie und als Äther. Die Verschiedenheit der physischen Elemente liegt in den Molekülen, jedoch ist das ihnen zugrunde liegende Atom das gleiche.

Sie lehrt, dass jedes dieser physischen, Elemente nur innerhalb einer einzigen großen Oktave, obgleich in verschiedenen Tonarten, schwingt, und dass jedes sich vom festen in den flüssigen oder gasartigen Zustand verändert, je nach dem Grade, wie die Schwingungen innerhalb der Oktave zunehmen; umgekehrt aber, dass jedes der physischen Elemente sich vom gasartigen in den flüssigen oder festen Zustand verändert, je nach dem Grade, wie die Schwingungen abnehmen.

Der Äther gehorcht den gleichen Gesetzen, denn er hat Elemente, die ebenfalls innerhalb einer großen Oktave auf der ätherischen Ebene schwingen, und zwar in festen, flüssigen oder gasartigen Zuständen, wie die physische Materie, auf ihrer Ebene. Diese Ätherelemente verändern sich und gehen in gleicher Weise Verbindungen ein, wie die physischen Elemente es tun.

Jedes Atom eines physischen Elementes ist das Zentrum eines aus vielen Ätheratomen zusammengesetzten Äthermoleküls. Keine zwei physischen Atome berühren sich, obwohl ihre Ätherhüllen oder Atmosphären sich berühren. Alle physischen Erscheinungen werden durch das harmonische Schwingen des. physischen Atoms mit seiner Ätherhülle hervorgebracht, indem Atom und Hülle denselben Ton, jedoch durch Hunderte von Oktaven voneinander getrennt, anschlagen.

Der Äther ist die Quelle aller Energie. Wenn das physische Atom in Harmonie mit seiner Ätherhülle schwingt, dann entstehen physische Phänomene oder Erscheinungen wie Licht, Wärme, Elektrizität usw.

Die indische Philosophie, oder besser gesagt, die altindische Physik, lehrt genau dasselbe. Die *Atomschwingungen* entsprechen den *Tattwischen Prinzipien*. Diese fünf tattwischen Zustände heißen:

Akash, das Ätherprinzip,
Vayu, das luftige Prinzip,
Tejas, das Prinzip der Hitze und des Lichtes,
Prithvi, das erdige Prinzip,
Apas, das wässerige Prinzip.

Wenn auch das Universum aus diesen fünf tattwischen Zustände zusammengesetzt ist und diese demnach als die materielle Ursache der Welt anzusehen sind, so ist es doch nicht ganz richtig, z. B. das *Vayu Tattwa* mit der Luft und das *Tejas Tattwa* mit dem Lichte zu identifizieren, obwohl die Luft der materiellen Äußerung des Vayu Tattwa, das Licht der des Tejas Tattwa entspricht. Das betreffende Tattwa als Prinzip könnte man eher als die Seele dieser Elemente auffassen.

Die Tattwas sind Äthermodifikationen der *akashischen Lebenswelle.*

Akash entspricht dem Gehöräther,
Vayu entspricht dem Gefühlsäther,
Tejas entspricht dem Lichtäther,
Prithvi entspricht dem Geruchsäther,
Apas entspricht dem Geschmacksäther.

Wir würden aber deren feinere Eindrücke nicht wahrnehmen, wenn sie uns nicht durch verschiedene Medien, also gröbere Stoffformen, übermittelt werden würden.

Tejas, der Lichtäther, durchdringt z. B. alles, auch die finstersten Räume. Warum aber können wir in einem finsteren Raum nicht sehen? Außerhalb des finsteren Raumes bringt der Lichtäther unter dem Einfluss der Sonne die Atome der Luft in eine sichtbare Schwingung.

Der innerhalb des Dunkelraumes eingeschlossene Lichtäther aber entbehrt des vermittelnden Mediums, die einschließende Mauer kann nicht in die gleiche Vibration der durch das Sonnenprana beeinflussten Luftatome gebracht werden, und es ist daher für unser Wahrnehmungsvermögen finster.

Der auch im finsteren Räume vorhandene Lichtäther, das Tejas Tattwa, oder um bei unserem Vergleiche zu bleiben, dieses Tattwa als Seele, kann uns unter diesen Verhältnissen nicht wahrnehmbar sein, erst durch den Hinzutritt einer gröberen Schwingungsform, eines Mediums, das auf unsere Sinne Eindruck zu machen imstande ist, kann das Tejas Tattwa als *Licht* für uns in Erscheinung treten. Und so verhält es sich bei den andern vier Tattwas, beim Gehör-, Gefühls-, Geschmacks- und Geruchsäther.

Der Lichtäther wird von der modernen Wissenschaft als Materie in sehr verfeinertem Aggregatzustande angenommen. Die Vibrationen dieses Äthers sollen das Licht bilden, und zwar erfolgen, sie senkrecht zu der Wellenrichtung. Die indische Philosophie definiert das Tejas Tattwa in gleicher Weise. Es bewegt sich aufwärts und diese Aufwärtsrichtung ist auch zugleich die Richtung der Wellen. Außerdem aber soll die Vibration des Elementes in der Form eines Dreiecks erfolgen.

Die Vibrationen des Klangäthers, Akash, bilden den Schall. Die Atmosphäre trägt den Klang weiter. Auch andere Medien, z. B. Erde oder Metalle, leiten den Schall mehr oder minder gut weiter. Also ist in allem etwas enthalten, was der Erzeugung des Schalls entgegenkommt, nämlich die Vibration, die den Schall darstellt.

Und dieses etwas ist das Akasha Tattwa. Es ist alles durchdringend, gleich dem Lichtäther. Nun aber wird der Schall in einer luftleeren Glasglocke nicht weiter geleitet. Man muss daher einen Unterschied machen zwischen den Vibrationen der Elemente die Klang und Licht erzeugen, und den Vibrationen der Medien, die diese Phänomene unseren Sinnen vermitteln. Nicht die Schwingungen der Ätherformen, der feinen Tattwas, vernehmen unsere Sinne, sondern die von ihnen erzeugten Schwingungen verschiedener Medien, also von Modifikationen der groben Materie.

Die äußere Form der Vibrationen des Klangäthers ist rund. Die Vibrationen geschehen ruckweise nach allen Richtungen hin, sodass der Impuls auf demselben Weg zurückkehrt, auf dem er wirksam geworden ist, also auch wieder von allen Seiten. Diese Ätherform versetzt die grobe Materie in ähnliche Schwingungen. Die Form der akustischen Schwingungen der Atmosphäre ist also ein getreues Abbild der Ätherschwingungen.

Die Vibrationen des Gefühlsäthers sollen kugelförmig sein und spitzwinkelig zur Wellenrichtung erfolgen. Die des Geruchsäthers sollen quadratisch sein und sich in der Wellenrichtung bewegen, also weder rechtwinkelig noch spitzwinkelig, weder aufwärts noch abwärts. Quadrat und Wellenrichtung liegen in der gleichen Ebene. Die Vibrationen des Geschmacksäthers sollen halbmondähnliche Gestalt haben und abwärtsgerichtet sein.

In Bezug auf unsere Sinne entsprechen
Akasha, der Klangäther, dem Gehör,
Vayu, der Gefühlsäther, dem Gefühl,
Tejas, der Lichtäther, dem Gesicht,
Prithvi, der Geruchsäther, dem Geruch,
Apas, der Geschmacksäther, dem Geschmack.

Den Tattwas werden auch einige sekundäre Eigenschaften zugeschrieben.

So ist der *Raum* eine Eigenschaft des *Akasha Tattwas*. Die Vibration dieses Äthers ist kreisförmig, etwa der Form einer Ohrhöhle entsprechend. In deren Substanz befinden sich mikroskopisch kleine Punkte, bzw. sie geben der Materie, die sie treffen, die Form einer runden, punktierten Platte, welche sich als mikroskopisch kleine Vertiefungen zeigen sollen. Man kann daraus folgern, dass die Zwischenräume zwischen diesen Punkten Raum für ätherische Minima enthalten und ihnen Bewegung gestatten.

Die *Bewegung* ist eine Eigenschaft des *Vayu Tattwas*. Vayu ist die Bewegung selbst, denn die Bewegung nach allen Richtungen ist eine große oder kleine Kreisbewegung.

Es hat die Form sphärischer Bewegung. Wenn zu der Eigenart der verschiedenen Äther die stereotype Eigenart des Vayu tritt, ergibt sich die Bewegung.

Die *Ausdehnung* ist die Eigenschaft des *Tejas Tattwas*. Erhitzte Körper dehnen sich aus. Wird eine Flamme einem Stück Metall genähert, so wird der in demselben enthaltene Lichtäther in Tätigkeit versetzt, der die, groben Atome des Klumpens in analoge Schwingungen versetzt, wodurch jedes Atom seinen Platz verändert und eine Ausdehnung stattfindet.

Die *Kohäsion* ist die Eigenschaft des *Prithvi Tattwas*. Wenn das Akasha Tattwa der Bewegung Raum verschafft, so leistet ihr Prithvi Widerstand.

Die *Zusammenziehung* ist eine Eigenschaft des *Apas Tattwas*. Dieses Tattwa wirkt dem Tejas Tattwa entgegengesetzt und verursacht die Zusammenziehung.

Um jenen Lesern, welche mit den Elementen der Physik und Chemie weniger vertraut sind, das Verständnis aller dieser Ausführungen zu erleichtern, führen wir aus dem sehr lesenswerten Buche „Östliche und Westliche Physik" von Thomas E. Willson auszugsweise eine Stelle des 3. Kapitels, mit dem Titel: „Was der Lehrer wissen sollte", an.

»Wir wollen uns vorstellen«, heißt es da, »dass irgendein Lehrer der Physik eine Anzahl Bunsen-Brenner unter eine lange Eisenstange, an deren einem Ende ein Pyrometer angebracht ist, hinstellt, und zu seiner Klasse etwa folgendermaßen spricht:

Hier ist eine Eisenstange, etwa ein Meter lang. Sie ist aus physischen Atomen zusammengesetzt, aber keines von diesen berührt das andere. Sie scheinen sich zu berühren, aber nur, weil sie und die dazwischen liegenden Räume für unsere Augen zu klein sind. Wenn wir ein Mikroskop von genügender Stärke hätten, um die Atome wahrnehmen zu können, so würden wir bemerken, dass keine zwei Atome sich berühren, und dass sie, wie Faraday sagt, verhältnismäßig so weit entfernt sind, wie ein Stern am Himmel vom andern. Wir haben schon früher gesehen, dass das, was uns als ein fester Wasserstrom erscheint, sich als eine ungeheure Anzahl von unabhängigen Tropfen erweist, die sich gar nicht berühren.

Jedes einzelne von diesen physischen Atomen ist eine Welt im Kleinen. Es ist das Zentrum eines aus vielen Atomen zusammengesetzten Äthermeeres. Während die physischen Atome sich nicht berühren, ist dies bei ihren ätherischen Atmosphären der Fall, sodass also irgendeine Veränderung in der Vibration der einen Atmosphäre der nächsten mitgeteilt wird. Da nun die Vibration der physischen Atome sich mit der ihrer ätherischen Atmosphären in Harmonie befinden muss, so wird vermittelst des sie alle umgebenden Äthers jede in dem einen Atom stattfindende Veränderung dem nächsten und von diesem wieder dem nächsten mitgeteilt.

Sie sehen, der Zeiger (am Pyrometer) am Ende der Stange hat sich gedreht und zeigt dadurch an, dass die Stange länger geworden ist. Die ätherischen Atome schwingen jetzt schneller, bedürfen mehr Raum und haben infolgedessen die physischen Atome weiter auseinandergetrieben. Die Stange ist aber nicht nur länger, sondern auch weicher geworden, und wenn die Schwingungen an Geschwindigkeit noch mehr zunehmen, so wird schließlich die Zeit kommen, wo die Stange sich infolge des eigenen Gewichtes biegen wird, ja sogar, wo sie sich in eine Flüssigkeit und in ein Gas verwandeln wird.

Wenn Sie die Hand in die Nähe der Stange bringen, so werden Sie eine Wärmeempfindung erhalten, und Sie sagen, dass die Stange heiß geworden ist. Dies kommt folgendermaßen zustande: Nicht nur jedes Atom der Stange ist von Äther umgeben, sondern auch jedes Atom der Luft und jedes Atom ihres Körpers.

Die ätherischen Atmosphären berühren sich, und die Steigerung in der Vibration des die Atome des Eisens umgebenden Äthers teilt sich also dem Äther der umgehenden Luft und von diesem aus auch den die physischen Atome Ihrer Hand umgebenden ätherischen Atomen mit. Dieser Schwingungsgrad verursacht in Ihren Nerven die Empfindung oder den mentalen Eindruck *Hitze*. Eigentlich ist diese also nur ein Schwingungsgrad, der Ihnen vermittelst ihres Gefühlssinnes zum Bewusstsein kommt, und den ihr Gehirn dann benennt.

Die Eisenstange hat nun eine Temperatur von ungefähr 700 Grad erreicht und eine mattrote Farbe angenommen. Weshalb sagen Sie nun, die Farbe habe sich geändert, und zwar in rot?

Weil die Schwingungen der ätherischen Atome in der Stange ungefähr 412 Billionen in der Sekunde befragen, weil dieser Schwingungsgrad dem Äther der Luft und von diesem dem Äther Ihres Auges mitgeteilt wird, und, weil dieser Schwingungsgrad des Äthers Ihrer Augennerven von Ihrem Gehirn erkannt und *rot* genannt wird.

Die Hitze vergrößert sich. Sie haben jetzt sowohl Hitze wie Licht. Der Äther schwingt also jetzt nicht in einem einzigen Ton, sondern in einem Akkord von zwei Tönen, die Licht und Hitze erzeugen. Außerdem ist auch noch Schall vorhanden, nur ist der Ton zu hoch für unsere Ohren. Der Akkord des Äthers besteht also aus drei Tönen. Vor einigen Jahrzehnten entdeckte *Silliman*, dass ein Licht und ein Schall erzeugender Äther unterschieden werden könne. Andere Gelehrte haben seitdem die dritte Art von Äther, nämlich den Wärme erzeugenden Äther gefunden.«

Diese Entdeckungen zeigen, dass die atmosphärische Ätherhülle aus Ätheratomen von verschiedenem Schwingungsgrade besteht. Wie die

Atmosphäre der Erde aus Atomen von Sauerstoff und Stickstoff, so ist jedes Ätheratom aus drei Arten von Äther zusammengesetzt, die dreien von äußeren Sinnen entsprechen. Wer kann aber sagen, ob jedes Atom nicht aus fünf Ätherarten besteht, die unseren fünf Sinnen entsprechen, wie die alten Inder behaupteten?“

Wir haben aus unseren früheren Ausführungen gesehen, dass dem wirklich so ist. Für jeden Sinn besteht eine Ätherart.

Und an anderer Stelle fährt der Lehrer fort:

»Sie haben also nicht eine sondern zwei Stangen vor sich, eine sichtbare und eine unsichtbare. Die sichtbare ist aus physischen Atomen aufgebaut und die unsichtbare aus ätherischen. Die ätherische Stange ist unsichtbar, aber trotzdem, wie die sichtbare, aus Materie zusammengesetzt, und sicher ist sie ebenso wirklich wie diese.

Noch mehr! Die ätherische, unsichtbare Stange ist der Ursprung und die Ursache aller mit der Stange verbundenen Phänomene. Sie ist die wahre Stange, und diese, die wir hier sehen, ist nur ihr auf die physische Ebene geworfener Schatten. Form, Kraft, Farbe, kurz alles hängt von der unsichtbaren Stange ab. Die unsichtbare Stange ist die maßgebende, die sichtbare dagegen nur eine Begleiterscheinung, die bei jedem Wechsel in der unsichtbaren, ätherischen Stange sich ebenso verändert und die somit diese Veränderungen unseren Sinnen kundgibt.

Die unsichtbare Veränderung findet zuerst statt; das unsichtbare Phänomen geht dem sichtbaren immer voraus.

In der ganzen physischen Welt, im ganzen Universum ist alles, selbst das Sandkörnchen und das Wasserstoffatom, ebenso wie diese Eisenstange, nur ein Schatten, der auf die sichtbare Welt durch die unbekannte, geheimnisvolle Arbeit einer unsichtbaren Welt geworfen wird. Ob Land oder Wasser, Berg oder See, Mensch oder Tier, Vogel oder Schlange, Kälte oder Hitze, Licht oder Dunkelheit, alle sind Spiegelbilder der wahren, wirklichen Dinge in der unsichtbaren und unfühlbaren Welt um uns. *Hat man einen physischen Körper, so hat man auch einen geistigen*, lehrte der Apostel Paulus.

Die moderne Wissenschaft hat bewiesen, dass er recht hatte, und dass der unsichtbare Körper der wirkliche ist.«

So weit unser Lehrer. Allerdings, setzen wir hinzu, die moderne Wissenschaft hat bewiesen, dass Apostel Paulus mit seinem Ausspruch Recht hatte, aber der Beweis ergab sich ganz gegen ihren Willen und nur gezwungen durch die wissenschaftlichen Tatsachen.

Die letzten Folgerungen aber zieht sie noch immer auf ihre eigene Weise, und zwar in der konsequenten Ableugnung aller übersinnlichen Phänomene des Okkultismus, aller höheren physischen Kräfte im Menschen, der odischen Ausstrahlung alles Lebenden und hauptsächlich des Weiterlebens eines feinstofflichen Körpers nach dem Fleischestode. Aber auch die Zeit wird kommen, wo die *exakte Forschung* sich gezwungen sehen wird, vor diesen Wahrheiten zu kapitulieren. Die indische Philosophie lehrt, dass die feinen Tattwas im Universum auf vier Ebenen und zwar

1. auf der physischen,
2. auf der mentalen,
3. auf der psychischen, und
4. auf der spirituellen Ebene existieren.

Das Tattwa der höheren Ebene unterscheidet sich von dem der unteren Ebene durch eine größere Schwingungszahl.

Die Vibrationen der verschiedenen Tattwas manifestieren sich in verschiedenen Formen entsprechend ihrer Natur, Bewegung und Äußerung, und zwar nach Farbe, Ton, Geruch, Geschmack, Gefühl usw. Bei der Entwicklung beeinträchtigen diese Äther, indem sie ihre Hauptformen und Eigenschaften bewahren, einigermaßen die übrigen Tattwas.

Jedes Tattwa hat demnach seine bestimmte Farbe, oder besser, Farben sind tattwische Manifestationen, bestimmte Schwingungsraten. Wir haben an der erhitzten Eisenstange gesehen, dass die rote Farbe durch einem höheren Schwingungsgrad der Atome bzw. ihrer Ätherhüllen entsteht.

Die Farben der Tattwas sind folgende:

Akash, schwarz, resp. farblos,
Vayu, grün, blau,
Tejas, rot,
Prithvi, gelb,
Apas, weiß.

Die weiteren Eigenschaften und Verhältnisse der Tattwas kann man aus nachstehender Tabelle ersehen, die zugleich eine Zusammenfassung des bisher Gesagten zeigt: (Siehe Tabelle Seite 161)

Zu der Tabelle wäre noch zu erwähnen, dass alle Dinge ein Zusammenspiel aller Tattwas sind, obwohl in jeder physischen Erscheinung ein bestimmtes Tattwa dominiert.

Da alle Dinge auf unsere Sinne wirken, also Ton, Geruch und Geschmack haben, so wird auch z. B. der Gefühlsäther, wenn er in irgendeinem materiellen Ding dominiert, den Geruchäther beeinflussen, dass dessen Äußerung in diesem Fahle auf unseren Sinn als *säuerlich scharf* wirken wird. Wenn ein materielles Ding den Gesichtsäther Tejas dominierend hat, so wird dieser Äther z. B. auf den Geschmacksäther so einwirken, dass uns derselbe den Geschmack als hitzig scharf sinnfällig macht.

Die Spalte mit *Atem* bezeichnet, findet der Leser in einem anderen Abschnitt dieses Buches erklärt; es verbindet sich nämlich zwischen unserem Atem und den Tattwas ein wichtiges Verhältnis. Die mit *Richtung* und *Symbol* bezeichneten Spalten dienen denjenigen Menschen, die es durch Yogi-Übungen erlernen wollen, den individuellen Tattwalauf in ihrem Organismus nach ihren Wünschen zu regeln; auch darüber findet der Leser an einer späteren Stelle des Buches eine kurze Aufklärung.

Die letzte Spalte zeigt die Zugehörigkeit der Tattwas zu den verschiedenen Himmelskörpern. Wir sagten, die Tattwas bilden das Universum. Wie das Atom und seine Ätherhülle einer bestimmten Schwingungsrate entspricht, so verhält es sich auch im Großen.

Ein bestimmter tattwischer Grundton herrscht überall vor, in jedem Ding, jedem Lebewesen, auf Sonne, Mond und allen Planeten. Der tattwische Grundton der Sonne und des Planeten Mars ist z. B. das Tejastattwa, von Mond und Venus das Apastattwa, vom Jupiter das Prithvitattwa, usw.

Diese fünf Tattwa, als das Wesen des ganzen Universums, sind gleichzeitig immer vorhanden und allgegenwärtig, aber dennoch dominiert das eine oder das andere stärker, man sagt dann, das betreffende Ding schwingt in diesem oder jenem Tattwa.

Name	Form der Vibration	Richtung der Bewegung	Ton	Natur	Geschmack	Geruch	Farbe	Sekundäre Eigenschaften	Atem	Prinzipien	Sinne	Himmelsrichtungen	Symbol	Himmelskörper
Akasha	Einem Ohrloch ähnlich	Nach allen Seiten	Mittel	–	Bitter	–	Schwarz bzs. Farblos	Der Raum	Wenig fühlbar	Äther	Gehör	Mitte	H Ham	♄
Vaju	Sphärisch	Schräg	Sehr hoch	Kühl	Sauer	Säuerlich scharf	Blau bis Grün	Die Bewegung	8 Finger breit	Luft	Gefühl	Nord	P Pam	☿ ☋
Tejas	Dreieck	Nach aufwärst	Hoch	Heiß	Hitzig-scharf	Heiß beißend	Rot	Die Ausdehnung	4 Finger breit	Licht	Gesicht	Süd	R Ram	☉ ♂
Prithvi	Quadratisch	In der Mitte	Sehr tief	Warm	Süß	Süßlich	Gelb	Die Kohäsion	12 Finger breit	Erde	Geruch	West	L Lam	♃ ☊
Apas	Mondformig (Sichel)	Nach abwärts	Tief	Kalt	Zusammenziehend	Zusammenziehend	Weiß	Die zusammenziehung	16 Finger breit	Wasser	Geschmack	Ost	V Vam	☽ ♀

Damit ist aber nicht gesagt, dass das betreffende materielle Ding jederzeit von dem dominierenden Tattwa beeinflusst wird. Es vollzieht sich nämlich im ganzen Universum ein beständiger, geordneter Wechsel der Tattwas. Das irdische Tattwa wechselt innerhalb zweier Stunden, gerechnet vom Sonnenaufgang an, sodass jedes Tattwa, der Reihe nach, durch 24 Minuten den Grundton hat.

Mit Sonnenaufgang tritt immer Akash ein. Nach 24 Minuten folgt Vayu, nach weiteren 24 Minuten Tejas, nach Ablauf derselben Prithvi und zum Schluss Apas. Damit ist der zweistündige Tattwalauf geschlossen und es setzt sofort wieder das Akashatattwa ein, dem alle 24 Minuten die anderen Tattwas folgen, und so fort, bis zum nächsten Sonnenaufgang, der wieder mit Akasha beginnt.

Nochmals sei aber darauf hingewiesen, dass kein Tattwa während des Eintrittes eines anderen unwirksam ist. Jedes Tattwa ist Tätigkeit zu jeder Zeit, nur der Einfluss eines bestimmten Tattwas wird alle 24 Minuten ein größerer sein. Dieser Wechsel vollzieht sich in allem was existiert, sowohl im Makrokosmos als auch im Mikrokosmos. Er vollzieht sich auch in unserem Organismus. Davon kann sich jeder Mensch mit wenig Mühe die Überzeugung verschaffen.

Wir sagten, dass die Tattwas sich auch in den Farben dokumentieren. Diese tattwischen Farben zeigen sich dem inneren Auge, wenn man zu öfteren malen und mit einiger Geduld das nachstehende Experiment ausführt.

Der Leser suche einen einsamen Ort auf, setze sich, das Gesicht gegen Osten gewendet, vor einen Tisch, stütze den Kopf in beide Hände, verschließe mit den Daumen fest die Ohren, mit den Zeigefingern die Augen, mit den Mittelfingern die Nasenlöcher, mit den Goldfingern und den kleinen Fingern den Mund. Die Augen müssen gut geschlossen sein, doch darf man keinen Druck ausüben; der Atem soll einige Sekunden angehalten werden. Man wird dann langsam, trotz der verschlossenen Augen, aus dem anfänglichen Dunkel heraus sich eine der fünf Tattwafarben entwickeln sehen.

Man mache dasselbe Experiment zu einer späteren Zeit, vielleicht nach einer halben Stunde, und es wird sich eine andere Farbe vor dem inneren Auge zeigen. Zu verschiedenen Zeiten des Tages wird man auch verschiedene Farben sehen, die anfänglich, solange das innere Schauen noch nicht geübt ist, etwas getrübt auftreten, dann aber immer reiner und feuriger erscheinen werden.

Jede dieser Farben, die man zu sehen bekommt, entspricht dem Grundton des Tattwas. das augenblicklich in uns dominiert.

Bei weiteren Übungen wird man es wohl unterlassen können, den Atemstrom zu unterdrücken. Ja, man kann es sogar dahin bringen, bloß die Augen mit den Lidern zu schließen, und man wird die Tattwafarben erkennen. Dazu gehört allerdings Geduld und Mühe, ein solcher Erfolg stellt sich erst nach einigen Wochen, sogar Monaten ein.

In der schönen Jahreszeit lässt sich ein verlässliches Erkennen des schwingenden Tattwas, bzw., seiner Farbe durch folgendes Experiment, das man natürlich ebenfalls so oft als möglich vornehmen muss, erreichen.

An klaren, wolkenreinen Tagen gehe man hinaus in die Natur, suche sich eine geschützte Waldlichtung auf, in der man vor unliebsamen Störungen möglichst sicher ist, und lege sich in das Gras. Man atme gleichmäßig, spanne alle Muskeln ab und versuche sich freizumachen von dem Ansturm der Gedankenwellen. Die Sorgen und kleinlichen Angelegenheiten des Alltagslebens müssen verschwinden, das Gemüt muss sich dem Erhabenen zukehren, Seelenfriede und Harmonie müssen Einkehr halten und den Übenden in eine ruhige Stimmung der Ergebung und Erwartung bringen.

Die Sinneskontrolle muss gedämpft und abgeschwächt werden, die Eindrücke des Gesichts und des Gehörs dürfen keine besondere Aufmerksamkeit mehr erregen. Hat man diesen passiven Zustand durch einige Zeit festgehalten, dann richtet man seine Augen hinauf in den klaren Himmel. Und nun konzentriert man sich ausschließlich auf den Wunsch, das herrschende Tattwa sehen zu wollen. Je intensiver und absolut freier von allen Gedankenstörungen dieser Wunsch ist, desto sicherer wird man das Ziel erreichen. Das Auge muss bei dieser Übung ganz ruhig bleiben, das Zwinkern muss soviel als möglich vermieden werden. Wer viel zwinkert, der wird keinen Erfolg haben.

Schon das erste Experiment lässt nach einiger Zeit ein merkwürdiges Phänomen vor den Augen entstehen. Der vorerst so ruhige blaue

Himmel wird sich beleben, weißliche Gebilde werden entstehen und auf- und niederwogen.

Wer Geduld hat und an einem der folgenden Tage das Experiment wiederholt, wird dann diesen Nebel zu Formen und Gestalten sich verdichten sehen, die bei späteren Experimenten sogar handelnd auftreten werden. Wenn man aber den eigentlichen Zweck erreichen will, darf man dieses Phänomen nicht allzu stark in das Bewusstsein aufnehmen. Erst nach und nach werden am Himmel wunderbare Farbeneffekte erscheinen. Das ist ein Zeichen, dass man dem Ziele nahegekommen ist. Noch ein oder zwei solche Experimente und der Übende wird die Farben des Tattwalaufes jederzeit am Himmel bemerken.

Man darf sich in der ersten Zeit solcher Experimente durch Mischfarben und farbige Untertöne nicht verwirren lassen.

Jedes Tattwa erhält nämlich eine Nebenströmung von sämtlichen fünf Tattwas. Da alle Tattwas nur Manifestationen von Akasha sind, so müssen auch alle, Tattwas in einem, und jedes Tattwa in allen enthalten sein. Das herrschende Tattwa bildet sozusagen den Grundton und erhält innerhalb seines Bestehens nacheinander eine leichte Lasur durch die anderen Tattwas.

So wird sich z. B. innerhalb der 24 Minuten, die das Tejastattwa schwingt, zuerst Tejas mit dem Unterton Akasha, dann Tejas-Vayu, denn Tejas-Tejas, Tejas-Prithvi und schließlich Tejas-Apas zeigen.

Der Übende wird also das herrschende Grundtattwa entweder durch die Farbe des Nebentattwas getrübt sehen, oder es bildet sich um das reine Grundtattwa ein Kranz aus der Farbe des Nebentattwas. Es ist ganz individuell, wie sich das Zusammenspiel des Haupt- und Nebentattwas äußert, bei jedem Übenden wird es wohl in einer anders variierenden Anordnung erscheinen.

Der Körper - der menschliche, wie auch jeder andere - ist aus den fünf Tattwas in ihrer gröberen Form entstanden. In diesem grobmateriellen Körper wirken die fünf Tattwas in ihrer feineren Form. Sie regieren ihn physiologisch, mental, psychisch und geistig.

Der Mensch steht durch die Tattwas mit dem gesamten Universum in ständiger Verbindung. Wie er durch seine tattwischen Schwingungen alles, was ihn umgibt, beeinflusst, so ist er auch fortwährend von allen Seiten solchen Schwingungen ausgesetzt.

Wenn alles in der Welt dem Gesetze der tattwischen Schwingungen unterliegt, so ist das auch der Fall mit allen physischen, mentalen, psychischen und geistigen Äußerungen des Menschen, kurz, mit seinem ganzen Wünschen, Fühlen, Denken und Handeln! Die Tattwas haben also auf alle Handlungen des menschlichen Lebens einen bestimmten Einfluss.

Wer also eine Handlung begeht zu einer Zeit, die dem diese Handlung beeinflussenden Tattwa widerspricht, setzt sich einem Misserfolg aus, da er sich eine Störung der Harmonie des Universums zuschulden kommen ließ. Erfolge können nur erreicht werden, wenn die betreffende Handlung zu jener Zeit vorgenommen wird, zu welcher das, dieser Handlung entsprechende, ihr harmonische Tattwa schwingt.

Der nächste Abschnitt wird dem Leser zeigen, wie die verschiedenen Tattwas alle Verhältnisse des Lebens beeinflussen.

b) Die Wirkungen der Tattwas auf das menschliche Leben und dessen verschiedene Verhältnisse

Der harmonische Mensch, d. h. derjenige, der sich in einem ruhigen, leidenschaftsfreien Seelenzustand befindet, steht auch im Einklang mit dem Universum.

Daraus folgert, dass auch der Lauf seines individuellen Tattwas, d. h. der Wechsel der Tattwas in seinem Körper in voller Übereinstimmung steht mit dem Tattwalauf des Makrokosmos, der großen Welt.

Wenn aber der Mensch physische oder psychische Störungen in sich trägt, wenn er von Leidenschaften oder Lastern beherrscht, also seelisch krank ist, oder wenn er körperlich leidet, so ist der Lauf seines persönlichen Tattwas ein ungeordneter, unregelmäßiger, oder stockender, und nicht in Übereinstimmung mit dem großen Tattwalauf, er steht also nicht in Harmonie mit dem All.

Der allgemeine damalige Entwicklungszustand der Menschheit ist leider noch nicht so weit gediehen, dass beständig eine Harmonie zwischen beiden Welten, der kleinen des Menschen und der großen des Universums vorhanden ist. Wäre es aber der Fall, dann würde unser Erdenleben ein ununterbrochener Zustand von Glück und Seligkeit sein, frei von Krankheit, Leid, Not, Enttäuschungen und Misserfolgen.

Man sollte seine Handlungen stets in Übereinstimmung mit dem persönlichen, und dem allgemeinen Tattwa halten. Das ist aber nur den wenigsten Menschen, und diesen nicht einmal *restlos* möglich. Denn man müsste dann sein persönliches Tattwa jeden Augenblick *unzweifelhaft* erkennen können, und man müsste es in der Gewalt haben, sein persönliches Tattwa, wenn es zeitweise nicht in Übereinstimmung steht mit dem allgemeinen Tattwa, durch Willenskraft so umzugestalten, dass es dem allgemeinen Tattwa entspricht.

Man müsste es z. B. in der Macht haben, wenn man festgestellt hat, dass man persönlich Tejas schwingt, und das allgemeine Tattwa ergibt sich (nach einer leichten Berechnung, die Gegenstand des nächsten Kapitels ist) in Prithvi, durch Willenskraft das Prithvitattwa in sich zu erzeugen. Man müsste also jede Unregelmäßigkeit und Störung in seinem persönlichen Tattwalauf sofort durch Willenskraft umändern und dem großen, allgemeinen Tattwalauf, den man *makrokosmisch* nennt, anpassen können. Ein Mensch, der diese Kraft in seiner absoluten, unumschränkten Gewalt hat, ist überhaupt frei von allem Ungemach der Erde.

Er hat es z. B. in der Macht, jede Krankheit seines Leibes sofort im Keime zu ersticken. Krankheit ist in seiner inneren Wesenheit nichts weiter, als ein unregelmäßiger oder gestörter Tattwalauf, der mit dem *makrokosmischen* nicht übereinstimmt. Wenn Fieber eintritt, so bleibt das Tejastattwa stehen und macht dem Prithvitattwa nicht Platz. Dieses Tattwa beherrscht den Körper allein während des ganzen Fieberzustandes. Wie die Erfahrung lehrt, kann das der Fall durch Wochen sein, ja schließlich sogar, wenn das Tejastattwa nicht weicht, zum Tode führen. Ein Mensch, der es fertigbringt, seinen Tattwalauf selbst zu regulieren, würde einfach die Störung dadurch beheben, dass er das nächstfolgende Prithvitattwa, oder noch besser, das abkühlende Apastattwa in sich erzeugt.

Erkältungen z. B. zeigen immer ein stockendes Apastattwa. Die Erkältung ist erst wieder behoben, bis ein seiner Natur nach wärmeres Tattwa, wie Tejas, eintritt.

Da sich die Regulierung des Tattwalaufes – teilweise wenigstens – einerseits durch mechanische Mittel, andererseits durch Suggestion, Heilmagnetismus usw. auch erreichen lässt, so würden unsere Ärzte, wenn sie diesen Tatsachen näher treten wollten, viel größere Erfolge in ihrer Wissenschaft erringen. Wir verweisen an dieser Stelle auf das lesenswerte Buch:

„Die Tuberkulose, ihr Wesen, ihre Ursachen, Verhütung und Heilung vom Standpunkte der Geheimmedizin", von Dr. med. Johannes Dingfelder. Dieser Arzt ist ebenfalls zur Erkenntnis gekommen, dass Krankheit überhaupt nur dann auftritt, wenn der regelmäßige Schwingungsverlauf der Tattwas gestört ist.

Die volle, bewusste Beherrschung des persönlichen Tattwas kann von allen jenen Personen erreicht werden, die sich einer scharfen, geschulten Willenskonzentration erfreuen und die genügende Ausdauer und Geduld besitzen, außerdem sich entsprechender Kenntnisse auf verschiedenen okkulten Gebieten erfreuen – Die erforderlichen Übungen und sonstigen Anleitungen findet der Leser in der schon erwähnten Kollektion von Lehrbüchern zur Entwicklung der okkulten, inneren Kräfte des Menschen. Bei dieser Entwicklung spielt die Kraft der Imagination und der höchst gesteigerten plastischen Vorstellungskraft eine große Rolle.

Nur einer gut ausgebildeten, voll entwickelten Willenskraft, sowie einer starken, zielbewussten Imaginationsfähigkeit wird es gelingen, in sich ein gewünschtes Tattwa hervorzurufen.

Dieses Experiment stellt den Gipfel der Entwicklung der inneren, okkulten Fähigkeiten vor, und daher wird es auch begreiflich sein, dass die Erreichung dieses Zieles von einer längeren Reihe von Übungen abhängt, aber auch ihrer Gefährlichkeit wegen, von einem gewissen ethischen Hochstand des Experimentierenden. Der Meister der Tattwas ist auch der absolute Meister seines Geschicks.

Er ist aber auch der Meister seiner Mitmenschen, der Meister der Naturkräfte, der Meister alles stofflichen Geschehens. Und wenn er nicht *rein* ist, wenn er noch nach Reichtum, Macht, Ruhm oder der Befriedigung seiner Leidenschaften trachtet, wenn also sein Streben noch vollständig auf das Ausleben seiner niederen Begierden gerichtet ist, dann würde die Tattwabeherrschung für ihn und seine Mitmenschen zum

Fluche werden. Die Fackel des ewigen Lichtes der Wahrheit würde in seinen Händen zum furchtbaren Brand werden, der sie, und alle die mit ihm in Berührung kommen, ergreift und vernichtet.

Wir haben hier keineswegs zu viel gesagt. Die nächsten Seiten dieses Buches klären den Leser über die tattwischen Wirkungen auf, und er wird dann selbst einsehen, welch große Kraft der Beherrscher des persönlichen Tattwas auszuüben imstande ist. In den Händen der vielen egoistischen Ichmenschen würde diese Macht nur dazu dienen, die ungezügelten Leidenschaften zu nähren und Wunden zu schlagen, statt sie zu heilen.

Glücklicherweise hat die Vorsehung durch die schwere Erreichung dieses Zieles einen starken Riegel vorgesetzt, den nur Wenige zu beseitigen imstande sind.

Um nur annähernd dem Leser ein Bild zu geben, was alles die Erzeugung eines bestimmten Tattwas in sich verlangt, wollen wir nachstehend annehmen, ein Mensch hat den Wunsch, das Tejastattwa in sich zur Wirksamkeit zu bringen.

Er muss bei diesem Tattwa in einem feurigen großen Dreieck gelbrote Flammen aufwärts züngeln sehen, muss gleichzeitig im ganzen Körper das Gefühl brennender Hitze und Trockenheit haben, ohne dass ihn dabei das Verlangen nach einer den Durst löschenden Flüssigkeit überkommt; es muss sich nur scharfer, beißender Geschmack in seinem Mund einstellen, und alles was er ansieht, muss mit einem hellen Rot übergossen sein. Er wendet sich gegen Süden, zieht den Atem ein, lässt den pranischen Strom, den er als einen Feuerstrom sich vorstellt, auf ein gewisses Nervenzentrum einwirken.

Das hat zur Folge, dass ihn eine ungeheure positive Energie erfüllt. Vermag er nun, infolge eines geistigen Vorganges, der hier nicht näher geschildert werden kann,[1] und mit Hilfe der in einer hohen Tonlage im Geiste vibrierenden Silbe **Ram** und der Vorstellung der Ausdehnung, sich in Verbindung mit dem in nächster Zeit herrschenden makrokosmischen Tejastattwa zu setzen, was allein schon eine große Willenskraft

---

1) Siehe das schon erwähnte Werk „Geheime Seelenkräfte", eine Kollektion von Lehrbüchern zur Entwicklung der inneren hohen Kräfte im Menschen.

erfordert, so wird er im nächsten Augenblick in Tejas schwingen. Es kommt nun wieder auf die geschulte Willenskraft an, das so erzeugte Tattwa auf beliebige Zeit festzuhalten. Er muss zu diesem Zwecke imstande sein, ehe noch 24 Minuten vergangen sind, den tattwischen Wechsel aufzuhalten. Und das erfordert auch wieder eine längere Zeit des Übens.

Solche Experimente durchzuführen, ist für die meisten Menschen dieser Entwicklungsstufe zu beschwerlich. Um ihre Handlungen trotzdem im Einklang mit den tattwischen Prinzipien zu halten, ist es angezeigt, sich die Fähigkeit des Erkennens des persönlichen Tattwas anzueignen. Das kostet ja auch Mühe und Geduld, hat aber den Vorteil, dass man für irgendeine Handlung eine Zeit wählen kann, zu welcher das dafür einflussreiche eigene, persönliche Tattwa mit dem makrokosmischen übereinstimmt. Der Erfolg steigert sich dadurch. Eine Übereinstimmung zwischen den beiden tattwischen Strömungen wird bei harmonischen und ruhigen Menschen wohl in den meisten Fällen zu konstatieren sein.

Das Erkennen des jeweils im Körper schwingenden Tattwas übt sich durch die bereits gelehrte „Innenschau“, und zwar durch Verschließen der äußeren Sinnesorgane mit den Fingern usw., als auch durch das ebenfalls geschilderte Experiment im Freien. am blauen, wolkenlosen Himmel. Wenn man beide Methoden längere Zeit hindurch nebeneinander übt, wird man leichter zum Ziel kommen. Der Eintritt des Erfolges ist individuell, bei einigen nach Wochen, bei anderen erst in zwei bis drei Monaten.

Man hat für diese Innenschau des augenblicklich schwingenden persönlichen Tattwas auch eine vorzügliche Kontrolle in Gestalt der so genannten *Tattwaperlen.*

In einem kleinen Ledertäschchen befinden sich fünf erbsengroße Perlen in den fünf Tattwafarben. Diese Perlen sind aus durchgefärbtem Glas gefertigt und von gleicher Größe. Es ist wichtig, die Perlen sowohl als auch den Innenraum des Täschchens vor der ersten Verwendung mehrmals gut anzuhauchen.

Hat man durch das Schauen mit dem inneren Auge das herrschende persönliche Tattwa festgestellt, so übt man die Korrektur derart, dass man aus dem Täschchen – ohne jedoch hinzusehen – eine Perle zieht. Diese soll die Farbe des mit dem inneren Auge gesehenen Tattwas zeigen.

Auch hier tritt der volle Erfolg erst nach längerer Übung ein. Man darf nicht entmutigt sein, wenn anfänglich viele Fehlgriffe getan werden und lasse die Geduld nicht sinken. Man kommt zum Ziel, wer fleißig übt, erreicht es in kurzer Zeit. Man soll das Täschchen und dessen Inhalt bei sich gut verwahren und niemandem zeigen. Die magnetische Strahlung fremder Augen wirkt verhindernd und störend, ja selbst ein bereits eingetretener Erfolg könnte dadurch für einige Zeit unterbrochen werden. Noch weniger darf ein fremder Mensch Täschchen und Perlen berühren. Jeder Mensch hat seine eigene, psychisch beeinflusste Ausstrahlung, die er dann auf die Perlen verladen würde, wodurch der Kontakt zwischen den Perlen und dem seelischen Prinzip des Eigeners unterbrochen wird. Sollte doch einmal der Fall vorkommen, dass fremde Hände Täschchen oder Perlen berühren, oder fremde Augen es besichtigen, so reinige man den Innenraum des Täschchens mit einer Bürste, wasche die Perlen tüchtig ab und hauche beide Gegenstände auf die geschilderte Art mehrere Male an.

Bei diesem Anhauchen muss man immer den festen Wunsch haben, bzw. sich darauf konzentrieren, dass der gewünschte Erfolg sich einstellen soll.

Es gibt noch zwei, im Prinzip richtige, aber in der Ausübung weniger verlässliche Kontrollarten.

In der Tabelle über die Eigenschaften der Tattwas lesen wir eine Spalte, die mit Atem überschrieben ist. Nach dieser Tabelle ist das Akashatattwa wenig fühlbar, das Vayu 8 Fingerbreit, das Tejas 4 Finger, das Prithvi 12 und das Apastattwa 16 Fingerbreit fühlbar.

Wenn man den Handrücken unter die Nase hält, so wird man beim Akashatattwa den Atemstrom nur sehr schwach fühlen, beim Tejastattwa wird man den Atemstrom fühlen, wenn der Handrücken vier Fingerbreit, beim Vayu 8 Finger, beim Prithvi 12 und beim Apas sogar 16 Fingerbreit von der Nase entfernt ist.

Wenn man einen kleinen Taschenspiegel unter die Nase hält und kräftig darauf (durch die Nase) atmet, so zeigt die dadurch getrübte Spiegelfläche verschiedene Figuren. Bei schnellem Zusehen und großer Aufmerksamkeit wird man, wenn Akasha strömt, eine dem Ohr ähnliche Figur, bei Vayu eine sphärische, bei Tejas eine dreieckige, bei Prithvi eine quadratische und bei Apas eine mondsichelförmige Figur entdecken.

Zu diesen Kontrolle versuchen gehört ein sehr feines Empfinden und ein rasches Auffassen. Sie sind sehr interessant und auch überzeugend, haben aber praktisch weniger Wert als die Tattwaperlen. Immerhin wird sich auch mancher Leser, der ein so feines Empfindungsvermögen und die schnelle Auffassung hat, mit dem Atem und dem Spiegel als Kontrolle zufriedenstellend behelfen können.

Der hohe, in jeder Weise uneingeschränkte Erfolg also wird sich einstellen bei allen Handlungen unseres Lebens, wenn wir den Lauf des persönlichen Tattwas erkennen gelernt haben und für diese Handlungen jene Zeiten abwarten, wo das persönliche Tattwa mit den geforderten makrokosmischtattwischen und astralen Bedingungen im Einklang steht. Und das ist wieder günstig, denn da wir dabei gewisse Zeiten abzuwarten haben, ist uns Gelegenheit gegeben, unsere Entschlüsse reiflich zu überdenken, wodurch wir uns ja auch vor unüberlegten Handlungen schützen.

Wer also z. B. ein Unternehmen durchführen will, dessen Natur mit der Natur des Prithvitattwa übereinstimmt, wird sich eine Zeit wählen, wo dieses Tattwa sowohl in ihm, als auch im Universum vorherrscht. Er hat dann auf einen, seine Wünsche übersteigenden, sicheren Erfolg zu rechnen.

Nun wird es ja allerdings auch viele Personen geben, die aus irgendeinem Grunde das innere Sehen der persönlichen Tattwas nicht erreichen werden. Diese müssen ihr persönliches Tattwa unberücksichtigt lassen und können sich nur an das Universaltattwa halten. Der Erfolg wird dadurch keineswegs unsicher gemacht oder aufgehoben, denn das im Makrokosmos schwingende Tattwa allein ist immer kräftig genug, sich durchzusetzen, selbst wenn das persönliche Tattwa entgegengesetzt wirkt.

Ein solcher Umstand kann nur leichte Abschwächungen, Verzögerungen oder leicht zu überwindende, meist unwesentliche Hindernisse in Bezug auf den Erfolg verursachen, womit man sich schon zufrieden, geben kann, wenn man bedenkt, dass das Endresultat doch ein siecheres Gelingen ist, umso mehr, als man in den bereits geschilderten astralen Einflüssen eine so große Unterstützung erhält, dass das eventuell entgegengesetzte persönliche Tattwa dieser Kräftevereinigung gegenüber sich nur als ein ganz nebensächlicher Einfluss erweist. Zudem wird in den allermeisten Fällen jeder gesunde, moralisch denkende, ruhige, seinen

Leidenschaften nicht allzu sehr ergebene Mensch ohnehin bezüglich seines persönlichen Tattwas in Einklang stehen mit dem Universaltattwa des Makrokosmos.

Die Tattwalehre und ihre Beachtung für alle Verhältnisse des Lebens ist also für jeden Menschen von unschätzbarem Vorteil.

Wir beginnen nun mit der Beschreibung der Wirkungen der fünf Tattwas und bitten den Leser, denselben aufmerksamste Beachtung zu schenken.

1. Das Akashtattwa

Dieses Tattwa ist der Urgrund des tattwischen Laufes; von ihm ausgehend, kehren die Tattwas wieder in dasselbe zurück.

Es ist das dem Materiellen entgegengesetzte Prinzip, das lebensverneinende, demnach für alles Körperliche das Prinzip der Vernichtung und Zerstörung. Allerdings nur scheinbar, denn im esoterischen Sinne ist es das, was hinter den Dingen steht, ihr Anfang und ihr Ende bzw. ihr Neuerstehen. Es ist, als der Mittelpunkt aller tattwischen Kräfte das himmlische Richtschwert, die Vertretung des alles durchdringenden ewigen Gesetzes und gleicht in seiner Wirkung der des Planeten Saturn. Akashtattwa stellt den Urzustand dar und die Rückkehr in denselben.

Aus ihm gehen die anderen tattwischen Prinzipien hervor und erzeugen Leben und Bewegung, in ihm lösen sie sich wieder auf, das Werden und Vergehen im ewigen Wechsel symbolisierend.

Der düstere, ernste, zur Meditation und Selbstversenkung beeinflussende saturnische Charakter dieses Tattwas verlangt, dass man während seiner Herrschaft gar nichts unternehmen soll. Die indische Philosophie lehrt, dass man während des Akasha-Einflusses sich still in der Einsamkeit verhalten und sich Betrachtungen über den Urgrund alles Seins hingeben soll.

Es ist daher gut, während der 24 Minuten, die das Akashatattwa strömt, alles, was irgend weltlichen Dingen zugehört, zu vermeiden. Es ist Tatsache, dass die meisten Enttäuschungen, zerstörten Hoffnungen und schmerzlichen Erfahrungen ihre Ursache darin haben, dass die, die Erfüllung der Wünsche erstrebenden Handlungen zur Akashazeit eingeleitet wurden.

Das Akashatattwa wirkt seiner Natur nach auf das Irdische auflösend, abziehend, verhindernd und alles Körperliche zerstörend.

Dieses Tattwa ist mit dem Rätsel der Sphinx zu vergleichen. In ihm schlummert der Urgrund alles Seins, das Geheimnis des Werdens und Vergehens. Vom Urgründe ausgehend, muss alles wieder dorthin zurück. Der zweistündige Wechsel des Trattwalaufes symbolisiert diesen Vorgang.

Der moderne Mensch kann freilich zu verschiedenen Malen des Tages nicht innerhalb der 24 Minuten so untätig sich verhalten, wie es die Lehren der altindischen Philosophie anraten. Unsere Zeit will über jede Minute Rechenschaft haben und keine derselben soll ungenützt verloren gehen. Als ob es ein Verlust wäre, einige Male des Tages sich meditativ seinem Innenleben zuzuwenden!

Aber wir gehen in unserem hastenden Zeitalter vollständig in den Berufsgeschäften auf. Wenn wir nun schon zur Zeit dieses verhängnisvollen Tattwas arbeiten müssen, so seien wir wenigstens – so weit als tunlich – in der Auswahl unserer Arbeit vorsichtig; nur sehr ernste Beschäftigungen können die niederdrückenden Vibrationen dieses Tattwas einigermaßen ohne Schädigung über sich ergehen lassen. Allerdings – selbst dem aufmerksamsten Arbeiter wird zu dieser Zeit selten etwas fehlerlos gelingen, denn das Akashatattwa ist auch das Tattwa der Verwirrung. Die meisten Irrtümer und Fehler werden während dieser Zeit begangen. Am verhängnisvollsten sind die fünf Minuten während welcher Akasha mit dem Unterton Akasha, Vayu oder Tejas strömt.

Man kann den Einfluss dieses Tattwas oft sehr deutlich empfinden. Wenn eine Gesellschaft versammelt ist, die vorher, während des Apaseinflusses, noch ganz fröhlich und heiter gestimmt war, so wird sie während der Akashazeit merklich einsilbiger werden, der Gesprächsstoff wird ausgehen, und es wird eine jener peinlichen Situationen eintreten, die von jedem Gastgeber gefürchtet sind. Krampfhaft ist er bemüht, das stockende Gespräch in Gang zu bringen, die unglaublichsten geistigen Kaprioletten werden versucht, ab und zu – wird ein sonst gut wirkender Witz gebracht – aber es nützt alles nichts alte Anstrengungen gleichen nur Raketen, die blendend auf leuchten, denen aber sofort tiefe Finsternis folgt. Erst beim Eintritt des nächsten Tattwas wird der Bann gelöst sein, aber auch nicht im Sinne ungezwungener Fröhlichkeit, denn das Vayutattwa bringt wohl wieder Bewegung in das Gespräch, lässt aber nur ernstere Themas aufkommen. Bei moralisch tief erstehenden Menschen sogar Gespräche bösen Inhaltes.

Zur Zeit des Akashatattwas beginne man keine geistige Arbeit, kein Studium, denn man würde zu keinem guten Resultat gelangen.

Der Künstler sei in erster Linie vor diesem Tattwa gewarnt. Wenn er auch zu dieser Zeit an und für sich nicht zum Schaffen angeregt ist, so können doch Umstände eintreten, die ihn auf irgendeine Art dazu zwingen wollen; würde er diesem Drange aber nachgeben und versuchen, seine Fähigkeiten zur Produktion zu pressen, so mag er versichert sein, dass das Geschaffene wertlos ist, keinen Anklang findet und ihm nur Kummer und Ärger bringen wird.

Wir wollen nicht unterlassen, an dieser Stelle darauf aufmerksam zu machen, dass das Gelingen einer Arbeit oder irgendeines Unternehmens, überhaupt der Ausgang einer jeden Angelegenheit des menschlichen Lebens von dem Tattwa abhängt, unter welchem es begonnen wurde.

Wer z. B. während des Akashatattwas etwas beginnt, dessen Fertigstellung längerer Zeit bedarf, könnte vielleicht annehmen, dass, weil seine Arbeit auch in die anderen Tattwas hinüberreicht, er dieselbe dadurch glücklich und erfolgreich zu beenden imstande wäre.

Das ist aber ein großer Irrtum. Alles, was der Mensch beginnt und unternimmt, bleibt dem Einfluss jenes Tattwas unterstellt, das zu der Zeit des Beginns strömte.

Akasha lässt sich selten genau sehen. Es ist meist ein farbloses Dunkel. Das Gehör ist während dieses Tattwas sehr gesteigert und ungemein empfindlich, selbst die leisesten Geräusche, die sonst unbeachtet bleiben, werden noch vernommen. Wer zur Akashazeit speist – was keineswegs getan werden sollte – wird alle Speisen etwas bitter empfinden.

Unter diesem Tattwa geborene Kinder bringen meist den Kuss des Todesengels schon mit zur Welt – sie sterben in der überwiegenden Mehrzahl im zarten Kindesalter.

Wer während des Akashatattwas ein Freundschaftsverhältnis schließt oder ein Liebesbündnis, wird viel Trauer, Enttäuschung und baldige, meist gewaltsame Trennung erleben.

Das Akashatattwa ist das Tattwa des Todes. Die meisten Menschen hauchen ihren letzten Atemzug während dieses Tattwas aus. Es bringt die Lebenskraft zum Versiegen. Plötzliche Todesfälle sind seltener im Akasha, diese ereignen sich mehr im Vayu und Tejas.

Man hat festgestellt, dass Agonien, Bewusstlosigkeit usw. hauptsächlich im Akasha vorkommen. Der Tod in diesem Tattwa vollzieht sich meist nach langem Krankenlager und infolge großer Schwächezustände.

Während der Akashazeit neigt man zum Pessimismus, seelischer Disharmonie, unerklärlicher Traurigkeit, Unlust und Verdrossenheit. Wenn dieses Tattwa strömt, leiden die geistigen und intellektuellen Fähigkeiten. Gedankenlosigkeit, Vergesslichkeit, schwere Auffassung ergreifen den Geist und man ist oft nicht imstande, das Einfachste zu begreifen.

Akasha ist das Tattwa des Schweigens.

Es sei nochmals betont, dass das Akashatattwa für alle irdischen Angelegenheiten unverwendbar ist. Seine schlimmste Wirkung in Beziehung auf die astrale Kräfteverbindung ist am Dienstag und Sonnabend, während der Saturn-, Mars- und Merkur stunden, ferner an Tagen, an welchen der Mond in den Zeichen Widder, Skorpion, Steinbock und Wassermann steht, oder sich mit Saturn oder Mars ein ungünstiger Lunar-Aspekt, eventuell ein ungünstiger Mutualaspekt zwischen Mars und Saturn zeigt.

Akashatattwa bringt selten eine Empfängnis, wenn aber ein solcher Fall vorkommt, so ist er für die Mutter verhängnisvoll und todbringend, mindestens mit sehr großen Schmerzen und Gefahren verbunden.

Eine günstige Beeinflussung durch dieses Tattwa ist nicht vorhanden. Sensitivere Menschen spüren den Einfluss des Akashatattwas besonders durch ein großes Verlangen zur Einsamkeit oder durch eine sehr ernste, melancholische und zu Träumereien und Grübeleien geneigte Gemütsstimmung. Akashatattwa ist höchstens für das Gebet gut, doch darf dasselbe keine Bitte enthalten, es darf nur der Betrachtung, Verehrung und Erhebung dienen.

2. Das Vayutattwa

Die nächsten 24 Minuten gehören dem Vayutattwa an.

Das *Vayutattwa* ist die erste Manifestation des Lebens, es ist das Prinzip der Bewegung.

Es zeigt sich in blauer oder grüner Farbe, je nach dem ethischen Entwicklungszustand der betreffenden Person. Ethisch vorgeschrittene Menschen sehen es in einem reinen Himmelblau, moralisch Tieferstehende in einem dunklen Grün. Die verschiedenen Abstufungen zwischen beiden Farben zeigen den sittlichen Wert des Menschen an.

Je egoistischer der Mensch denkt, desto dunkelgrüner wird sich ihm das Vayu zeigen. Der Durchschnittsmensch, der weder gut noch böse ist, wird dieses Tattwa meist in einer hellgrünen Farbe sehen; darum wird das Vayu im Allgemeinen als grün angegeben und ist es auch in unserem Apparat mit dieser Farbe bezeichnet.

Wie der erstarrende, kalte Einfluss des Saturns dem Akashatattwa, so entspricht das bewegliche Prinzip des Merkurs dem Vayutattwa. Alles was der Schnelligkeit und der Bewegung angehört, untersteht dem Vayueinfluss, also die Luft, die Winde, das Fliegen, Gehen, wie überhaupt jede Art des Vorwärtsbewegens.

Und wie Akasha das Tattwa des Schweigen, ist, so entwickelt Vayu das Gefühl und die Sprache.

Da alle Tattwas – außer Akasha – einen günstigen und mehr oder weniger ungünstigen Aspekt aufweisen, so wollen wir in der Folge, zur besseren Orientierung des Lesers, immer zuerst die günstigeren Einwirkungen anführen.

Wer einen längeren Fußmarsch beim Vayutattwa beginnt, wird nicht so leicht ermüden. Auch für einen Aufstieg auf einen Berg, wie überhaupt bei allen touristischen und alpinen Unternehmungen wähle man Vayu. Man wird ausdauernder sein als gewöhnlich und das Ziel müheloser erringen.

Geistige Arbeiter können dieses Tattwa mit Vorteil zum Beginn einer Arbeit wählen, dieselbe wird rasch vonstattengehen und sehr gründlich sein, immer vorausgesetzt, sie wäre ernsten Inhaltes.

Im Allgemeinen aber soll man zur Vayuzeit nur Dinge unternehmen, die einer raschen Erledigung oder nur eines kurzen Bestandes bedürfen und ihrer Natur nach diesem Tattwa entsprechen. Die Luftschifffahrt wird von diesem Tattwa stark beeinflusst.

Menschen, die im Augenblick dieses Tattwas geboren werden, haben in der überwiegenden Mehrzahl ein gutes Sprachentalent, eine starke Redelust und auch Rednertalent und ein scharf entwickeltes Tastgefühl.

Der entwickelte, günstigere Aspekt dieses Tattwas gehört den geistigen und intellektuellen Fähigkeiten an. Ethisch Höherstrebende fühlen sich durch den Einfluss von Vayu zu größerer geistiger Produktion angeregt, sie besitzen während dieser Zeit eine schärfere Urteilskraft, ein besseres Gedächtnis und ein reines Unterscheidungsvermögen sowie ein gesteigertes, intuitives Erkennungsvermögen.

Der günstigere Aspekt des Vayu verleitet bessere Menschen zur Entsagung, Keuschheit und Askese – er zeitigt kalte, ruhige, äußerst verstandesklare Menschen, ohne Leidenschaften aber auch ohne Wärme des Gefühls.

Dieses Tattwa bringt eine Vorliebe für den sauren Geschmack und im Körper ein kühles Gefühl hervor. Das Vayutattwa hat nur wenig günstige Wirkungen, es gehört also im Allgemeinen noch zu den für das menschliche Leben und dessen verschiedene Verhältnisse wenig aufbauenden Tattwas.

Man braucht z. B. nur auf den Inhalt unserer Gespräche zu achten, wenn Vayu schwingt. Entweder man spricht von traurigen Dingen, von menschlichen Unvollkommenheiten, oder es werden Reden schmutzigen oder gemeinen Inhalts geführt. In Vayu kommen die meisten Klatschereien, Ehrabschneidungen, Verleumdungen oder Entstellungen vor; Lüge und Betrug feiern ihre Triumphe. Männer am Wirtshaustisch führen unzüchtige Reden und Frauen beim Kaffee zerzausen den lieben Nächsten – Schurken schmieden während Vayu ihre verbrecherischen Pläne, Kaufleute betrügen zu dieser Zeit oder finden wenigstens Neigung und Gelegenheit dazu. Selbst gutgesinnte, anständige Leute werden es nicht verhindern können, dass ihr Gespräch ein, der Beeinflussung dieses Tattwas entsprechendes Thema annehmen wird. Sie werden entweder von Reisen, Wetter,

Luftschifffahrt oder ähnlichen Dingen sprechen, welchen eine Bewegung zugrunde liegt, oder vom Kranksein, Sterben, vorgekommenen Verbrechen, usw.

Der kalte, berechnende Mörder steht unter dem Einfluss dieses Tattwas. Und alles was schlau, hinterlistig; betrügerisch ist, wird unter Vayu geboren.

Eine Empfängnis zur Vayuzeit ist sehr ungünstig, sie bringt der Mutter viel Beschwerden und eine schwere Geburt, oft aber auch Abortus.

Zur Vayuzeit darf man keine Einkäufe machen, wenn man sich vor Schädigung bewahren will.

Man nehme zu dieser Zeit auch keinen neuen Angestellten, Diener oder sonstiges Gesinde auf, lasse auch niemals dieselben während dieses Tattwas ihre Stelle antreten, denn Unredlichkeiten, Bosheit, Klatsch und Hinterlist, wenn nicht noch schlimmere Ereignisse wären die Folgen.

Man schließe in diesem Tattwa weder ein Freundschafts- noch ein Herzensbündnis. Eine Verlobung oder ein Eheschluss während des Vayu würde viel Herzeleid, Enttäuschungen und Zwietracht bringen und nicht lange währen.

Man vermeide zu dieser Zeit alle Dinge zu beginnen, die von langer Dauer sein sollen.

Auch das Vayu-Tattwa bringt viele Todesfälle, besonders durch Schlagfluss, Ersticken, Lähmungen, Vergiftungen und durch Erkältungen.

Das Vayutattwa (neben Tejas) beeinflusst auch sehr stark zum Selbstmord; Todesarten wie Erhängen und Ertrinken, Vergiften und Ersticken (besonders durch giftige Gase) werden von den Selbstmördern unter diesem Tattwa vorgezogen, ebenso auch das Herabstürzen von hohen Orten.

Wer unter diesem Tattwa geboren wird, ist kein Glückskind – er wird stets unter dem unheilvollen Einfluss und dem Druck einer Zwitternatur zu leiden haben. Auch der Gesundheitszustand wird im Allgemeinen unbefriedigend sein und besonders wegen des Nervensystems Anlass zu Klagen geben.

Während des Vayutattwas ist es nicht angezeigt zu baden.

Dieses Tattwa macht zum Geiz geneigt, zum Neid und zum Hass. Man soll solchen Gefühlen während dieser Zeit keinen Raum gewähren, da sie sonst übermächtig anwachsen. Der tiefste Aspekt dieses Tattwas gehört den unsaubersten Instinkten der Menschheit an.

Das Vayutattwa ist ferner sehr ungünstig für alle Geldangelegenheiten; es bewirkt keine Vermögensvermehrung, auch keine Beständigkeit in irdischen Gütern, vielmehr Verluste.

Wer seine Heimat für längere Zeit verlässt – freiwillig oder gezwungen – wird dies meist während des Vayu Einflusses tun.

Bei Erkrankungen äußert sich dieses Tattwa hauptsächlich durch mangelhafte Tätigkeit verschiedener Organe, während andere gleichzeitig eine gesundheitsbedrohende Erregung erhalten, ferner durch Fieber, Zittern u. ä.

In Bezug auf die astrale Kräfte-Verbindung hat Vayu seine günstigste Wirkung am Mittwoch und Montag während der Merkur- und Mondstunden und an Tagen, wo der Mond in den Tierkreiszeichen Zwillinge, Krebs und Jungfrau steht.

Seine ungünstigste Wirkung äußert sich an Dienstagen und am Sonnabend während der Mars- und Saturnstunden und zu jenen Zeiten, wo der Mond in den Tierkreiszeichen Widder, Skorpion, Steinbock und Wassermann steht, oder wenn sich zwischen dem Mond, Merkur, Saturn oder Mars ein ungünstiger Lunaraspekt oder zwischen Merkur und Mars oder Saturn ein ebensolcher Mutualaspekt formt.

Es ist auch festzuhalten, dass das Vayutattwa an allen Tagen während Mars- oder Saturnstunden keine günstigen Erfolge zeitigt.

3. Das Tejastattwa

Dieses Tattwa versetzt uns in einen stark positiven Zustand.

Für den besseren Durchschnittsmenschen wirkt dieses Tattwa dergestalt, dass es ihm eine größere Energie verleiht, zu erhöhterer Tätigkeit anregt und zu einer größeren Produktion der Kräfte, er wird unter Umständen sogar geneigt sein, in dieser Beziehung zu übertreiben. Die Ausdrucksweise wird bestimmter sein und eine gewisse Schärfe enthalten, und die Lust zum Widerspruch; zum geistigen Kampf, zum Wettbewerb der psychischen und intellektuellen Kräfte sowohl als auch der physischen wird erwachen und nur mit Mühe in den gedeihlichen Grenzen zu halten sein, und wer zu anderen Zeiten noch so sanft ist und sich zu beherrschen vermag, wird zur Zeit dieses Tattwas in den Zustand einer größeren Selbstbehauptung, treten.

So gefährlich dieses Tattwa sonst für den Menschen wirken kann, so hat es doch auch seinen segensreichen Aspekt, denn es beeinflusst auch infolge seiner Ausdehnungsfähigkeit das Prinzip des Schaffens und des Werdens, es ist eine treibende Kraft zum Formen, daher ist dieses Tattwa den Schwingungen von Sonne und Mars zugesellt, deren radioaktive Einflüsse (die im letzten Grunde ja auch individuell bzw. planetarisch gefärbte tattwische sind) die gleichen Wirkungen zeitigen. Freiheit, Tüchtigkeit, Arbeit und große Handlungen werden durch den Tejas Einfluss erzeugt.

Das Tejastattwa zeigt sich in roter Farbe.

Sein Prinzip ist heiß, daher produziert dieses Tattwa im menschlichen Organismus auch eine erhöhtere Körperwärme. Man hat zu dieser Zeit ein größeres Verlangen nach positiv schwingenden, scharf schmeckenden Nahrungsmitteln; zur Tejaszeit wird in uns das Verlangen nach Freiheit, Licht und Klarheit rege, und unser physisches Auge funktioniert besser.

Die Heilung negativer Krankheitsformen sollte zur Tejaszeit in Angriff genommen werden, sie werden dann sofort eine Wendung zum Besseren erhalten.

Wer einen militärischen Beruf, ein Amt bei Behörden (aber kein Richteramt), oder einen Beruf, der mit Feuer oder Eisen in Verbindung steht, während dieses Tattwas antritt oder erstrebt, wird Erfolg haben.

Beim Tejastattwa kann man kalt baden, ohne sich jemals zu erkälten.

Der Einfluss dieses Tattwas ist im Allgemeinen weniger ungünstig wie das Vayu, jedoch ist dieses Tattwa auch nur für eine geringe Anzahl von Handlungen des menschlichen Lebens zu verwerten. Hauptsächlich werden alle jene Handlungen günstig beeinflusst, die in irgendeiner Weise mit Feuer, Waffen, Krieg, Blut, Eisen, Maschinen u. dgl. in Verbindung stehen, großer Kühnheit bedürfen oder der Anwendung von Kraft und Gewalt. In industrieller Beziehung unterstehen diesem Tattwa hauptsächlich Maschinen- und Waffenerzeugung, Hochöfen, Gießereien, Sprengungen usw.

Die ungünstige Beeinflussung dieses Tattwas zeigt sich besonders bei noch elementar gesinterten Menschen. Es ruft in ihnen eine starke Neigung zu aggressivem Vorgehen, Streitlust, Zorn, Eifersucht, usw., hervor. Während der Herrschaft des Tejastattwas geschehen die meisten Zornestaten, und jeder Zwist, der in dieser Zeit zum Austrag kommt, wird böse Dimensionen annehmen, denn das Tejastattwa birgt Streit und Kampf in sich.

Man schließe während dieses Tattwas weder einen Liebes- noch einen Freundschaftsbund. Eine Ehe, die während der Tejaszeit eingegangen wird, ist beständig voll Kampf und Streit, beide Teile werden unausgesetzt nach der Oberherrschaft in der Familie trachten.

Hitzige Krankheiten, die während dieser Zeit beginnen, oder deren Krisis in dieses Tattwa fällt, enden meist unheilvoll.

Dieses Tattwa bringt Unordnung in Tätigkeit verleiht aber eine große die Hitze. Operative Eingriffe werden meist durch dieses Tattwa verursacht.

Alle raueren Akte des menschlichen Lebens, in vielen Fällen auch der Tod, ereignen sich während dieses Tattwas. Auch ein großer Teil der Selbstmörder fällt ihm zum Opfer, besonders durch Stich- und Schusswaffen.

Zur Tejaszeit gehe man niemals auf Reisen, wenn man sich vor Streit, Unannehmlichkeiten und Unfällen hüten will.

Unglücksfälle, die der Natur dieses Tattwas ihre Entstehung verdanken, haben immer eine verhängnisvolle Wirkung. Jedes Eisenbahnunglück während Tejas ist grauenvoll, ebenso alle Explosionen.

Ein Brand, der zur Tejaszeit beginnt, wird stets große Dimensionen annehmen.

Für Künstler, Kaufleute, Gelehrte ist dieses Tattwa nicht günstig.

Der Erwerb von irdischen Gütern wird durch das Tejastattwa stark beeinträchtigt. Man vermeide daher zu dieser Zeit alle Geldgeschäfte und alle Operationen mit dem Vermögen.

Eine Empfängnis zur Tejaszeit ist für die Mutter ungünstig und bringt eine gefährliche Zeit, je nach Mondstellung und Stundenbeherrschung auch operative Eingriffe.

Ein Mensch, der zur Tejaszeit geboren wird, muss im Grunde seines Wesens, trotz der besten Erziehung, immer mit dem stark positiven Einfluss dieses Tattwas zu kämpfen haben, d. h., er wird sein ganzes Leben sehr viel Mühe aufwenden müssen, um das Aggressive und Gewalttätige seiner inneren Natur einigermaßen zu dämpfen.

Tejas hat in Bezug auf die astrale Kräfteverbindung seine günstigste Wirkung am Sonntag und Dienstag auch Donnerstag u. zw. während der Mars-, Sonnen- oder Jupiterstunden, und an Tagen, wo der Mond in den Tierkreiszeichen Widder, Löwe, Skorpion, Schütze oder Fische steht.

Seine ungünstigste Wirkung zeigt sich am Mittwoch, Freitag oder Sonnabend während der Merkur-, Venus- und Saturnstunden und zu jener Zeit zu welcher der Mond sich in den Tierkreiszeichen Stier, Zwillinge, Krebs, Jungfrau, Waage, Steinbock oder Wassermann befindet, oder wenn sich zwischen dem Mond und dem Mars, dem Merkur, der Venus oder dem Saturn ein ungünstiger Lunaraspekt, oder zwischen Mars und Saturn, Merkur oder Venus ein solcher Mutualaspekt formt.

Während der Saturn-, Venus- oder Merkurstunden hüte man sich übrigens an allen Tagen vor diesem Tattwa.

4. Das Prithvitattwa

Dieses Tattwa ist das Prinzip des Lebens. Es zeigt sich in gelber Farbe. Wir fühlen uns während dieses Tattwas gesund behaglich und in freudig erregter Stimmung.

Prithvitattwa ist das Tattwa der Lebenslust, der Freude, aber auch der Gerechtigkeit, der Menschlichkeit und der Universalliebe. Der Einfluss dieses Tattwas drückt sich am besten in dem alten Volksspruch aus: leben und leben lassen.

Die Lebenslust dieses Tattwas kann je nach der sittlichen und moralischen Entwicklungsstufe der betreffenden Person verschiedene Formen annehmen. Der Höherstehende empfindet zu dieser Zeit erhabene Freuden an den Herrlichkeiten der Natur, an den großen Menschen werken, an künstlerischen Schöpfungen.

Die Liebe zum Leben äußert sich hier in einem der günstigsten Aspekte und übersetzt sich in Wohlwollen, Mitleid, Hilfsbereitschaft, Güte und ehrliche Gesinnung.

Die gröbere Form dieses Tattwas bei egoistischeren Durchschnittsmenschen äußert sich in einer sehr starken Genusssucht, in dem Verlangen nach irdischen Freuden und Wohlleben; aber selbst solche Menschen werden sich dem gütigen Einfluss dieses Tattwas nicht so ganz entziehen können, denn in ihrem ungestümen Lebensdrang wird der Egoismus etwas eingedämmt durch den Drang, auch Gutes zu verrichten und anderen Gutes zu tun.

Wie aus der Tabelle ersichtlich, vertritt das Prithvitattwa, die *Kohäsion*. Darum macht es das Bewusstsein der Zusammengehörigkeit lebendiger. Es ist auch selten, dass wirklich böse Handlungen während der Vibration dieses Tattwas vollbracht werden, dagegen kann man Handlungen der Humanität, der Geselligkeit, der Ordnung wahrnehmen. Prithvi ist konservativ, auf die Erhaltung des Bestehenden bedacht.

Die Schwingungen des Prithvitattwas entsprechen denen des Jupiters.

Daher ist Prithvi auch das Tattwa des Gesetzes. Der Richter, der sein Urteil während des Prithvitattwas fällt, wird gerecht urteilen.

Es ist aber auch das Tattwa der Verehrung, der Frömmigkeit und des Gebetes. Man bete, einerlei zu welchem Gegenstand frommer Verehrung, während des Prithvi-Tattwas, und man wird eine wundersame Erhebung und Stärkung des Gemütes erhalten.

In der doppelten Beeinflussung dieses Tattwas liegt kein Widerspruch, denn ihre beiden Aspekte liegen in einer Linie. Prithvi vertritt den gesunden Optimismus, den praktischen Idealismus der Neugedankenlehre; dieses Tattwa ist frei von Hass, Furcht, Neid, Zorn und Leidenschaften aller Art.

Was man während des Prithvitattwas beginnt, ist Glück bringend und dauerhaft. Es wirkt ausgleichend, vereinigend, beharrend und erhaltend und ist besonders für den körperlichen Menschen vorteilhaft.

Ehen, in der Prithvizeit geschlossen, sind glücklichen Verlaufes, voll Harmonie und Liebe.

Eine Krankheit, die in Prithvi einsetzt oder in diesem Tattwa die Krisis hat, wird ungefährlich verlaufen und bald beendet sein, und wer eine Kur während dieses Tattwas beginnt, wird bestimmt genesen.

Wer ein Freundschafts- oder Liebesverhältnis einzugehen wünscht, vollziehe diese Handlung im Prithvi, zwischen beiden Personen wird sich eine unzerstörbare Anhänglichkeit bilden und ihr gegenseitiges Verhältnis wird ein dauerndes und befriedigendes sein.

Wir haben hier auch das Tattwa der Kindes- und Elternliebe. Ein Kind, während Prithvi geboren, wird seine Eltern sehr lieben und ihnen sehr anhänglich sein, es bindet sich zwischen beiden ein inniges Seelenband, das sich in der hingehendsten Liebe zeigt.

Ein Vortrag, eine gesellige Vereinigung, eine Feier, werden, zu diesem Tattwa begonnen, harmonisch und schön verlaufen. Ist jemand gezwungen, sein Recht auf gerichtlichem Wege zu suchen, der unternehme die diesbezüglichen Schritte während dieses Tattwas, er wird gerechte Richter und seine Sache gut vertretende Anwälte finden.

Das Prithvitattwa erwärmt den Körper gedeihlich, es bewirkt einen süßlichen Geschmack, eine Vorliebe für wohlschmeckende süßliche Speisen und für Obst, und das Geruchsvermögen erfährt eine bedeutende Steigerung.

Es ist sehr günstig, während dieses Tattwas seine Mahlzeiten einzunehmen, sich zu baden oder irgendeine Körperpflege vorzunehmen.

Heilungsversuche gegen Krankheiten des Haarbodens, der Haut, der Muskeln, der Knochen, ferner der Nerven und Adern sollen in der Prithvizeit unternommen werden.

In Prithvi beginne man alles, was auf längere Dauer berechnet ist. Man beginne den Bau eines Hauses, die Gründung eines Unternehmens, suche, oder trete eine neue Stellung an, übersiedle in ein neues Heim, knüpfe Handelsbeziehungen an usw. Das Prithvitattwa ist so recht das Erfolg-Tattwa, der Spender der Freude; Wachstum, Liebe, Freundschaft, Freude, Frohsinn, Erfolg, Heiterkeit sind seine Trabanten. Welche Handlungen man auch begeht, in diesem Tattwa wird nichts fehlschlagen.

Da dieses Tattwa das Liebesleben beeinflusst (siehe auch das Apastattwa), so wird die Empfängnis zu einer solchen Zeit (allerdings nur, wenn keine astralen Gegenwirkungen herrschen) eine sehr gute Schwangerschaftsperiode für die Mutter zeitigen. Eine Geburt zur Prithvizeit ist für Mutter und Kind günstig. Dieses Tattwa hat keine böse Seite, es sei denn das Übermaß in der Lebensbejahung des Tieferstehenden.

Die günstigste Auslösung dieses Tattwas in Bezug auf die astrale Kräfteverbindung findet statt am Sonntag, Montag, Mittwoch, Donnerstag und Freitag während der Jupiter-, Sonnen-, Mond-, Merkur- und Venusstunden und an Tagen, wo der Mond sich nicht in den Tierkreiszeichen Widder, Skorpion, Steinbock und Wassermann befindet.

Seine ungünstige bzw., gehemmte Wirkung ist am Dienstag und Sonnabend während der Mars- und Saturnstunden und zu jenen Zeiten, wo der Mond in den Zeichen Widder, Skorpion, Steinbock oder Wassermann steht, sich im schlechten Aspekt zu Mars oder Saturn befindet, oder sich zwischen dem Jupiter, Mars, Saturn oder einem anderen Himmelskörper ein böser Mutualaspekt formt.

5. Das Apastattwa

Dieses Tattwa ist der Gegenpol des Tejastattwas. Alle Lebensverhältnisse, die der Natur des Tejas entsprechen, haben im, Apas die Gegnerschaft.

Große Folgen wird niemals ein Streit haben, der zur Apaszeit ausbricht, er kann keinen ernsten Charakter haben und wird meist eine rasche Versöhnung folgen. Ein Brand, der während der Apaszeit entsteht, wird nie größere Dimensionen annehmen und auch keinen nennenswerteren Schaden anrichten, denn er wird in den meisten Fällen schon zu Anfang gelöscht werden. Ein Blitzstrahl während Apas wird selten zünden. Wer imstande ist, bei einer hitzigen Krankheit das Apastattwa einzuleiten, der wird dadurch bald seine Krankheit gebrochen haben.

Dieses Tattwa zeigt sich, wenn man die Augen auf die angegebene Art verschließt, meist in einem grau-weißlichen Ton, obwohl seine Farbe ein reines Weiß ist. Die Trübung hängt von der Entwicklungsstufe und der Grundnatur des betreffenden Individuums ab.

Es entstehen dadurch verschiedene Modifikationen, sodass es sich dem einen Menschen als gelblich-weiß, dem andern als grau-blau-weiß oder als ein grünlich-weiß zeigt. Moralisch tiefer stehende Personen sehen es auch als ein schmutziges Grau-weiß oder ein eben solches Grün-weiß. Nur ethisch Höherentwickelten gelingt es, dieses Tattwa als ein ganz reines Weiß zu sehen.

Man schreibt diesem Tattwa das Wasser zu. Die Erfahrung bestätigt tatsächlich, dass ein Regen, der zu dieser Zeit beginnt, lange anhält; zeigen sich zur Apaszeit am Osthorizont große Wolken, so werden sich dieselben sehr rasch zusammenziehen und einen andauernden Regen verursachen. Auch starke Schneefälle unterliegen diesem Tattwa.

Apas ist ein gutes Reisetattwa; besonders Seereisen sollten nur zu dieser Zeit unternommen werden. Die Mitherrschaft des Mondes in diesem Tattwa, bzw., die Gleichwertigkeit seiner Schwingungen bewirkt für alle Wasserfahrten einen günstigen Ausgang. Da aber dieses Tattwa in seiner innersten Natur ebenfalls das Prinzip der Stabilität vertritt, so werden solche Reisen ein dauerndes Festsitzen am Reiseziel zur Folge haben.

Wie die Tattwatabelle zeigt, wirkt Apas zusammenziehend, konzentrierend. Dieses Prinzip kann sich in allen Lebenslagen geltend machen. Nichts ist günstiger, als zu dieser Zeit geschäftliche Unternehmungen zu beginnen, Gelder anzulegen, oder Spekulationen, Geld-, Bank- und Wechselgeschäfte durchzuführen.

In dem Apastattwa haben wir das Tattwa des Wohlstandes, des Reichtums und der Üppigkeit. Wenn einerseits durch den Mondeinfluss eine gewisse Beweglichkeit diesem Tattwa innewohnt, so wird diese Beweglichkeit aber stets zum Mittelpunkt hinführen, also von außen nach innen. Das Geld strömt herbei, wenn man Unternehmungen während dieses Tattwas beginnt, es wird wie magnetisch angezogen, um dauernd bei dem Besitzer zu bleiben und sich anzuhäufen. Wer beim Spiele das Apastattwa benützt, wird sicher immer gewinnen.

Apastattwa hat auch die Schwingungen der Venus. Es wird darum bezeichnet als das Tattwa der Lebensfreude, der Liebe, der Schönheit, der Kunst, des Erfolges, des Wachstums, der Anpflanzung, der Anhäufung von Reichtümern.

Während dieses Tattwas ist es sehr günstig, Schmuck oder Kleider zu kaufen oder zu verkaufen, wie ja überhaupt dieses Tattwa für Handel und Geschäfte nutzbringend ist. Während der Apaszeit eingekaufte Kleider sind gefällig, gut und dauerhaft, nur muss man einen solchen Tag wählen, an welchem die Mondstellung günstig ist. Für Schmuck und Kleider ist es gut, wenn sich der Mond in den Tierkreiszeichen Stier, Löwe oder Waage befindet, bei Fußbekleidungen soll der Mond in den Zeichen Steinbock oder Wassermann stehen. Auch muss man, uni die günstigste Wirkung zu erhalten, stets in Beachtung ziehen, dass an dem betreffenden Tage kein schlechter Aspekt vorherrscht. Darüber erfährt der Leser an anderer Stelle noch Ausführliches.

Wenn man außerdem bei seinen Einkäufen noch die entsprechende Gestirnstunde wählt, so kann man sicher sein, dass man nie übervorteilt oder betrogen wird; die eingekauften Gegenstände werden sich als wohlfeil, dauernd und praktisch erweisen und dem Besitzer Zufriedenheit und Freude gewähren.

Wer zur Apaszeit übersiedelt, wird lange in der neuen Wohnung verbleiben.

Es ist sehr günstig, während dieses Tattwas eine neue Stellung anzutreten.

Für Land-, Feld- und Gartenwirtschaft ist dieses Tattwa ebenfalls sehr erfolgreich und nutzbringend. Man säe oder pflanze während des Apastattwas bei zunehmendem Mond.

Wer während dieses Tattwas Baulichkeiten beginnt oder kauft, wird Vorteil haben oder lange im Besitz derselben bleiben, und wer sie zu dieser Zeit verkauft, wird ein gutes Geschäft machen.

Das Apastattwa als Prinzip der Zusammenziehung und Konzentration hat ebenfalls einen doppelten Aspekt. Es wirkt für den Tieferstehenden als Egoismus, als Habgier, oder aber es regt zum übermäßigen, zügellosen Lebensgenuss an, denn es regiert die Freuden dieser Welt; den

Höherentwickelten aber fährt es zu einer ernsten Selbstbesinnung, zu einem geistigen Insichselbstversenken und wirksamen Verarbeiten angesammelter Eindrücke.

Apastattwa ist besonders auch für Künstler sehr günstig -es öffnet die Intuition und weckt in hohem Grade das künstlerische Empfinden. Daher sollen Künstler (jeder Kunstrichtung) nur zu dieser Zeit eine neue Arbeit beginnen. Aber auch die Veröffentlichung derselben soll während des Apastattwas geschehen, dann wird auch die finanzielle Seite sehr befriedigend ausfallen. Man wähle für beide Fälle eine gute Merkur- oder Venusstunde.

Die sexuelle Liebe findet hauptsächlich in Apas ihre Vertretung. Dieses Tattwa regiert die Empfängnis und den Mutterleib. Die Frau, die während des Apastattwas empfängt, wird eine beschwerdelose Schwangerschaft und eine leichte Geburt haben.

Doch auch für die Empfängnis ist die Mondstellung und das die Stunde beeinflussende Gestirn von großer Wichtigkeit. Wenn z. B. eine Empfängnis stattfindet während des Apastattwas, aber der Mond befindet sich zur selben Zeit im Tierkreiszeichen Skorpion (oder Steinbock) und es wäre eine Mars- oder Saturnstunde, – so würde trotz des günstigen Tattwas die Schwangerschaftsperiode nicht so gut verlaufen und auch die Geburt wird nicht schmerzlos sein, allerdings werden die Beschwerden nicht so empfindlich sein, wie es z. B. der Fall wäre, wenn bei diesen schlechten Konstellationen auch noch ein ungünstiges Tattwa wie Vayu oder Tejas die Empfängniszeit beherrscht.

Wenn einerseits das Apastattwa bei der Empfängnis für die Schwangerschaftsperiode der Mutter günstig ist, so ist das Prithvitattwa zur Zeit der Empfängnis für den neuen Menschen körperlich vorteilhafter. Beide Tattwas beeinflussen das Liebesleben; auch Prithvi wird der Mutter wenig Beschwerden verursachen, besonders, wenn die Stunde durch ein günstiges Gestirn beherrscht und der Mond in einem entsprechenden Zeichen gefunden wird, aber das Kind wird eine bessere körperliche Konstitution aufweisen – in Apas erzeugte Kinder dagegen sind intellektuell entwicklungsfähiger.

Das Apastattwa erregt alle Geschmacksempfindungen sehr scharf und wirkt auf diesen Sinn ein. Während dieses Tattwas wird sich besonders

ders ein großes Verlangen nach Speisen bemerkbar machen, die den Gaumen reizen.

Auch soll man sich zur Apaszeit vor Trinkgelagen hüten, denn dieselben werden jedes Mal in Völlerei enden.

Im Allgemeinen wirkt Apas sehr günstig auf den Menschen. Es führt zu Friede, Freude, Geselligkeit, Heiterkeit, Fröhlichkeit, Spiel, Tanz und Vergnügungen aller Art, es regt die geistige und intellektuelle Entwicklung an und macht den Sinn ungemein aufnahmefähig für Schönheit und Kunst; sein günstiger Aspekt wirkt veredelnd und aufbauend und ist für das einzelne Individuum im Sinne eines höheren Egoismus ein eminenter Entwicklungsfaktor.

Gute Werke soll man besonders zu diesem Tattwa ausführen.

Auch dieses Tattwa hat keine ausgesprochen böse Seite, die Wirkung ist hauptsächlich vom Individuum und seiner Auffassung abhängig. Für den höher Entwickelten ist es der Trieb zur Universalliebe, für den Durchschnittsmenschen der irdische Erfolg und für den ethisch tief erstehenden Ichmenschen das Ausleben des Genusstriebes.

In Rücksicht auf die astrale Kräfteverbindung findet die günstigste Auslosung dieses Tattwas an Montagen und Freitagen, aber auch am Sonntag, Mittwoch und Donnerstag, und zwar in erster Linie während der Mond- und Venus stunden, dann aber auch während der Sonnen-, Merkur- und Jupiterstunden und an Tagen, wo der Mond sich nicht im Zeichen Widder, Skorpion, Steinbock und Wassermann befindet. Seine weniger günstige bzw. gehemmtere Wirkung ist am Dienstag und Sonnabend während der Mars- oder Saturnstunde, oder zu jenen Zeiten, wo der Mond in den Tierkreiszeichen Widder Skorpion, Steinbock und Wassermann steht, oder sich in sehr schlechtem Aspekt mit Mars oder Saturn befindet, oder wo sich überhaupt zwischen den Gestirnen, die die fragliche Angelegenheit beeinflussen, schlechte Mutualaspekte formen.

* * *

Es würde den Rahmen dieses Buches weit überschreiten, wollten wir alle Beeinflussungen der Tattwas beschreiben, das würde Bände ausfüllen. Es ist auch undurchführbar, den tausend und abertausend Verhältnissen des menschlichen Lebens in seinen vielen Differenzierungen in Bezug auf die kosmischen Beeinflussungen Rechnung zu tragen.

Diese Darlegungen sollen nur bezwecken, dass der Leser mit der Natur der Tattwas und ihrer Wirkungsart auf den Menschen und dessen Existenzverhältnisse vertraut wird und ein allgemeines Bild erhalte. Soweit ist der Leser orientiert, und er erkennt auch, wie sehr die tattwischen Einflüsse mit den Gestirneinflüssen in Verbindung stehen.

Aufgrund unserer Ausführungen wird es dem denkenden Leser nun nicht mehr schwerfallen, die kosmischen Einflüsse für alle Fälle des Lebens nutzbar anzuwenden.

Nun noch einige Ergänzungen.

Wie schon erwähnt, wird der Leser nicht immer mit seinem persönlichen (körperlichen) Tattwa in Übereinstimmung stehen mit dem Universaltattwa (dem kosmischen). Ein geduldiges, ausdauerndes Üben wird ihn ja in die Lage versetzen, schließlich sein eigenes persönliches Tattwa einwandfrei erkennen zu lassen. Aber er wird dann oft finden, dass sich dasselbe nicht im Einklang mit dem kosmischen befindet, ja dass es oft sogar in einem strikten Gegensatz steht. In der praktischen Anwendung der Tattwaeinflüsse haben solche Fälle immerhin eine gewisse Einschränkung des Erfolges, je nach der Natur des Falles vielleicht nur eine Verzögerung, ein augenblickliches unerwünschtes Hindernis u. ä. zur Folge. Ein absolut glatter, günstiger Erfolg ist hauptsächlich dann gegeben, wenn das persönliche und kosmische Tattwa übereinstimmen.

Da aber die bewusste Regulierung des Tattwalaufes eine sehr schwer zu erreichende, nur wenig auserwählten Menschen zugängliche Sache ist, so muss sich der Leser mit dem Universaltattwa begnügen, das ihm, besonders in Verbindung mit den astralen Kräften, auch den gewünschten Erfolg bringt, wenn auch ab und zu - infolge des eventuell entgegengesetzten eigenen Tattwas – n nicht so leichter und glatter Weise, als wenn beide tattwischen Prinzipien übereinstimmen.

Nun lässt sich aber auch hier einigermaßen Abhilfe schaffen.

Der Leser, welcher die Natur und die Prinzipien der Tattwas aus diesen Ausführungen und dem Studium der Tattwatabelle (Seite 161) erkannt hat, über eine starke Imagination und Willenskraft verfügt, kann, wenn er sich bei Ausführung einer bestimmten Handlung mit seinem eigenen Tattwa im Gegensatz zum kosmischen Tattwa findet, die Kraft des eigenen Tattwas zugunsten des kosmischen teilweise brechen, d. h., er vermag dem eigenen Tattwa eine Lasur von der Natur des kosmischen aufzuprägen.

Nehmen wir an, das kosmische Tattwa wäre Prithvi, und dieses Tattwa ist zur Ausführung einer bestimmten Handlung für irgendeine Person nötig, die aber selbst in dieser Zeit in Vayu schwingt. Ein Zuwarten, bis beide tattwische Prinzipien im Einklang stehen, ist beispielsweise wegen gewissen Umständen nicht möglich und mit einem mäßigen Erfolg (wegen der Verschiedenheit beider Tattwas) will sich der Experimentierende nicht zufrieden geben – er will einen glatten vollen Erfolg erzielen. Aber er ist nicht imstande sein eigenes Tattwa auf Prithvi umzulenken. Was soll er nun tun?

Erstlich wird er den Augenblick abwarten, wo sein eigenes Tattwa den Unterton Prithvi erhält. Ist das eingetreten, so wird er sich die in der Tabelle ersichtlichen Prinzipien des Prithvi durch Willenskraft und Imagination zum Bewusstsein bringen und sein inneres Wesen damit verbinden.

Dadurch schwächt er den Einfluss seines Vayu zugunsten des Prithvi, und wenn er nun die betreffende Handlung durchführt, wird er sich den vollen, großen und glatten Erfolg sichern. Allerdings darf mittlerweile nicht schon das kosmische Prithvi abgelaufen, oder vielleicht eine ungünstige, unpassende Gestirnstunde eingetreten sein. Man muss damit sehr rasch und entschieden zu Werke gehen, was durch Übung schon erreichbar ist.

Die plastische Vorstellung, die uns ganz gefangen nimmt, ist der Schlüssel dieses Experimentes. Schon, wenn eine solche Vorstellung sich allein auf die Farben der Tattwas erstreckt, wird man in der Gemüts- und Empfindungssphäre eine gewisse Wirkung wahrnehmen.

Man denke z. B. andauernd auf die rote Farbe (hellrot), und es wird sich nach einiger Zeit eine gewisse Erregung des Gemüts und ein erhöhterer Wärmezustand des Körpers einstellen. Eine Meditation auf grün reizt uns zur Bewegung, auf schwarz zur Sentimentalität und Traurigkeit, auf gelb zur Freude, Gemütsruhe, Zufriedenheit und auf weiß wird sich nach und nach ein nasskaltes Gefühl einstellen.

Nachstehend wollen wir eine Anleitung zur Meditation über die Tattwas – mit Ausschluss von Akash, welches nie erzeugt werden soll – geben.

Bei *Vayu* lässt man die Silbe *Pam* im Geiste in einer sehr hohen Tonlage schwingen, stellt sich eine grüne, sphärisch geformte Wolke in einem grünen Luftmeer vor, empfindet Kühle im Körper, einen säuerlich scharfen Geruch und einen sauren Geschmack, lässt die grüne Wolke sich in dem grünen Luftmeer in eine schräge Bewegung setzen, sieht überhaupt alles um sich herum in grüner Farbe und imaginiere in sich die Fähigkeit, den Raum zu überwinden, zu schweben oder wie ein Vogel zu fliegen. Dabei stelle man sich so, dass das Gesicht gegen Norden sieht.

Bei *Tejas* lässt man im Geiste die Silbe *Ram* in einer hohen Tonart schwingen. Man stellt sich alles, was man, sieht, von feuerroter Farbe übergossen vor, und in einem roten Dreieck eine nach aufwärts strebende Flamme, empfindet Hitze im Körper, aber eine große Widerstandsfähigkeit gegen dieselbe, einen hitzig scharfen Geschmack, einen heiß – beißenden Geruch. Ferner denke man an die Ausdehnung, es muss sich alles, was man sieht, ausdehnen, vergrößern, so auch das eingebildete Dreieck und die Flamme. Die Stellung ist so, dass das Gesicht gegen Süden gerichtet ist.

Bei *Prithvi* lasse man im Geiste die Silbe *Lam* in einer sehr tiefen Tonart schwingen, denke an einen großen würfelförmigen Erdklumpen, der gelblich ist und in der Mitte einen hellgelben viereckigen Fleck zeigt, lasse alles um sich herum in gelber, goldiger Farbe erstrahlen, empfinde im Körper ein warmes, wohltuendes Gefühl, einen süßen Geschmack und angenehmen süßlichen Geruch, fühle sich von großer Leichtigkeit des Körpers, Behaglichkeit und Gesundheit und denke an die Festigkeit, an den Widerstand, welchen ein Körper der Trennung seiner Teile entgegensetzt. Das Gesicht sei gegen West gerichtet.

Bei *Apas* lasse man die Silbe *Vam* in einer tiefen Tonart im Geiste schwingen. Dabei denke man an eine große Wasserfläche und auf derselben schwebend eine weiße feuchte mondsichelförmige Wolke, sehe die Luft und alles um sich herum mit abwärts strömendem Wasser übergossen, alles in weiß getaucht, empfinde ferner ein kühles Gefühl, einen zusammenziehenden Geschmack und ebensolchen Geruch, ein Zusammenziehen aller Organe im Körper, denke an den Mond, ferner an Widerstandsfähigkeit gegen Hunger und Durst, wie auch an das Gefühl, wenn man in das Wasser fällt. Das Gesicht ist nach Osten gerichtet.

Es ist Sache der Übung, dass die hier beschriebenen Gefühle und Vorstellungen auch in der entsprechenden Stärke und nicht hintereinander, sondern gleichzeitig erzeugt werden. Wer sich diese Fähigkeit aneignet, besitzt darin ein sehr empfehlenswertes Mittel, sein eigenes Tattwa dem kosmischen anzupassen.

Diejenigen Leser aber, deren Willenskraft und Imaginationsfähigkeit zu schwach sind, um solche Experimente erfolgreich durchführen zu können, wollen sich ruhig nur allein an das kosmische Tattwa halten, auch sie werden mit den Erfolgen zufrieden sein, nur sollen sie nach Tunlichkeit darauf achten, dass bei ihren Handlungen und Unternehmungen stets das *Volltattwa* herrscht, z. B., Vayu mit dem Unterton Vayu, Tejas mit dem Unterton Tejas usw. Eine Ehe, geschlossen während Prithvi-Prithvi ist jedenfalls noch günstiger in ihrem Verlauf als eine Ehe, bei welcher das bindende Jawort in Prithvi mit dem Unterton Vayu gesprochen wird. Auch diese wird sehr gut verlaufen, aber nicht ganz frei sein von gelegentlichen leichten Differenzen nach der Natur des Vayu-tattwas.

Es kommen aber auch Fälle vor, wo das gemischte Tattwa dem Volltattwa vorzuziehen ist. Wenn z. B. eine Person während des Apastattwas schöne Tischmesser einkaufen will, so wird sie besser Apas mit dem Unterton Tejas wählen, denn der Marseinfluss im Tejastattwa bürgt ihr für gute Qualität des Metalles und das Apastattwa für ein gefälliges Äußeres. Wollte man zur Apaszeit Schuhe einkaufen, so wird man Apas-Prithvi und eine Saturnstunde wählen. Das Apastattwa garantiert die schöne Form und solide Qualität, der Unterton des Prithvi sowohl als auch die Saturnstunde für gutes, dauerhaftes Leder.

Schließlich sei noch bez. der Ausführungen über die *astrale Kräfte Verbindung* erwähnt, dass man auch hier nicht in allen Fällen dogmatisch vorgehen kann. Wir lesen z. B., dass am Dienstag und Sonnabend und während der Mars- und Saturnstunde das Apastattwa eine weniger günstige, bzw., eine gehemmte Wirkung hat. Bei Einkäufen von Ledersachen oder Schuhwerk wird man das Apastattwa zu einer Saturnstunde, wenn es sich um derbes Schuhwerk, und zu einer Venusstunde, wenn es sich um

Luxusschuhe handelt, und an Tagen während der Mondstellung in den Zeichen Steinbock und Wassermann wählen und gerade den Sonnabend vorziehen, da man hier mit den Saturnprinzipien zu rechnen hat, die für Leder von günstiger Einwirkung sind. Will man aber zur Apaszeit schön geschmückte, künstlerisch gearbeitete Gebrauchsgegenstände aus Stahl einkaufen, wie Messer, Gabeln, Scheren u. ä., so wird man auf die Marsprinzipien achten müssen, ein Apastattwa an einem Dienstag, eine Marsstunde und eine Mondstellung in den Zeichen Widder oder Skorpion wählen.

Wenn ferner während eines Prithvitattwas eine militärische Vereinigung gegründet werden soll, so wird es dem Zweck dieser Vereinigung dienlicher sein, auch die Prinzipien des Mars mit zu berücksichtigen, wenigstens insoweit, als man ein solches Tattwa zur Jupiterstunde aber an einem Dienstag und bei einer Mondstellung in den Zeichen Widder, oder Skorpion wählt. Bei einer solchen Kombination hat man den hier infrage kommenden Prinzipien des Jupiters (harmonische, dauernde Vereinigung, dem auch das Prithvitattwa entspricht) und des Mars (militärische Angelegenheit) befriedigend entsprochen.

In ähnlicher Weise wird man vorzugehen haben in allen jenen Angelegenheiten des Lebens, die einer gleichstarken, mehrfachen astralen Beeinflussung unterliegen. Wer sich die Wirkungen der Tagesbeherrschung, der Gestirnstunden und der Mondstellungen in den verschiedenen Tierkreiszeichen, sowie der Aspekte an der Hand unserer Ausführungen gründlich klar gemacht hat, wird wohl in keinem Falle unschlüssig sein. Man hat nur immer zu beachten, dass für die Hauptbeeinflussung das entsprechende Tattwa und die Gestirnstunde gewählt wird. Tag und Mondstellung kann für die Nebenbeeinflussung genommen werden.

Als Hauptbeeinflussung gilt in allen Fällen das Ausschlaggebende einer Angelegenheit. So ist z. B. beim. Einkauf von Goldsachen und Schmuck stets der Kaufund die Art der Ware ausschlaggebend, daher in diesem Falle die Hauptbeeinflussung auf das Apastattwa und die Sonnen- oder Venusstunde fallt. Wenn diese Goldsachen einem Geschenk zum Zweck der Erhaltung eines Freundschaftsverhältnisses dienen sollen, so wäre die Nebenbeeinflussung in den Prinzipien des Jupiters zu suchen, man würde also einen Donnerstag wählen und eventuell eine Mondstellung in den Zeichen Schütze oder Fische.

In dem Falle der Gründung einer militärischen Vereinigung liegt die Hauptbeeinflussung auf der Gründung, wofür nur das Prithvitattwa und die Jupiterstunde infrage kommen; die Nebenbeeinflussung ist der militärische Zweck, dem durch die Wahl des Dienstages und der Mondstellung in dem Marszeichen genügend Rechnung getragen wird.

c. Die Berechnung des täglichen Tattwalaufes

Es wurde gesagt, dass die Tattwas ihren Lauf mit Sonnenaufgang beginnen, und zwar jedes Mal mit dem Akashtattwa. Der Lauf der fünf Tattwas umfasst 2 Stunden; nach Beendigung derselben tritt sofort wieder der neue Lauf mit Akash an, usw. durch 24 Stunden bis zum nächsten Sonnenaufgang, der abermals mit dem Akashtattwa eintritt. Die Tattwas strömen selbstverständlich nach Ortszeit und beginnen mit dem nach Ortszeit berechneten Sonnenaufgang.

Da aber unsere Uhren nach *Mitteleuropäischer Zeit* reguliert sind, so muss auch der Tattwalauf dieser Zeit angepasst, d. h., es müssen die in Ortszeit festgestellten Tattwa-Anfänge auf Mitteleuropäische Zeit umgewandelt werden. Anlässlich der Berechnung der Gestirnstunden haben wir schon gezeigt, wie die Ortszeit in Mitteleuropäische Zeit umgewandelt wird.

Nehmen wir das Beispiel, dem unsere „Wochentabelle der Gestirnstunden“ zugrunde liegt: die tattwische Reihenfolge in den Tagen vom 31. August bis 6. September 1919.

Wir fanden auf rechnerischem Wege in Mitteleuropäischer Zeit folgende Sonnenaufgänge:

31.	August	= 5 Uhr 39 Min.
1.	September	= 5 Uhr 41 Min.
2.	September	= 5 Uhr 42 Min.
3.	September	= 5 Uhr 44 Min.
4.	September	= 5 Uhr 45 Min.
5.	September	= 5 Uhr 47 Min.
6.	September	= 5 Uhr 48 Min.

Mit Sonnenaufgang beginnt Akash, und jedes Tattwa schwingt durch 24 Minuten. Wir rechnen demnach

Sonnenaufgang 31. August 1919	5 Uhr	39 Min.	Akasha
	+	24 Min.	
	6 Uhr	03 Min.	Vayu
	+	24 Min.	
	6 Uhr	27 Min.	Tejas
	+	24 Min.	
	6 Uhr	51 Min.	Prithvi
	+	24 Min.	
	7 Uhr	15 Min.	Apas
	+	24 Min.	
	7 Uhr	39 Min.	Akasha
			usw.

Bis zum Sonnenaufgang des 1. September wird nun jedes Mal um 5 Uhr 39 Min., 7 Uhr 89 Min., 9 Uhr 39 Min., 11 Uhr 39 Min., 1 Uhr 39 Min., 3 Uhr 89 Min., 5 Uhr 39 Min. nachmittags, usw. den Abend und die Nacht hinduroh, während 24 Stunden Akash schwingen Um 6 Uhr 3 Min., 8 Uhr 3 Min., 10 Uhr 3 Min., 12 Uhr 3 Min., 2 Uhr 3 Min., 4 Uhr 3 Min. usw. wird jedes Mal Vayu eintreten; um 6 Uhr 27 Min., 8 Uhr 27 Min., 10 Uhr 27 Min., 12 Uhr 27 Min., 2 Uhr 27 Min., 4 Uhr 27 Min., usw. beginnt jedes Mal Tejas; um 6 Uhr 51 Min., 8 Uhr 51 Min., 10 Uhr 51 Min., 12 Uhr 51 Min., 2 Uhr 51 Min., 4 Uhr 51 Min., usw. beginnt Prithvi, und um 7 Uhr 15 Min., 9 Uhr 15 Min., 11 Uhr 15 Min., 1 Uhr 15 Min., 3 Uhr 15 Min., 5 Uhr 15 Min. usw. jedes Mal das Apastattwa.

In der Wochentabelle ist für jeden Tag nur ein Tattwalauf ausgenommen, da sich ja alle anderen daraus ergeben. Wer z. B. für den 31. August 1919 um 11 Uhr 20 Minuten vormittags wissen will, welches Tattwa schwingt, wird es sehr bald finden, wenn er beachtet, dass 11 Uhr einer ungeraden Stundenzahl entspricht, also mit 5 oder 7 korrespondieren muss. 20 Minuten sind mehr als 15 Minuten, daher wird 11 Uhr 20 Min. nach 7 Uhr 15 Min. zu suchen sein; da 7 Uhr 15 Min. auch als 11 Uhr 15 Min. bez. des Tattwalaufes angenommen werden muss, so findet man für 11 Uhr 20 Min. (bzw. 7 Uhr 20 Min.) das Apastattwa in Lauf.

Wer hingegen für den erwähnten Tag den Tattwalauf abends um 12 Uhr 40 Min. zu suchen hat, wird sich an die geraden Stundenzahlen halten. Innerhalb derselben finden wir 40 Minuten zwischen 27 und 51 Minuten. Man muss 6 Uhr 27 Min. nehmen und findet für diese Zeit das Tejastattwa. Diese Feststellungen sind so einfach, dass sie keines weiteren Beispieles mehr bedürfen. Auch die Bestimmung des tattwischen Untertones bereitet keine Schwierigkeit.

Ein Tattwa schwingt durch 24 Minuten. Innerhalb dieser Zeit erhält es der Reihe nach den Unterton von den 5 Tattwas. Teilen wir 24 Minuten durch 5 so erhalten wir für die Dauer eines jeden Untertones 4 Minuten 48 Sekunden. Mit Berücksichtigung des Untertattwas würde sich das Beispiel, für den September ausgeführt, folgenderart darstellen: Der Sonnenaufgang am 1. September ist 5 Uhr 41 Minuten.

(Volltattwa)	5 Uhr	41 Min.		= Akasha-Akasha
	+	4 Min.	48 Sek.	
	5 Uhr	45 Min.	48 Sek.	= Akasha-Vayu
	+	4 Min.	48 Sek.	
	5 Uhr	50 Min.	36 Sek.	= Akasha-Tejas
	+	4 Min.	48 Sek.	
	5 Uhr	55 Min.	24 Sek.	= Akasha-Prithvi
	+	4 Min.	48 Sek.	
	6 Uhr	0 Min.	12 Sek.	= Akasha-Apas
	+	4 Min.	48 Sek.	
	6 Uhr	05 Min.	0 Sek.	= Vayu-Akasha
	+	4 Min.	48 Sek.	
(Volltattwa)	6 Uhr	09 Min.	48 Sek.	= Vayu-Vayu
	+	4 Min.	48 Sek.	
	6 Uhr	14 Min.	36 Sek.	= Vayu-Tejas
	+	4 Min.	48 Sek.	
	6 Uhr	19 Min.	24 Sek.	= Vayu-Prithvi
	+	4 Min.	48 Sek.	
	6 Uhr	24 Min.	12 Sek.	= Vayu-Apas
	+	4 Min.	48 Sek.	

	6 Uhr	29 Min.	0 Sek.	= Tejas-Akasha
	+	4 Min.	48 Sek.	
	6 Uhr	33 Min.	48 Sek.	= Tejas-Vayu
	+	4 Min.	48 Sek.	
(Volltattwa)	6 Uhr	38 Min.	36 Sek.	= Tejas-Tejas
	+	4 Min.	48 Sek.	
	6 Uhr	43 Min.	24 Sek.	= Tejas-Prithvi
	+	4 Min.	48 Sek.	
	6 Uhr	48 Min.	12 Sek.	= Tejas-Apas
	+	4 Min.	48 Sek.	
	6 Uhr	53 Min.	0 Sek.	= Prithvi-Akasha
	+	4 Min.	48 Sek.	
	6 Uhr	57 Min.	48 Sek.	= Prithvi-Vayu
	+	4 Min.	48 Sek.	
	7 Uhr	2 Min.	36 Sek.	= Prithvi-Tejas
	+	4 Min.	48 Sek.	
(Volltattwa)	7 Uhr	7 Min.	24 Sek.	= Prithvi-Prithvi
	+	4 Min.	48 Sek.	
	7 Uhr	12 Min.	12 Sek.	= Prithvi-Apas
	+	4 Min.	48 Sek.	
	7 Uhr	17 Min.	0 Sek.	= Apas-Akasha
	+	4 Min.	48 Sek.	
	7 Uhr	21 Min.	48 Sek.	= Apas-Vayu
	+	4 Min.	48 Sek.	
	7 Uhr	26 Min.	36 Sek.	= Apas-Tejas
	+	4 Min.	48 Sek.	
	7 Uhr	31 Min.	24 Sek.	= Apas-Prithvi
	+	4 Min.	48 Sek.	
(Volltattwa)	7 Uhr	36 Min.	12 Sek.	= Apas-Apas
	+	4 Min.	48 Sek.	
	7 Uhr	41 Min.	0 Sek.	= Akasha-Akasha

usw.

Das Tattwa mit dem Unterton bedarf allerdings einer sekundenhaft genauen Feststellung, wozu man sich erst des astronomisch genauen Sonnenaufganges versichern müsste. Es wurde erwähnt, dass die in diesem Buche enthaltenen Sonnenauf- und Untergangstabellen, wegen ihrer Berechnung auf einen langen Zeitraum, ab und zu eine Maximalfehlerquelle bis zu 2 Minuten ergeben. Bei den Grundtattwas macht das wohl nichts aus, da man volle 24 Minuten Spielraum hat, während der Unterton nur 4 Min. 48 Sek. währt. Man muss also, wenn man den astronomisch genauen Sonnenaufgang nicht feststellen kann, den Beginn der Handlung ungefähr auf die Mitte der Dauer des Untertones verlegen, um sicher zu gehen. Wer z. B., eine Kräftigungskur beginnen und dazu das Volltattwa Prithvi-Prithvi verwenden will, hätte das betreffende Medikament zwischen 7 Uhr 7 Min. 24 Sek. und 7 Uhr 12 Min. 12 Sek. einzunehmen. In Rücksicht auf die mögliche kleine Fehlerquelle in Betreff des Sonnenaufganges wird man am sichersten handeln, wenn man 7 Uhr 10 Min. zum Beginn der Kur wählt.

Allerdings ist eine genau regulierte Uhr in solchen Fällen eine Hauptbedingung

Der Leser ist somit über das Wesen, die Art und Wirkungsweise sowie über die Zeitbestimmung der Tattwas genügend aufgeklärt. Betreff ihrer Verwendung für das tägliche Leben findet er in einem besonderen Kapitel, das nur Beispiele enthält, eine weitere Belehrung.

4. Das Geheimnis des Atems

Den meisten Menschen ist es unbekannt, dass der Atemstrom nicht in gleicher Stärke durch beide Nasenlöcher geht.

Wenn man durch die Nasenlöcher gleichmäßig auf eine reine Spiegelfläche atmet, so wird man die Entdeckung machen, dass der Spiegel auf einer Seite mehr getrübt ist, als auf der anderen.

Wenn man frei von Erkältung und frei von Fieber ist, sich gesund und wohl befindet, dann halte man, nachdem man sich vorher die Nase gereinigt hat, abwechselnd das eine und das andere Nasenloch mit den Fingern zu, und man wird finden, dass man durch das eine Nasenloch besser und ohne Beschwerde atmen kann als durch das andere. Wenn man nun -immer vorausgesetzt, dass man gesund und frei von Fieber oder Erkältung ist – 2 Stunden später dasselbe Experiment macht, so wird man erfahren, dass der stärkere Atemstrom auf das andere Nasenloch übergegangen ist.

Daraus folgt, dass der Atem in. seiner größeren Stärke alle zwei Stunden von einem auf das andere Nasenloch übergeht!

Das ist eine Tatsache, die alten Kulturen der Menschheit gar wohl bekannt war, die aber von der modernen Wissenschaft abgelehnt und als *Einbildung* oder *Selbsttäuschung* bezeichnet wird, obwohl jeder Mensch, zu jeder Zeit, mit einiger Aufmerksamkeit sich von der Richtigkeit dieser Behauptung leicht zu überzeugen vermag.

Während des Wechsels des stärkeren Atemstromes, alle 2 Stunden, strömt der Atem während einiger Minuten durch beide Nasenlöcher in gleicher Weise, aber sehr schwach.

Es birgt dieser Wechsel des Atemstromes ein großes Geheimnis. Er steht in engster Beziehung zu unserem körperlichen und seelischen Wohl, zu unserem Denken, Fühlen und Handeln.

Der Atem ist das Leben. Er stellt die individuelle pranische Tätigkeit des Organismus dar. Ohne Prana ist kein Leben und der Atemstrom ist der materielle Ausdruck der pranischen Wirksamkeit.

Aus diesem Grunde steht der Atem auch in engster Beziehung mit den Tattwas.

Der Leser, der durch eigene Anschauung sich die Wahrheit des zweistündigen Wechsels des Atemstroms bestätigt hat, wird finden, dass er zu jener Zeit, zu welcher sein Atem dem linken Nasenloch stärker entströmt, ein geringeres Wärmeempfinden, oft sogar ein Kältegefühl hat, während er beim Atemstrom durch das rechte Nasenloch ein gesteigertes Wärmegefühl beobachten kann.

In der indischen Philosophie wird der rechtsströmende Atem *Surya*, auch *Sonnenatem* genannt, und der links strömende heißt *Chandra*, auch *Mondatem*. Die nur einige Minuten währende Periode des Wechsels der Atemströme, wo der Atem auf beiden Nasenlöchern gleich schwach strömt, heißt *Sushumna*".

Der Leser wird also gebeten, durch fortgesetzte Prüfungen, wozu ja tagsüber vielfach Gelegenheit geboten ist, diese Tatsache festzustellen. Er soll es fertigbringen, jederzeit, unauffällig und mit Leichtigkeit die rechte oder die linke Atemströmung konstatieren zu können. Er braucht, wie erwähnt, nur das eine Nasenloch zuzuhalten, und er wird aus dem freieren oder behinderten Atmen durch das offene Nasenloch erkennen, auf welcher Seite sein Atem stärker strömt, ob er also den Sonnen- oder den Mondatem hat.

Beim gesunden, harmonischen Menschen tritt am ersten Tage eines jeden Neumondes mit Sonnenaufgang der Atem in das linke Nasenloch über. Nach zwei Stunden in das rechte, dann nach 2 Stunden wieder in das linke, usw. durch 3 Tage, an welchen der Atem bei Sonnenaufgang stets auf der linken Seite stärker strömt.

Am 4. Tage nach Neumond beginnt bei Sonnenaufgang der stärkere Atemstrom auf der rechten Seite, um nach zwei Stunden nach links zu wechseln usw., auch am 5. und 6. Tage, jedes Mal bei Sonnenaufgang mit rechts beginnend, während am 7. Tage bei Sonnenaufgang der stärkere Atemstrom sich wieder links zeigt, abermals durch 3 Tage usf., bis am ersten Tage des Vollmonds der Atem bei Sonnenaufgang wieder aus dem rechten Nasenloch stärker strömt, dann nach 2 Stunden wieder links usw. jeden Morgen rechts beginnend, bis zum 4. Tage nach Vollmond, wo der stärkere Atemstrom bei Sonnenaufgang sich wieder links zeigt, ebenso am

5. und 6. Tage während er am Morgen des 7. Tages nach Vollmond wieder am rechten Nasenloch stärker strömt, usw., solange der Körper in gesunder Verfassung und die Seele sich in Harmonie befindet.

Wenn Krankheit eintritt, so ist auch sofort eine Störung des Systems wahrzunehmen, und zwar nicht nur beim zweistündigen Wechsel des Atemstromes, sondern auch durch ein falsches Einsetzen bei Sonnenaufgang.

Krankheiten mit fieberartigen Erscheinungen zeigen, dass der Atemstrom andauernd auf der rechten Seite stehen bleibt, oft Tage hindurch. Bei allen Erkältungskrankheiten bleibt der stärkere Atemstrom konstant auf der linken Seite. Auch Disharmonien und Gemütsbewegungen stören diese Ordnung. In heftiger, zorniger Erregung z. B., wechselt der Atem nach rechts, bei Trauer und Verzagtheit nach links.

Der rechtsseitige Atemstrom, der Sonnenatem, steht in Harmonie mit dem Vayu- und Tejastattwa, in einigen Fällen auch mit Prithvi. Der linksseitige Atemstrom, der Mondatem, harmonisiert mit dem Prithvi- und Apastattwa, in wenigen Fällen auch mit Tejas. Der Zustand des Wechselns des Atemstromes, Shusumna, entspricht dem Akashtattwa.

Auch mit den astralen Fernwirkungen steht der menschliche Atemstrom in Verbindung. Der Sonnenatem entspricht der Sonne, dem Mars und in einigen Fällen auch dem Jupiter. Der Mondatem entspricht dem Mond, der Venus, dem Jupiter und in Ausnahmefällen dem Mars. Sushumna gehört dem Saturnprinzip.

Der Mondatem wirkt kühlend, herabstimmend, bindend und ausgleichend; der Sonnenatem dagegen anregend, umformend, erwärmend und lösend. Daher wird man z. B. gut tun, nie während des Mondatems zu baden, eine mehr oder minder größere Erkältung ist die Folge. Dagegen wirkt jedes Bad während des Sonnenatems gesund und kräftigend.

Man soll während des Surya – (Sonnen-) Atems keine Ehe schließen, da diese infolge des umformenden und lösenden Prinzips des Sonnenatems bald zur Trennung gelangen würde.

Es ist nun jede Handlung des menschlichen Lebens auch abhängig von den Prinzipien des rechts- oder linksseitigen Atems, denn der rechte Atemstrom ist die positive materielle Manifestation des individuellen

Pranas und der linksseitige Atemstrom die negative. Nachstehend zeigen wir die wichtigsten menschlichen Handlungen in ihrer Verbindung zu dem Atem.

1. Mondatem

Beim linken Atemstrom ist es von Vorteil, Geldgeschäfte zu betreiben, neue Kleider zu kaufen oder zu bestellen, Schmuck und Edelsteine zu kaufen, eine weite Reise anzutreten, ein Bildwerk zu beginnen, ein Haus zu bauen oder dasselbe zum ersten Male zu betreten, es zu kaufen oder zu verkaufen, ebenso Garten und Grundstücke, ein Liebes- oder Freundschaftsverhältnis anzuknüpfen, eine Ehe zu schließen, die Ernte zu beginnen oder die Aussaat einzupflanzen, Verwandte zu besuchen, bei Höhergestellten zwecks Erlangung einer Protektion oder Beförderung nachzusuchen, zum ersten Male einen neuen Ort zu betreten oder sich dort niederzulassen.

Man beginne während des Mondatems jeden Unterricht, vollbringe mitleidige Handlungen, mache Geschenke, kehre nach Hause zurück, nehme kühlende oder nährende Medizin ein, kaufe oder verkaufe Tiere oder beginne die Anlage einer Sammlung usw. Man soll Flüssigkeiten nur während des Mondatems zu sich nehmen.

Man beachte, dass alles, was eine dauernde und anhaltende Wirkung haben soll, während des Mondatems begonnen werden muss, wenn es Erfolg bringend sein soll.

2. Sonnenatem

Der Sonnenatem (rechter Atemstrom) begünstigt das Studium schwerer Wissenschaften. Man soll während dieses Atems ferner alle Arten Sport ausüben, reiten, jagen, schwimmen, usw. Man beginne eine Seereise, besteige einen Berg, schreibe, zeichne, male, bade, esse, lasse sich rasieren oder die Haare schneiden, beginne ein Spiel, nehme anregende Medizin ein, pflege geschlechtlichen Verkehr, gebe überhaupt auf irgendwelche Art Kräfte ab, wie z. B. beim Heilmagnetismus, der Suggestion u. ä. Alle diese Handlungen bringen beim Sonnenatem Erfolg, auch beim Verkehr mit Vorgesetzten, bei Audienzen und Gesuchen. Beim Sonnenatem wolle man beachten, dass derselbe Erfolg bringt bei allen Handlungen, die schwieriger und hitziger Natur sind oder nur vorübergehende Wirkung erzielen sollen.

3. Sushumna

Während der Übergangszeit, wenn der Atemstrom nur schwach aus beiden Nasenlöchern geht, soll man gar nichts beginnen. Diese Phase ist das Prinzip der Verwirrung, gleich dem Akashtattwa und wirkt auch in dieser Weise auf alle, während dieser Zeit begonnenen Handlungen.

Es wird immer das Gegenteil von dem, was man vorhatte, herauskommen. Diese Phase ist nur günstig für meditative geistige Zustände. Man halte, wenn tunlich, während dieser kurzen Zeit Einkehr in sich selbst und beschäftige sich mit seinem inneren Wesen.

* * *

Über die Mannigfaltigkeit der Verwendung der beiden Atemströme zu den verschiedenen Handlungen und Tätigkeiten des menschlichen Lebens genügen diese Mitteilungen.

Der Leser vermag sich leicht zu orientieren, wenn er die Prinzipien der beiden Atemströme beachtet und ihre Zugehörigkeit zu den Tattwas und den Gestirnwirkungen.

Viele Handlungen, z. B. das Musizieren, können bei jedem Atemstrom unternommen werden. Das wird immer der Fall sein, wo diese Handlungen beiden Prinzipien entsprechen.

In dem Kapitel, das die Beispiele enthält, wird, auch auf den Einfluss des Atemstroms erläuternd Rücksicht genommen, sodass der Leser genügend Anhaltspunkte findet.

In der praktischen Nutzanwendung dieser Atemlehre wird man ja allerdings sehr oft auf das Hindernis stoßen, dass der Atem, trotz des passenden Tattwas, der günstigen Gestirnstunde und der sonstigen erfolgversprechenden astralen Bedingungen auf der entgegengesetzten Seite strömt.

Dieser Umstand bildet gewiss keine Verhinderung des Erfolges, kann aber immerhin hemmende und verzögernde Begleiterscheinungen nach sich ziehen. Man hat z. B. für einen Hauskauf die günstige Gestirnstunde bestimmt, den entsprechenden Tag, das erfolgreichste Tattwa, den Mondlauf usw. Und nun, als man zur Tat schreiten will, zeigt sich, dass man den Sonnenatem hat, der für ein solches Unternehmen weniger vorteilhaft ist.

Will man etwaige Verzögerungen oder unliebsame Störungen bei dem Unternehmen nicht mit in Kauf nehmen (gut kaufen wird man in Rücksicht der tattwischen und astralen günstigen Einflüsse immer) so wird man zwei Wege erwägen müssen, und zwar entweder für die Stunde des Kaufabschlusses den richtigen Atemstrom auf mechanischem Wege in sich zu erzwingen, wie es nachstehend gelehrt wird, oder aber bei der Wahl der Kaufstunde den individuellen Atem unberücksichtigt zu lassen, dagegen auf die kosmische Ordnung des Atemstromes zu achten.

Die mechanische Regulierung des Atemstromes erfordert einige Übung und sei gleich erwähnt, dass dieses Experiment selten schon beim ersten Male gelingt.

Wenn z. B. der Atem rechts strömt, aber auf der linken Seite strömen soll, also wenn Sonnenatem da ist, man aber Mondatem haben will, so lege man sich der Länge nach auf einen harten Untergrund, z. B. auf den Fußboden; auf die rechte Seite ungefähr in der Gegend der 5. Rippe (von unten gezählt) schiebe man einen harten Gegenstand, z. B. ein sehr hartes Kissen, und presse die rechte Seite darauf. In dieser Stellung bleibe man längere Zeit liegen und verschließe dabei das rechte Nasenloch mit dem Finger, indem man sich zwingt, links zu atmen. Bald wird der Atem nach links überströmen. Man erhebe sich aber auf keinen Fall früher, als bis man sich von dem dauernden Erfolg überzeugt hat.

Hat man Mondatem (links) und soll den Sonnenatem (rechts) haben, so wird man das oben beschriebene Experiment in entgegengesetzter Weise machen, also sich links hinlegen, den Gegenstand in die linke Seite pressen und das linke Nasenloch zuhalten.

Der Leser soll sich, selbst wenn sein Atem richtig strömt, oftmals in der angezeigten Weise üben, damit er die Regulierung des Atemstromes in seine Gewalt bekommt. Es wird ihm später sogar gelingen, wenn er sich in sitzender Stellung befindet, ja nach Wochen sogar beim Stehen, nur muss er darauf achten, die falsche Rippenseite fest und andauernd zu pressen und das falsche Nasenloch zu schließen.

Wer sich dieser Mühe nicht unterziehen will oder kann, der wähle den zweiten Weg, d. h., er berücksichtige bei der Wahl der Zeit zum Beginn seines Unternehmens die kosmische Ordnung des Atemstromes. Er rechne nämlich nach, der wievielte Tag nach dem Neu- oder Vollmond der gewählte Tag des Unternehmens ist, mit welchem Atemstrom dieser Tag beginnt und rechne, den zweistündigen Wechsel beachtend, welcher Atemstrom zur Zeit seines Unternehmens im Gange sein soll.

Ist es der richtige, so wähle er diese Zeit, ungeachtet, ob er selbst diesen Atem hat oder nicht. Stimmt der berechnete Atemstrom nicht mit der Natur seines Unternehmens überein, so schreite er zu einer anderen Wahl.

Bei Berücksichtigung der kosmischen Ordnung des Atemstromes hat der Leser immerhin den nicht zu unterschätzenden Vorteil, sich – gleichwie beim kosmischen Tattwa – in Übereinstimmung mit den kosmischen Gesetzen zu sehen, wodurch ihm der Erfolg verbürgt ist.

Wir nehmen ein Beispiel. Am 5. März 1919 musste eine Person trotz ungünstiger Mondstellung und Aspekte eine Seereise antreten. Um so mehr hätte sie da auf die tattwischen und astralen Prinzipien zu achten. Der 5. März war ein Mittwoch, das ist für eine Reise günstig. Es käme noch eine Mondstunde, das Apastattwa und der rechte Atemstrom in Betracht. Ausschlaggebend als Beginn der Reise ist das Betreten des Schiffes. Da der Betreffende aber nicht weiß, ob er in diesem Moment den Sonnenatem hat, und ob es ihm ferner gelingen wird, diesen Atem rechtzeitig mechanisch herbeizuführen, so wird er bei der Wahl der Zeit der Einschiffung auf die kosmische Ordnung des Atemstromes Rücksicht zu nehmen haben.

Die Abfahrt des Schiffes ist auf 3 Uhr nachmittags festgesetzt und das Schiff darf schon von 10 Uhr morgens ab bestiegen werden. Am 2. März nachmittags trat Neumond ein. Am folgenden Morgen des 3. März mit Sonnenaufgang beginnt der Mondatem, desgleichen am 4. und 5. März. Nehmen wir einen Hafen an, dessen geografische Lage den Sonnenaufgang an diesem Tage um 6 Uhr 47 Min. bedingt. Die kosmische Ordnung des Atemstromes lässt demnach mit 6 Uhr 47 Min. den linken, mit 12 Uhr 47 Min. den rechten, mit 2 Uhr 47 Min. wieder den linken Atem usw. strömen. Um 2 Uhr 6 Min. tritt die für Seereisen günstige Mondstunde ein und um 2 Uhr 23 Min. das für solche Reisen so überaus erfolgreiche Apastattwa und um 2 Uhr 42 Min. das Volltattwa Apas-Apas. Um diese Zeit strömt aber noch der kosmische Sonnenatem, der erst 5 Min. später wechselt. Wenn also der Betreffende genau um 2 Uhr 42 Min. das Schiff besteigt, wird die Reise glücklich und erfolgreich sein, trotz der ungünstigen Aspekte und der Mondstellung. Gegen alles Erwarten günstig aber würde sie sich gestalten, wenn auch noch dazu das individuelle persönliche Tattwa des Reisenden in Apas schwingen und es ihm gelingen würde, den eigenen persönlichen Atemstrom nach rechts zu regulieren, oder wenn derselbe ohnehin rechts im Gange wäre.

Dass zu irgendeinem Unternehmen oder einer Handlung alle Prinzipien harmonisch zusammenstimmen, wird sich ja nicht so oft ereignen. Wenn das der Fall wäre, so würden wir uns mit leichter Weise den Himmel schon auf Erden schaffen können. Immerhin liegt es in unserer Macht, aus allein möglichst Viel Gutes herauszuholen und uns vor Unheil zu bewahren. So wir nur stets die Hauptprinzipien der astralen und tattwischen Kräfte beachten.

Nehmen wir zur besseren Klarstellung noch ein Beispiel und zwar diesmal aus unserer Wochentabelle. Ein Schriftsteller will am 3. September 1919 einen neuen Roman beginnen. Das ist ein Werk, für das der Sonnenatem angemessen ist, außerdem ist für ein solches Vorhaben die Merkurstunde günstig und das Apastattwa. Wie unsere Tabelle zeigt, wird der Mittwoch, 3. September, vom Merkur regiert. Das ist an und für sich günstig. Außerdem sind Mondstellung und Aspekte gut.

Der Mond steht im Tierkreiszeichen Schütze, das dem Jupiter zugehört, und mit dem Merkur im Trigonalschein. Allerdings finden wir den Mond auch im Quadrat mit der Venus. Dieser Umstand- wird die Arbeit etwas hemmen, besonders Störungen – durch Frauen verursacht, werden die Fertigstellung verzögern. Wenn wir nun annehmen, der betreffende Schriftsteller könnte den Beginn der Arbeit nicht länger hinausschieben und ferner auch beachten, dass er sonst die ganze Woche keine gute Mondstellung mehr hat, so müsste er durch die günstige Wahl der anderen Prinzipien das störende Quadrat der Venus zu paralysieren suchen. Und das kann er, wie wir gleich sehen werden. Am 25. August (wie jeder Kalender zeigt) war Neumond, der nachmittags eintrat. Am 26., 27. und 28. August trat bei Sonnenaufgang der Mondatem, ein, am 29., 30. und 3.1. der Sonnenatem, am 1., 2. und 3. September wieder der Mondatem. Den Sonnenaufgang zeigt unsere Tabelle an diesem Tage mit 5 Uhr 44 Min.

Es wird die kosmische Ordnung des Atemstromes um 5 Uhr 44 Min. links, um 7 Uhr 44 Min. rechts, um 9 Uhr 44 Min. links, um 11 Uhr 44 Min. rechts, um 1 Uhr 44 Min. wieder links, um 3 Uhr 44 Min. wieder rechts usw. sein. Wir finden um 1 Uhr 30 Min. eine Merkurstunde. Wenn um 7 Uhr 20 Min. in der Tabelle Apastattwa zu finden ist, so schwingt es hauch um 1 Uhr 20 Min.

Das Volltattwa Apas-Apas ist um 1 Uhr 39 Min. mittags. Um diese Zeit strömt auch der kosmische Sonnenatem. Wenn also der betreffende Schriftsteller seinen ersten Federstrich an seiner neuen Arbeit um 1 Uhr 39 Min. beginnen kann, wird er mit dieser Arbeit sehr erfolgreich sein.

Außerdem würde er am selben Tage noch über eine günstige Merkurstunde verfügen, die um 8 Uhr 50 Min. abends beginnt. Das Apasvolltattwa trifft um 9 Uhr 39 Min. ein. Auch dieser Moment wäre zum Beginn einer solchen Arbeit sehr erfolgreich, da kosmisch auch noch der Sonnenatem herrscht.

5. Die praktische Anwendung

a) Beispiele

Zum Abschluss des ganzen Vorganges seien nun zum besseren Verständnis des Lesers noch einige Beispiele angeführt, in welchen alle Prinzipien berücksichtigt wurden.

1. Fall. Eine Person will in der Zeit vom 16. Juni bis 25. Juni 1919 das Studium der Gesangskunst beginnen.

Zum Beginn eines Studiums ist die Merkurstunde günstig, daher auch der Merkurtag, der Mittwoch. Dieser fällt auf den 18. Juni. An diesem Tage hat aber der Mond den fatalen Oppositionsaspekt mit dem Saturn. Man wird daher besser den Donnerstag, den 19. Juni, wählen. An diesem Tage steht der Mond in dem günstigen Zeichen Fische, im Trigonalaspekt mit dem Merkur (siehe Astrologischen Kalender 1919) und in Konjunktion mit dem Uranus.

Mutualaspekte herrschen an diesem Tage nicht. Die betreffende Person wird also an diesem Tage eine Merkurstunde wählen und das Volltattwa Prithvi-Prithvi und zwar wenn tunlich zu einer Zeit, wo kosmisch der Mondatem schwingt. Auch eine Venusstunde, da es sich um Musik handelt, ist günstig.

Eine Wiederholung der Berechnung und Feststellung der Zeiten der Gestirnstunden, Tattwas und Atemphasen kann bei diesem und den folgenden Beispielen unterbleiben, da dieser Vorgang genügend behandelt wurde und außerdem dem Leser der Apparat zur Verfügung steht, dessen Gebrauch im nächsten. Kapitel gelehrt wird.

Bei den folgenden Beispielen ist es auch unnötig, dass sie sich auf bestimmte Zeiten beziehen. Es wird bei diesen Beispielen nur der Zweck verfolgt, dem Leser die dafür infrage kommenden Prinzipien anzugeben.

2. Fall. Vorstellung bei einer sozial höherstehenden Person zum Zwecke einer Anstellung. Man wähle einen Donnerstag oder Sonntag, wo der Mond im Zeichen Schütze oder Fische steht, einen guten Aspekt zur Sonne oder Jupiter hat, ferner an einem solchen Tag eine Jupiter- oder

Sonnenstunde bei linken Atem und womöglich Volltattwa Prithvi-Prithvi. Hat man sich einer einflussreichen weiblichen Person vorzustellen, so ist es gut einen Freitag oder Sonntag zu wählen, wenn der Mond im Zeichen Stier oder Waage steht, einen guten Aspekt zur Venus (oder mindestens keinen schlechten) hat. Man benütze die Venusstunde und das Prithvi- oder Apastattwa, sowie, wenn tunlich, den Mondatem.

3. Fall. Der Antritt einer Stellung. Der Tag ist je nach der Berufsart zu wählen. Für künstlerische Berufe ist der Mittwoch oder der Freitag günstig bei einer Mondstellung in den Zeichen Zwillinge, Jungfrau oder Wassermann. Bei kaufmännischen Berufsarten ist besonders der Mittwoch zu empfehlen und die Mondstellung in den Zeichen Zwillinge oder Jungfrau. Bei industriellen Berufsarten mit Eisen und Feuer ist der Dienstag günstig mit der Mondstellung im Widder oder Skorpion, bei anderen Industrien der Mittwoch, Donnerstag und Freitag mit der Mondstellung in den Zeichen Zwillinge, Jungfrau, Schütze und Fische. Zum Eintritt in Kanzleien wähle man den Mittwoch, bei Gericht, Rechtsanwälten u. a. den Donnerstag. Man muss immer auf die Berufsart Rücksicht nehmen und kann nicht fehlgehen, wenn man die in den vorhergehenden Kapiteln dargelegten Beeinflussungen gut studiert hat. Lederarbeiter z. B. wählen zum Stellungsantritt mit Vorteil den Sonnabend (den Saturntag), weil der Saturn das Leder beeinflusst. Stets aber wähle man eine Merkur-, Venus oder Jupiterstunde und nur das Prithvi- oder Apastattwa bei Mondatem (wo das möglich ist). Man achte aber, dass an einem solchen Tage der Mond keinen schlechten Aspekt zu Mars oder Saturn hat.

4. Fall. Eheschluss. Der Freitag und der Mond in den Zeichen Stier oder Wage, (auch Schütze oder Fische), der Donnerstag mit dem Mond in den Zeichen Schütze oder Fische (auch Stier oder Wage) sind die besten Tage, doch darf der Mond keine schlechten Aspekte mit den übrigen Himmelskörpern haben. Das entscheidende Jawort (zum mindesten aber der Beginn der Trauungszeremonie) soll zur Venusstunde oder der Jupiterstunde, während des Prithvi- oder Apastattwas gesprochen werden. Am vorteilhaftesten ist das Prithvitattwa mit dem Apasunterton.

5. Fall. Eine Geschäftseröffnung. Auch hier ist, wie in Fall 2, bezüglich des Tages auf die Art des Berufes Rücksicht zu nehmen. Man wähle aber nur eine Merkur- oder Jupiterstunde und hauptsächlich das Apastattwa.

6. Fall. Geldanlage. Alle Bank- und Finanzgeschäfte sind montags, mittwochs, donnerstags und freitags günstig, doch darf die Mondstellung nicht in den Zeichen Widder, Löwe, Skorpion, Steinbock oder Wassermann sein. Wenn tunlich wähle man stets die Merkur- oder Jupiterstunde und immer nur das Apastattwa.

Aus allen diesen und den früheren Beispielen wird der Leser sich nunmehr über die Prinzipien der tattwischen und astralen Beeinflussung so klar geworden sein, dass es ihm hoffentlich nicht mehr schwerfallen wird, in allen Lebenslagen die rechte Unterscheidung treffen zu können.

Die fortgesetzte Übung wird ihm nach und nach die nötige Sicherheit verleihen. Er wird einen tiefen Einblick erhalten in die geheimnisvollen Beziehungen, die den Menschen mit noch wenig oder unbekannten Kräften des Kosmos verknüpfen.

b) Der Apparat

Der dem Buch beiliegende Apparat erleichtert dem Leser die Bestimmung der Gestirnstunden und der tattwischen Bewegung. Seine Handhabung ist leicht und einfach.

Der tattwische Lauf ist in den natürlichen Farben gekennzeichnet. Die linke Seite markiert den Sonnenaufgang, der dicke schwarze Strich, der in der Mitte quer über die farbigen Felder geht, den Sonnenuntergang. Horizontal in der Mitte der Felder sind die Gestirnstunden angebracht, von denen die Tagesgestirnstunden weiß und die Nachtgestirnstunden schraffiert gehalten sind. Mit ihnen korrespondiert das Gestirnstundenlineal, ein Pappstreifen, welcher die Wochentage und die beeinflussenden Gestirne zeigt. Es umfasst die Zeit von 3 Uhr morgens des einen bis 9 Uhr morgens des anderen Tages. Die Stunden sind durch römische Ziffern gekennzeichnet. Die Zwischenteilung jeder Stunde in Halbstunden zeigt sich durch den längeren Strich, in Viertelstunden durch den kürzeren. Die Viertelstunden ihrerseits sind noch durch 3 kleine Abteilungen von je 5 Minuten geteilt.

Hat man nach der Anweisung in Kapitel 2, Abschnitt 2, *die Berechnung der Gestirnstunden* den nach mitteleuropäischer Zeit umgerechneten Sonnenaufgang und Sonnenuntergang festgestellt, so stellt man das der Zeitbestimmung dienende Papplineal so in den Apparat ein, bzw. legt es so auf den Karton, dass die Zeit des Sonnenaufgangs links auf der mit zwei roten Pfeilen (oben und unten) gekennzeichneten Sonnenaufgangslinie anliegt. Die Zeit des Sonnenunterganges muss genau auf der schrägen Linie, die oben und unten mit zwei schwarzen Pfeilen und der Überschrift Sonnenuntergang gekennzeichnet ist, anliegen. Man muss dieses Lineal so lange auf dem Karton hin- und herschieben, bis man auf beiden Seiten das genaue Anliegen erreicht hat. In den kälteren Jahreszeiten, bei kurzen Tagen und langen Nächten dient die obere Hälfte und in den wärmeren, wo die Tage länger und die Nächte kürzer sind, die untere Hälfte des durch die Tage und Gestirnstunden in zwei Hälften getrennten Kartons.

Liegt nun das Lineal so, dass die Zeiten des Sonnenaufganges und Sonnenunterganges genau mit den erwähnten Linien zusammenfallen, dann befestigt man dieses Lineal mit Stiften oder Reißnägeln an den beiden äußersten Enden an den Karton, dass keine Verschiebung mehr vorkommt. Nun wird das in der Mitte sich befindliche Gestirnstundenlineal so geschoben, dass der betreffende Wochentag genau in das mit Tag bezeichnete Feld zu stehen kommt. Die Genauigkeit wird erreicht, wenn man achtet, dass die beiden schwarzen Pfeilspitzen sich verbinden. Die mit den Gestirnsymbolen bezeichneten Felder müssen mit ihren Grenzen genau mit den durch arabische Ziffern bezeichneten Gestirnstundenfeldern korrespondieren. Auch dieses Papplineal wird nun an den beiden Enden mit Reißnägeln an den Karton befestigt.

Wenn man nun für eine bestimmte Zeit des Tages oder der Nacht die tattwischen und astralen Einflüsse kennenlernen will, so sucht man sich am Zeitbestimmungslineal diese Zeit auf. Das farbige Feld, in welches diese Zeit fällt, zeigt das herrschende Tattwa an. Jeder Zeitmoment auf dem Zeitbestimmungslineal kommt zwischen zwei schrägen schwarzen Linien, zu liegen. Geht man diese Linien aufwärts (bzw. abwärts, wenn das Zeitbestimmungslineal in der oberen Hälfte des Kartons angebracht ist) bis zur Mitte des Kartons, so findet man dort das Symbol der betreffenden Gestirnstunde.

Wir entnehmen unserer *Wochentabelle der Gestirnstunden* ein Beispiel für den 1. September, und zwar wollen wir mithilfe des Apparates bestimmen, welche Einflüsse um 10 Uhr 20 Min. vormittags an diesem

Tage wirksam sind. Laut der Wochentabelle ist dgr Sonnenaufgang (MEZ) um 5 Uhr 41 Min. und der Sonnenuntergang um 7 Uhr 8 Min. Wir legen das Zeitbestimmungslineal in der unteren Hälfte des Kartons so an, dass 5 Uhr 41 Min. links mit der Aufgangslinie (rote Pfeile) und 7 Uhr 8 Min. rechts mit der schrägen Untergangslinie (schwarze Pfeile) zusammenfallen und befestigen das Lineal. Es ist darauf zu achten, dass die kleinste Teilung auf diesem Lineal nur von 5 zu 5 Minuten geht.

Der 1. September ist ein Montag. Das Gestirnstundenlineal wird so verschoben, dass der Montag in das mit *Tag* bezeichnete Feld zu liegen kommt.

Nun suchen wir am Zeitbestimmungslineal 10 Uhr 20 Min. vormittags und finden diese Zeit in einem grünen Feld. Es herrscht also in diesem Moment das *Vavu-Tattwa*. Die beiden schrägen schwarzen Striche, die 10 Uhr 20 Min. einschließen, nach aufwärts verfolgend, gelangen wir zum Symbol ⊙, die Sonne. Zur selben Zeit herrscht also die Sonne. Man hat also für 10 Uhr 20 Min. das Vayu-Tattwa und die Sonnengestirnstunde. Die Tagesbeeinflussung, da es ein Montag ist, hat der Mond. Das gleiche Resultat weist uns die in unserem Buche enthaltene *Wochentabelle der Gestirnstunden* auf.

Da man diesen Apparat nicht immer bei sich führen kann, so ist es nützlich, sich mithilfe des Apparates für jede Woche eine solche Tabelle, deren Vordruck beim Verlag dieses Buches erhältlich ist, zu verfertigen. Zu diesem Zwecke heftet man sich den Karton am besten auf eine harte Unterlage, z. B. ein Brett. Man liest auf die oben angegebene Art den Anfang sämtlicher Gestirnstunden und Tattwas vom Apparat herunter und trägt die Resultate in die Tabelle ein. Für jeden Tag muss natürlich das Zeitbestimmungslineal, den Auf- und Untergängen der Sonne entsprechend, verschoben werden, gleichwie man für jeden Tag das Gestirnstundenlineal auf den betreffenden Wochentag zu richten hat.

Man übt sich mit dem Apparat am besten dadurch ein, dass man alle Angaben der Wochentabelle dieses Buches durch den Apparat einer Nachprüfung unterzieht.

Schließlich sei noch In Erinnerung gebracht, dass die Mondstellungen und täglichen Aspekte bei Errichtung der jeweiligen Wochentabelle dem *Astrologischen Kalender* entnommen werden müssen ferner, dass sich die tattwischen Unterströmungen durch den Apparat nicht ersehen lassen, diese müssen durch den gezeigten rechnerischen Weg ermittelt werden.

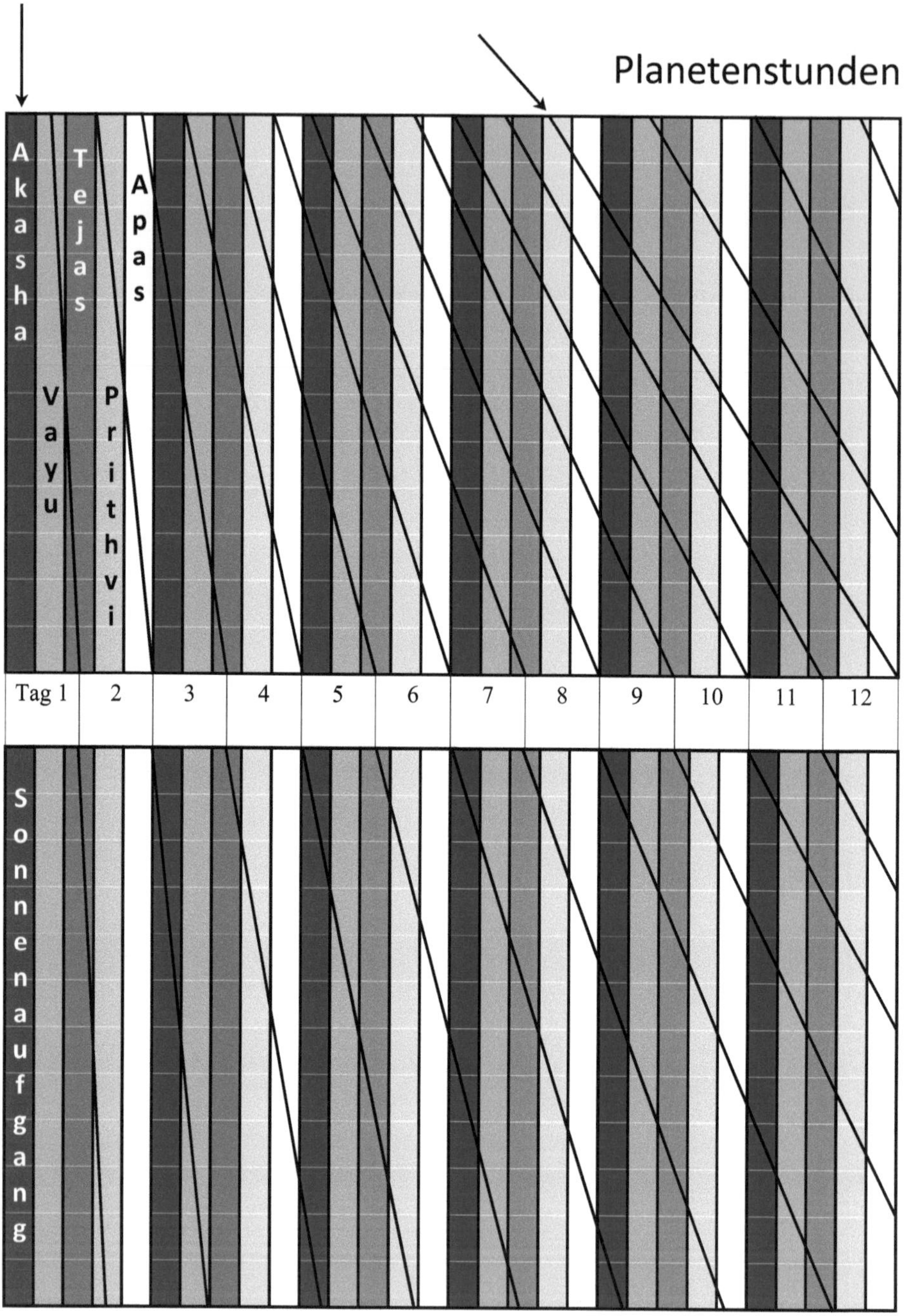
Planetenstunden
Akasha
Vayu
Tejas
Prithvi
Apas
Tag 1
2
3
4
5
6
7
8
9
10
11
12
Sonnenaufgang

– Tattwaskop

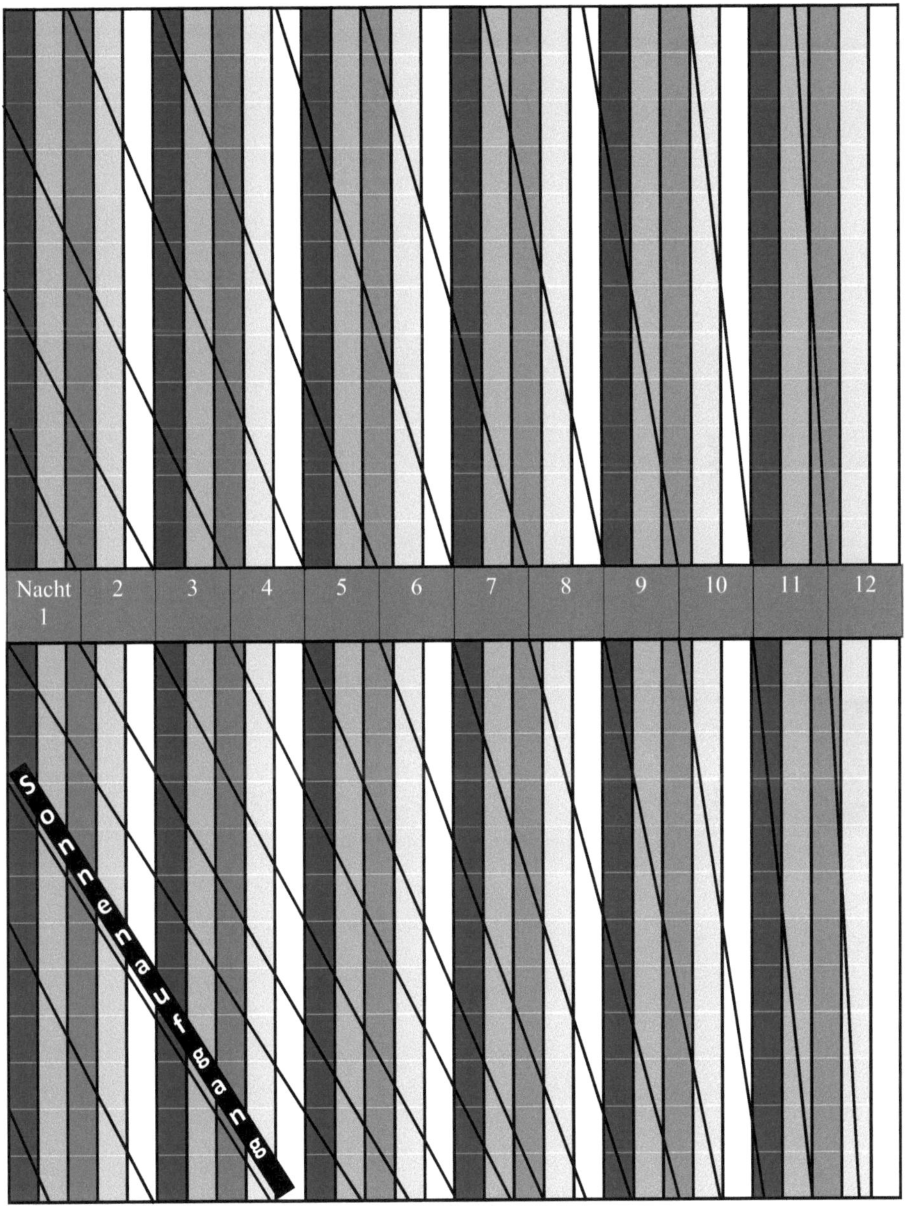